问道价值

远 方◎著

·北京·

图书在版编目（CIP）数据

问道价值 / 远方著. -- 北京：中国经济出版社，
2025.3. -- ISBN 978-7-5136-8006-6

I. F830.59

中国国家版本馆 CIP 数据核字第 2024BX3398 号

责任编辑	张梦初　高　鑫　戴　瑛
责任印制	李　伟
封面设计	任燕飞

出版发行	中国经济出版社
印 刷 者	天津嘉恒印务有限公司
经 销 者	各地新华书店
开　　本	710mm×1000mm　1/16
印　　张	17.5
字　　数	316 千字
版　　次	2025 年 3 月第 1 版
印　　次	2025 年 3 月第 1 次
定　　价	69.00 元

广告经营许可证　京西工商广字第 8179 号

中国经济出版社 网址 http://epc.sinopec.com/epc/ 社址 北京市东城区安定门外大街 58 号 邮编 100011
本版图书如存在印装质量问题，请与本社销售中心联系调换（联系电话：010-57512564）

版权所有　盗版必究（举报电话：010-57512600）
国家版权局反盗版举报中心（举报电话：12390）　服务热线：010-57512564

自 序

巴菲特是价值投资的集大成者,要学习价值投资,读懂巴菲特是必要的。

本人是巴菲特的信徒,但尽信书不如无书,大家不要试图通过阅读关于巴菲特的书籍而使自己像巴菲特,更不要试图成为巴菲特。不断学习,提升自己,成为一个更好的自己即可。

每当遇到股市大起大落时,对于价值投资有效性的质疑言论就会满天飞。但我认为价值投资理论是指导投资的思想,是工具,关键要看使用它的投资者有没有真的搞懂价值投资的思想精髓。

本书不讨论价值投资思想的有效性问题,而是重点讨论如何把价值投资理念落地实践。

本书内容均来源于本人的长期实践和长期阅读思考的总结,非常适合普通投资者阅读,具有实战价值。普通投资者无法获得上市公司的专业研报,因而本书的公司估值案例全部以公司年报、招股说明书和公告等公开披露的信息为基础,主动回避或淡化了普通投资者无法获得的研报内容和不具备的专业知识点。

写作本书的目的有三个。

一是希望读者朋友通过阅读本书构建起完整的价值投资体系。紧盯好行业、好公司,做时间的朋友。

二是手把手教普通投资者构建能力圈,将构建能力圈的过程和方法一并奉上。

三是希望读者朋友通过做能力圈内的投资,内心平静,夜夜安睡。通过做优秀企业的股东,与企业一起成长,慢慢变富。

巴菲特说,如果他去商学院教授投资课程的话,他只讲两块内容,一是如何评估公司的价值；二是如何看待股价的波动。

本书内容是按照巴菲特的思路展开的。第一部分，思想篇，讲的是如何看待股价的波动；第二部分和第三部分，就是如何评估公司的价值，为方便读者朋友实战应用，我将评估公司价值的内容拆分成选股篇和估值篇两个板块。第四部分，案例篇，把如何选股、如何估值、如何看待股价波动的核心思想贯穿其中，将价值投资思想落地。

故而，本书的框架简化成了思想篇、选股篇、估值篇和案例篇。

本书的内容主要来源于我的公众号和抖音视频号中过往的零散文章，本书内容可以确保普通读者汲取到正确的投资理念和投资思路，但因为日常写作比较随性，难免出现车轱辘话和数据不精确等问题，敬请读者朋友多包涵，并非常期待读者朋友们给予批评和指正。

我的抖音视频号"问道价值"和微信公众号"价值投资之懒惰的投资者"，欢迎朋友们关注，并留言互动。

谨以此书献给我的儿子和女儿，希望你们热爱阅读，热爱生活。

远　方
2024年6月1日于江苏宿迁

目 录

第一篇
思想篇——如何看待股价波动

第1章 股票投资是收益率最高的投资方式 … 002
- 投资的必要性 … 002
- 何谓投资 … 002
- 股票是收益率最高的投资品 … 003
- 永远不要亏损 … 006
- 投资的魅力在于复利 … 008

第2章 价值投资理念精要及适用范围 … 011
- 投资的两大流派 … 011
- 价值投资理念的形成与发展 … 012
- 价值投资理念的核心思想 … 015
- 价值投资理念的适用范围 … 017

第3章 价值投资的底层逻辑 … 020
- 价值投资的本质 … 020
- 财务走势决定股价走势 … 020
- 选股是关键 … 021
- 寻找投资的确定性 … 022

盯着公司，而不是市场	022
如何看待市场的大跌	023
预期大跌来临，要不要回避	024
时间站在好公司这边	025

第4章 价值投资的完整思考过程 — 026

站在特定时代背景下选择投资赛道	026
大牛股的财务特征与筛选方式	027
阅读理解，看懂目标公司	030
保守地估值定价	031
确定买入的价格区间	032
等待打折促销，买入并持有	032

第5章 投资中绕不开的几个问题 — 034

如何确定个股的持仓占比	034
集中还是分散	036
如何看待宏观经济和大盘波动	037
如何看待利好与利空	038
短线和波段操作可取吗	039
六月要大跌，是否回避	040
一直拿到目标价吗	041

第6章 投资到底难在哪，如何破局 — 042

"一赚九赔"的残酷现实	042
投资到底难在哪	044
反过来想	046
做一个净买入者，解决人生难题	047
只要是好生意，别的都不重要	050

第7章 好价格的来源 — 053

"黑天鹅"事件——好价格的来源	053
如果发生战争，投资者该如何应对	054

如何应对美联储加息　　　　　　　　　　　　056

　　　大跌来了怎么办　　　　　　　　　　　　　057

第8章　再遇大跌，我买股票了　　　　　　　　　060

　　　股价是由估值管着的　　　　　　　　　　　060

　　　大熊市是布局良机　　　　　　　　　　　　061

　　　大熊市的投资思路和建仓过程　　　　　　　062

　　　大熊市里买什么　　　　　　　　　　　　　064

　　　我买股票了　　　　　　　　　　　　　　　065

第二篇
选股篇——快速找出潜力牛股

第9章　选择大于努力　　　　　　　　　　　　072

　　　站在特定时代背景下选股　　　　　　　　　072

　　　下一个百倍股的摇篮　　　　　　　　　　　077

第10章　从财务角度快速找出潜力牛股　　　　　080

　　　选股的主要财务指标　　　　　　　　　　　080

　　　高净资产收益率是股价长牛的关键　　　　　089

　　　三秒排除法，选股事半功倍　　　　　　　　099

　　　你眼中的大白马，三秒排除　　　　　　　　106

　　　毛利率95%的西藏药业，有长牛气质吗　　　109

　　　低估值高股息，熊市创新高的奥秘　　　　　115

　　　投入一定而产出无限大的公司都是牛股　　　117

第11章　从商业角度看牛股　　　　　　　　　　121

　　　大牛股来自哪里　　　　　　　　　　　　　121

　　　大牛股的基因　　　　　　　　　　　　　　123

巴菲特最糟糕的一笔投资	126
选股及投资的动态调整	131

第三篇 估值篇——如何评估公司价值

第12章 估值的核心观点、大前提与确定性 — 136
- 股票估值的核心观点 — 136
- 估值的大前提 — 139
- 追寻确定性 — 141

第13章 主要估值方法 — 143
- 主流估值法 — 143
- 自由现金流折现法 — 148
- 我的估值大法 — 151

第四篇 案例篇——牛股值多少钱

第14章 天坛生物——具有经济特许权的好生意 — 158
- 天坛生物基本情况 — 159
- 财务数据简单看 — 161
- 血液制品行业发展概况 — 165
- 天坛生物与行业主要企业对比分析 — 170
- 天坛生物行业地位及核心竞争力所在 — 172
- 天坛生物管理层情况 — 177

天坛生物的估值　　　　　　　　　　　　　　　　　180

第15章　达仁堂——手握定价权的百倍牛股　　　　　　183
　　　从财务选股的角度看达仁堂　　　　　　　　　　　183
　　　达仁堂基本情况介绍及2023年经营概况　　　　　189
　　　行业发展概况　　　　　　　　　　　　　　　　　197
　　　达仁堂的估值　　　　　　　　　　　　　　　　　199

第16章　同仁堂，百年老字号，赚钱机器　　　　　　　201
　　　同仁堂公司介绍　　　　　　　　　　　　　　　　201
　　　财务数据简单看　　　　　　　　　　　　　　　　206
　　　长坡厚雪的中医药赛道　　　　　　　　　　　　　210
　　　投资看点、估值和投资策略　　　　　　　　　　　214

第17章　片仔癀系列分析　　　　　　　　　　　　　　217
　　　第一阶段：国宝名药片仔癀，看一眼就知道是我想要的　　217
　　　第二阶段：国宝的招牌更亮了，内在价值更高了　　231
　　　第三阶段：百年老字号，独门生意，赚钱机器　　　233

第18章　涪陵电力，看一眼就知道是我想要的　　　　　241
　　　为何一眼就看上了它　　　　　　　　　　　　　　241
　　　涪陵电力的基本情况　　　　　　　　　　　　　　244
　　　公司重大事项及财务影响　　　　　　　　　　　　245
　　　公司关于营业收入的神预测　　　　　　　　　　　250
　　　公司业务特征——垄断的独家经营的生意　　　　　251
　　　投资看点及估值　　　　　　　　　　　　　　　　256

第19章　比音勒芬，奢侈品，赚钱机器　　　　　　　　257
　　　财务数据简单看　　　　　　　　　　　　　　　　257
　　　比音勒芬公司概况　　　　　　　　　　　　　　　260
　　　行业概况　　　　　　　　　　　　　　　　　　　263
　　　估值环节　　　　　　　　　　　　　　　　　　　268

第一篇
思想篇——如何看待股价波动

正确看待股价波动是投资的前提。

巴菲特说，如果他去商学院教授投资课程的话，他只讲两块内容，一是如何评估公司的价值；二是如何看待股价的波动。

思想篇的所有内容均围绕投资者应该"如何正确看待股价波动"而展开。

投资的过程一般是这样的：首先看懂目标公司；其次给出保守的估值定价；再次期待以半价或者更低的折扣价买入股票，可接受30%甚至50%的波动；最后耐心持股，让利润推着股价上涨。

第 1 章
股票投资是收益率最高的投资方式

为什么要做投资？最有吸引力的投资方式是什么？我们投资要遵循哪些基本原则？投资的魅力何在？……想清楚这些问题后，再行动不迟。

投资的必要性

结婚彩礼翻倍了，工资没怎么动；房价涨了好多倍，工资还是没怎么动。

买不起房，害怕结婚，这能理解，但吃牛肉面的自由差点儿也失去了，这就太尴尬了。2006年，刚读大学那会儿，100元够买20碗牛肉面，2024年的今天，只够买5碗，你说另外15碗被谁偷吃了？

我知道，这时候你脑海里大概率会浮现什么"通货膨胀"、M0、M1、M2……

在法定货币时代，流通中的货币会越来越多，通货膨胀将长期存在，咱们手中纸币的购买力将会长期下降。

既然无法避免被收割，那就积极应对吧。卷工作，谋求升职加薪以及投资，是绝大多数人能够想到的应对方式。卷工作是必要的，但投资才是加快财富积累以及应对通货膨胀的关键手段。

未来，不懂投资的人大概率会越过越艰难，甚至不知不觉就被社会遗弃了。个人如此，公司亦是如此。

投资，很必要。但，何谓投资？最好的投资方式是什么？如何做到不亏损？……这些都是投资中绕不开的话题。

何谓投资

买房子和车子是不是投资？

多数人认为买房子是投资，买车子就是消费，但也不一定。把买房子看作投资，那是建立在过去房价一直上涨的认知之上的。如果房价长期保持横向震荡或者长期走下降趋势，你还会认为买房就是投资吗？

这时候你可能会认为，买房子就是败家。

认为换新车，就是纯粹的消费，但如果你买车之后，出租给别人搞货拉拉去了，那这买车行为就是投资。

买股票、国债、公募基金是不是投资？买黄金、字画、工艺品是不是投资？加盟蜜雪冰城算不算投资？与朋友合资开一家中医馆是不是投资？设立私募基金，参股创业型企业是不是投资？……

以上，可能都是投资，也可能都不是。

那到底什么是投资？

不妨看看格雷厄姆和巴菲特是如何定义投资的。

巴菲特的老师，价值投资开山鼻祖格雷厄姆在《聪明的投资者》一书中说：投资是一种通过认真分析研究，有指望保本并能获得满意收益的行为。（注：保本是前提，第一原则是不亏损）

巴菲特说：投资是为了在未来更有能力消费而放弃今天的消费。

综上言论，投资，可以这样定义：凡是能够确定的提升未来购买力的行为就是投资。

有了以上总结后，大家还可以思考：培养儿子上大学是不是投资？朱元璋刚出道时，你穿越回去，资助他招兵买马算不算投资？

说了这么多，那么问题来了，最好的投资是什么？或者，收益率最高的投资是什么？

股票是收益率最高的投资品

对于个人和企业来说，有众多可选的投资品种，我们先来列举一下都有哪些，然后探讨一下最好的投资是什么。

大家经常听到的投资品种大概有：房子；大额存单、银行理财；股票、可转债、优先股；期货；长期国债、短期国债；公募基金；黄金、字画、工艺品等。

房子是好的投资品吗？

要回答这个问题，我们只需要问自己，房子还稀缺吗？房价还能持续大幅上涨吗？

很显然，当前以及未来，国内的房子再也没有稀缺属性，甚至普遍过剩了。

过去20多年,我国楼市走出了大牛行情,房价涨个不停。过去,房子是好的投资品,是被需要且难以被替代的,价格还不受管制。而今天不是了。

在房价大涨的那些年,龙头房地产上市公司净利润持续大幅增长,股价也跟随疯涨。

万科A是上市最早的一批地产公司,股价最高时,上涨了1040倍,用时27年。而今天,万科A的利润跑不动了,股价也"摔"下来了,市盈率从以前的30倍左右,跌到8倍以内。

另外,房子的单套价格太高,限制了很多年轻人的进入,同时也存在流动性和税收等令人头疼的问题。

很显然,房子和房地产公司的股票都不再是好的投资品。

大额存单、银行理财、长期国债、短期国债是好的投资品吗?

这不用多说。追求高收益的投资者都看不上它们。

黄金、字画、工艺品怎么样?

房子能居住,或者可用于出租,银行理财还能见到一点利息,但黄金、字画和工艺品无法产生现金流,如果收藏不好,还会影响其价值,且流动性太差。想要高价出手,唯一的办法是有一个"大聪明"愿意接手。

很明显,它们不是好的投资品。

公募基金和私募基金呢?

公募基金分为债券型、股票型和货币型。公募基金要么买债券和股票,要么买货币市场工具。货币型基金和债券型基金收益率太低。股票型基金则完全看基金经理的投资水平如何了,优秀的基金经理太难找,而且基金经理跳来跳去,谁家的薪酬高就跳到谁家去,想要找到一个长期优秀的基金公司太难了。

私募基金的资金门槛太高,普通投资者没有机会参与。基金经理的水平也参差不齐,很难找到如巴菲特一样的长期主义者。

所以,直接说答案吧:最好的投资品是股票。

接下来,请看图1-1。

图1-1来源于《股市长线法宝》,这本书的作者是杰里米·西格尔。作者说:这张图是书中最重要的一张图。从图1-1可以看出,在210年的时间跨度内,股票、债券、短期国债、黄金、美元的年化收益率分别为6.6%、3.6%、2.7%、0.7%、-1.4%。

也就是说,从长期看,股票投资的收益率可以达到6.6%,收益是最高最确定的;债券和短期国债收益率很低;黄金几乎毫无投资价值;纸币会不断毁灭价值。

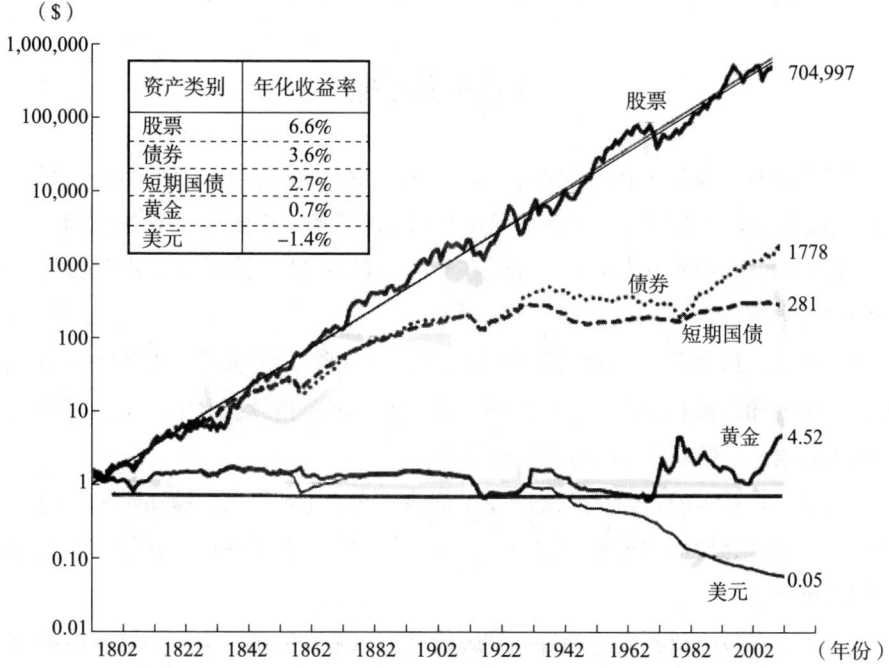

图1-1　美国股票、债券、短期国债、黄金、美元在1802—2012年的真实总收益

图1-1给出的是一个确定性的结论,是一个以美国投资品为样本,且样本采集时间为210年的结论。这210年中,世界经历了各种"黑天鹅"事件以及重大危机,甚至发生了1929—1933年的大萧条和两次世界大战。这个结论不仅适用于美国市场,而且在其他正常发展的国家同样如此,当然,也完全适用于中国。

所以,我敢说:股票投资是收益率最高的投资方式。

另外,股票投资相较于其他投资还有以下优势。

第一,门槛不高。几万元、几十万元资金都可以参与股票投资。

第二,容易切换到更好的投资上去。如果我们开店或者开公司,往往投资较大,一旦生意难以维持,很难切换到其他生意上去。但股票投资没有这方面的担忧。

第三,具有复利效应。学习和研究得越多,经验越丰富,而且年龄越老越"香"。

第四,没有年龄限制。对于上班族来说,即便工作经验丰富,实力强悍,也不得不面对退休以及随之而来的收入降低问题。但股票投资没有年龄限制,资金量与投资经验均有不断累加的复利效应。

股票是收益率最高的投资品,且年化收益率可以达到6.6%。那为何经常会有投资者说股票投资"一赚二平七负",甚至是"一赚九赔"呢?

永远不要亏损

股票是收益率最高的投资品,但现实中,90%左右的投资者都是长期亏损的,到底是为什么?就算是抛硬币,正面朝上的概率也应该是50%左右呀。

我认为,投资者亏损的主要原因在于没有看清楚投资的本质,以及没有遵循投资的基本原则。

本质上,股票是公司发行的有价证券,买入股票就等于购买了公司的一部分。只要公司的盈利长期向上,公司的内在价值就是持续提升的,那么以合理价格买入股票的投资者亏损的可能性就很小。

所以,在买入股票前,必须深度了解该公司的生意模式,搞清楚公司值多少钱。然后等待恐慌情绪将股价打下来,再出手买入。如果没有这么做,那么亏损的概率极大。

另外,多数投资者玩的都是预测股价并追涨杀跌的那一套。而这个市场有个规律,即只有10%左右的时间是上涨的,其他时间都是下跌或者无方向的震荡。在一个长期只有10%的时间上涨的市场里抛硬币,胜率自然是不会超过50%的。

巴菲特说:"投资的第一条原则是永远不要亏损;第二条原则是请记住第一条。"

如果亏损50%,就意味着未来要盈利100%才能回到起点。如果不幸亏损95%,就意味着未来必须盈利20倍才能回到起点。

股市中,一切皆有可能,你可能觉得亏损95%也是需要"功夫"的,但这却是频繁发生的。

在网络泡沫破灭后,很多知名互联网公司的市值下跌了95%。A股市场也有大量长期处于下跌趋势中的股票,退市之前,跌幅超过95%的公司比比皆是。

格雷厄姆在《聪明的投资者》一书中谈到如何区分投资和投机时,给出了投资的定义:投资操作是以深入分析为基础,确保本金的安全,并获得适当的回报,不满足这些要求的操作就是投机。

在他的定义中,最先强调的是要确保本金的安全,"安全边际"是格雷厄姆价值投资思想的核心。

在多数投资者眼中,格雷厄姆和巴菲特反复强调的"永远不要亏损"的原则

第1章
股票投资是收益率最高的投资方式

好像是一句废话,而事实上,这是完全可以做到的,且必须作为投资的前提。

格雷厄姆的具体做法是关注企业的清算价值,寻找市值远远低于有形资产净值或者流动资产净值的公司。巴菲特在投资早期,使用老师格雷厄姆的方法也是大赚特赚。

格雷厄姆的做法,在经济危机和监管严格的市场环境下是有可行之处的,但在一个财务造假严重且操纵行为横行的市场环境中,难有用武之地。

那么,有没有其他可以实现"不亏损"的方式呢?

请再看一次图1-1。答案就在这张图上。

这张图告诉我们,从长期看,股票投资的收益率可以达到6.6%。

再来看表1-1,也来自《股市长线法宝》。

表1-1 持有期限比较:股票回报率超过债券和国库券

持有期限	时间段(年份)	股票业绩超过债券和国库券的比例(%)
1年	1802—2006 1871—2006	61.0 60.3
2年	1802—2006 1871—2006	65.2 65.4
3年	1802—2006 1871—2006	67.2 68.7
5年	1802—2006 1871—2006	69.2 71.3
10年	1802—2006 1871—2006	80.1 82.4
20年	1802—2006 1871—2006	91.9 95.6
30年	1802—2006 1871—2006	99.4 100.0

表1-1告诉投资者,随着持有期限的延长,股票收益率超过固定收益资产收益率的概率也在显著增加。

就10年持有期而言,股票在80%的时间里战胜了债券;就20年持有期而言,这一比例达到了90%;在所有的30年以上的持有期内,这一比例将近100%。

当持有期限足够长时,股票投资的收益率是最确定且最高的。

有人可能会问了,持有期限到底要多长,才能够稳赢?

这么说吧,1929—1933年的大萧条,指数经过15年才回到了原来的位置。

当然了，这是极端情况，如果你恰好生在那个年代，确实很难走出来。

随着经济的全球化，以及政府逆向调控机制的健全，再也没有出现过大萧条一般的恐怖行情了。

巴菲特说，他希望的持有期限是永远。如果我们在买入任何公司之前，就是带着永远持有的期望去的，那么很多导致亏损的短视行为都不会出现，这样亏损的概率就会大大降低。

但是现实中，"一赚二平七负"的规律从来没有变过。

说到底，主要是因为投资者没有遵循价值投资的基本原则，没有长期投资思维，或者就如巴菲特所说，没有人愿意慢慢变富。

这里，还需要强调一下，6.6%的收益率来自一个充分分散化的股票投资组合，并没有经过聪明的头脑去细致地挑选过。

只要坚持长期投资理念，购买一揽子股票，就有望实现6.6%的年化收益率了，那么"不亏损"的原则就守住了。

投资者可以先立足于不亏损，先实现6.6%的年化收益率，然后通过多种途径和方式去提高收益率与确定性。

巴菲特说，普通投资者最好的投资选择是购买指数基金。这句话与《股市长线法宝》中的思路也是相符的，指数基金也是一揽子股票，也是充分分散化的股票投资组合。

长期投资指数基金，收益率一般不会低于6.6%，或者至少不会低于GDP的平均增速。当然，在具体投资实践中，收益率会因我们组合里的标的物、持有的期限、所处的市场环境以及经济发展阶段等的不同而有些许差异。

在不亏损的前提下，我们可以在以下两个方面下功夫，以提高收益率。

一是在选股方面下足功夫，选择投资一揽子优秀的公司，甚至是伟大的公司，收益率是有望得到提高的；

二是在逆向投资上下功夫，充分利用市场先生的极端情绪，在恐慌性行情中逆势买入，收益率也会不断提高。

投资的魅力在于复利

大家都听过一个古老的印度故事。

国王决定奖赏国际象棋的发明者西塔，西塔说自己的要求很简单，只要在棋盘上放一些麦子就行。因为当时的情况是，很多贫困百姓已经揭不开锅了。

第1章
股票投资是收益率最高的投资方式

他对国王说:"棋盘上有64个格子,第一个格子放1粒粮食,第二个格子放2粒,第三个格子放4粒,第四个格子放8粒,依此类推,照这样放下去,每格比前一格多1倍,把64格放满就行了。"

国王认为这个要求很容易满足,就答应了。结果大家知道的,把全国的粮食都搬来也不够满足西塔要求的万分之一。迫于无奈,国王只能让西塔重新提要求,并且答应了西塔开仓放粮的请求。

这就是复利的力量。

爱因斯坦说,世界上最厉害的武器不是原子弹,而是复利+时间。

巴菲特在70年的时间里创造了巨量的财富,而他的年收益率不过19%~20%的样子,看上去并没有那么高。

很多投资者根本看不上20%的年收益率。但是,放到60年的时间里,20%的年收益率将非常惊人。

查询一下复利终值系数表。你会发现:

20年期20%的复利终值系数是38.338;30年期20%的复利终值系数是237.38;60年期20%的复利终值系数是56348。

可能很多朋友没有学过财务,说得简单点吧:

投资10万元,每年20%的收益率,20年后,会增长到本金的38.338倍,即383.38万元;

投资10万元,每年20%的收益率,30年后,会增长到本金的237.38倍,即2373.8万元;

投资10万元,每年20%的收益率,60年后,会增长到本金的56348倍,即563480万元。

这就是复利的力量。也就是说,只要能实现年化20%的收益率,普通投资者也可以成为亿万富翁。

巴菲特不仅利用了复利的力量,还利用了保险浮存金以及控股公司的现金分红。他不是第一年投入10万元后就不管了,他还在随后的每年不断地增加投资账户的资金。

假设投资生涯是60年(退休之后完全可以继续投资股票,巴菲特和芒格二人年近百岁了,仍然坚持阅读和投资)。

第一年进入账户的资金,可以滚60年;第二年进入账户的资金,可以滚59年;第三年进入账户的资金,可以滚58年,依此类推。每一笔资金的年收益率均为20%。

这就是后付年金的概念，为方便理解，也可以称之为多重复利。

20 年期 20% 的年金终值系数是 186.69；30 年期 20% 的年金终值系数是 1181.9；60 年期 20% 的年金终值系数是 281982.6。

投资 10 万元，然后每年追加 10 万元进入账户，每年 20% 的收益率，20 年后，会增长到本金的 186.69 倍，即 1866.9 万元。

投资 10 万元，然后每年追加 10 万元进入账户，每年 20% 的收益率，30 年后，会增长到本金的 1181.9 倍，即 11819 万元。

投资 10 万元，然后每年追加 10 万元进入账户，每年 20% 的收益率，60 年后，财富会增长到 2819826 万元。

决定复利力量的因素有三个：资金量、收益率和时间。

只要每年有 10 万元流入股票账户，每年获得 20% 的年收益率，那么 20 年后，你就能拥有 1866.9 万元。

既然如此。

为了多一些可供投入的资金量要不要拼命搬砖赚钱？

为了实现 20% 的年收益率，要不要大量阅读，提高认知？

如果想要资本扩张得更快，那么我们需要将年收入 10 万元变成 30 万元或者更高；同时我们还可以努力将 20% 的年收益率提高到 30% 或者更高。

但是，一切还要靠时间起作用。看来活得久，很关键。

以上，聊的是资本复利。下边聊一聊人生的复利。

学习与不学习的人，在每天看来没有任何区别，在每个月看来差异也是微乎其微的，放到 10 年的时间维度来看，学习与不学习的人，就会产生财富的巨大分野。等到了 20 年后再看，也许就是一种人生对另一种人生不可及的鸿沟。

现实中，愿意主动阅读的投资者不多。要么没时间，要么没兴趣，要么认为读书无用。

巴菲特和芒格的投资做得好，关键就在于他们的阅读量非常大，这二位被称为"行走的书架"。他们的成就与阅读成正比。

不是读书无用，而是大概率你没有坚持长期阅读，没有坚持学习一些差异化的知识，没有学以致用。不愿意吃读书的苦，那就免不了吃生活的苦。

所以，持续学习、终身学习就是最大的人生复利。

在不亏损的前提下，开启投资复利的魔盒，我们的人生都可以不一样。

第 2 章
价值投资理念精要及适用范围

每个投资者对于"价值投资"的理解似乎都不一样,何谓价值投资?它形成与发展的背景是怎样的?价值投资在中国有市场吗?……价值投资没那么复杂,它思考的是投资的本质。

投资的两大流派

简单地讲,投资的派别主要分为技术流派和基本面流派。

技术流派主要通过研究市场行为、K线形态、股价趋势、重大事件等,进而判断市场趋势,预测股价变化。在实战中,技术流派更多的是寻找那些有利好事件推动或者图形处于多头趋势的股票,而不太关心目标公司的经营情况和内在价值。

基本面流派主要通过研究企业经营情况及竞争优势等,然后保守地估计公司的内在价值,进而判断股票价格与企业内在价值的偏离程度。当股票价格远远低于内在价值时,才考虑买入。

基本面流派的投资者可以统称为价值投资者,典型的代表有格雷厄姆、费雪、芒格和巴菲特等。

格雷厄姆是价值投资理论的奠基人,他的投资思想凝结在《证券分析》和《聪明的投资者》两本书中。其中,《聪明的投资者》比较容易理解,更适合普通投资者阅读。

长期以来,技术流派和基本面流派隔空互怼,争论不休。本书的重点在于如何将价值投资理念落地执行,不参与对技术流派的评论。

价值投资理念的形成与发展

格雷厄姆的奠基人角色

格雷厄姆是价值投资的开山鼻祖,被称为华尔街教父、证券分析之父,是他让无法预测的投机行为变成了可以计算分析的理论体系。

格雷厄姆完整地经历了美国1929—1933年的世纪大萧条,大萧条期间他一再展示高超的证券投资技能,反复抄底,终于被市场先生蹂躏到濒临破产(获得了资助,熬了过去)。

未来的证券教父尚且被市场蹂躏至此,可见大萧条的崩盘行情来势凶猛。在投资者夺路而逃的背景下,大量企业倒闭,很多优秀的企业也被吐血大甩卖,以至于后来被称为"烟蒂股"的股票比比皆是。

历尽千辛万苦走出大萧条的阴影后,格雷厄姆的投资体系变得非常保守,投资的第一原则就是永远不要亏损。巴菲特经常说的"永远不要亏损"就是继承了老师格雷厄姆的思想。

为此,格雷厄姆要求自己只购买后来被称为"烟蒂股"的标的,说白了就是市值严重低于净资产,或者市值低于净营运资本,甚至市值低于净现金资产的股票。

大萧条期间,格雷厄姆与其助手多德合力完成了《证券分析》一书,并于1934年出版。这本书奠定了格雷厄姆在投资领域的教父地位。

在书中,格雷厄姆否定了华尔街最流行的技术分析手段,他表示,用市场历史价格去推演未来的股价走势,非常荒谬。

更为重要的是,格雷厄姆强调股票并不是一张用于交易的纸条,它代表的是企业资产和业务的所有权凭证;同时格雷厄姆也表示企业的内在价值很难被精确计算出来,它受多种因素的影响,证券分析并不需要投资者精确地计算被投资对象的内在价值,而是判断出内在价值的范围,并确保买入成本远低于内在价值。为此,格雷厄姆的投资体系自然派生出了"安全边际"的概念。

根据穆雷·罗斯巴德所著《美国大萧条》的记述,美国的国民生产总值从1929年的1044亿美元下降到了1932年的585亿美元,接近腰斩;1929年8月,工业生产指数为114,1933年3月,下降到54;全美银行倒闭将近一半(1930年,1350家银行破产;1931年,2293家银行破产;1932年,1453家银行破产;

1933年，4000家银行破产）；道琼斯指数从1929年9月的高点381.17点，下跌到1932年7月的低点41.22点，跌幅达到了89%。

大萧条之下，恐慌的投资者夺路而逃，这时候，再强壮的猎手也可能被成群的恐慌的小角马踩死。大萧条期间，格雷厄姆就是这样被推至濒临破产的境地。

施洛斯的长期坚守

格雷厄姆将买入价明显低于股票内在价值这种情况，定义为"安全边际"。

在大萧条背景下，存在大量以清算价值交易的股票。在估值问题上，他建议普通投资者将资金分散到至少30只股票上，且每只股票的买入价格应低于有形账面净值的2/3，甚至更低。因为，只有这样才可以确保即便目标公司破产清算，股东也可以拿回本金并产生少量收益。

格雷厄姆的投资体系被打上大萧条的烙印，这符合当时的时代背景。而今，在流动性充裕、信息披露相对充分的背景下，该体系已经显得死板教条。

施洛斯是典型的"格派价投"，是巴菲特的大师兄，他将烟蒂股的投资思路演绎到了极致，施洛斯将大量时间用于阅读目标公司的年报，很少做企业调研，也几乎不参加股东大会，他通过严格的统计学计算，寻找极度低估的公司，然后分散买入，耐心等待市场回暖，最终卖出获利。循环往复。

在将近47年的投资生涯（1955—2002年）中，施洛斯严格遵守格雷厄姆的教诲，努力搜寻被市场先生错误定价的公司，获得了5400多倍的收益，年化收益率高达20%。

如果格派的传承人死守古板的投资理念，那么价值投资理念可能将再无生存空间。

巴菲特的继承与发展

说到价值投资理念，不仅有格雷厄姆的奠基，施洛斯几十年如一日的坚持，还有巴菲特和芒格的继承与发扬光大。

年轻的巴菲特完整地继承了老师的投资技巧，26岁就拥有了14万美元，买了一套豪宅，迎娶了第一任妻子。按照购买力平价折算，当时的14万美元，相当于今天的2000多万元人民币。26岁的小伙子，财务自由了。

随后，巴菲特成立了自己的合伙基金，通过严格地套用老师的投资技巧，忠实地践行老师的烟蒂股投资理念，获得了非常高的收益。

然而，随着战后美国经济的恢复，股市一路走牛，符合烟蒂股标准的投资标的越来越少了，巴菲特甚至不得不一路放宽对烟蒂股的要求。

最终，再也找不到合适的可以捡起来抽一口的脏兮兮的烟蒂了，巴菲特于1969年解散了自己的合伙基金。此刻他已经可以躺平了，口袋里的现金几辈子都花不完。

然而股神也会犯错，巴菲特展示了他与普通散户一样的贪婪本色，于1962年捡起了一个标准的烟蒂，后来被证明这是巴菲特一生中最愚蠢的一个烟头——他买了伯克希尔的股票（一个没落的纺织企业），后来还拿下了公司的控制权。

据巴菲特口述，没有比这笔投资更愚蠢的了，预计这笔投资导致了他的财富损失超过2000亿美元（随着时间的推移，财富损失数额还在不断扩大）。

当时的伯克希尔是一家举步维艰的纺织企业，根据巴菲特的统计，伯克希尔符合烟蒂股标准，但后来的事实证明，公司的纺织业务很难快速脱手，这个脏兮兮的烟蒂就砸在巴菲特手里了。直到20年以后（1985年）他才艰难地处理掉伯克希尔的纺织业务。

此后，巴菲特恨透了地上脏兮兮的烟蒂。在伯克希尔这笔投资中，巴菲特后来反思道："与其把时间和精力花费在购买廉价的烂公司上，还不如以合理的价格购买优秀企业的股权……时间是好公司的朋友，是烂公司的敌人。"

从巴菲特这些经典的投资言论中，我们可以看到股神的自我进化。格雷厄姆的惨痛教训成就了自己，也成就了无数价值投资者。同样地，巴菲特走过的弯路也没有白走，曾经的败笔推动了价值投资思想的与时俱进，也成了后来者可以参考的"教训"。

自从遇到了后来的副董事长芒格以后，巴菲特的投资思想慢慢地发生了变化。芒格整天唠唠叨叨地说格雷厄姆的思想过时了，太愚蠢了。他怎么不考虑企业的品牌价值？他怎么不考虑企业的精明的管理者？他怎么不考虑企业的垄断地位？……

终于巴菲特动摇了。后来巴菲特说，是芒格让他从猴子进化成了人类，如果不是遇到芒格，他会比现在穷很多。

重大的转折体现在巴菲特对喜诗糖果的并购上。1972年，巴菲特花了2500万美元收购了喜诗糖果，这远远突破了巴菲特对烟蒂股的要求，因为当时喜诗糖果的账面净资产只有700万美元，当年净利润为208万美元，等于说这笔投资相对于净资产是有溢价的，市净率达到了3.6倍。如果从盈利角度看，等于是12倍市盈率（格雷厄姆与巴菲特在此之前一般只考虑按净资产的一定折价买公司，而很少用到市盈率）。按照巴菲特之前的思想体系是无论如何也无法接受净资产大幅溢价的，这是一次突破。

1972年，喜诗糖果的净利润为208万美元，到了2007年增加到了8000万美元，累计为伯克希尔创造了大约13.5亿美元的现金（截至2007年）。怎么看这都是一笔超值的投资。

如果没有并购喜诗糖果的经验，大概率也就不会有后来1988年对可口可乐的投资。而这些企业产生的现金分红为伯克希尔的持续并购创造了有利条件。因此，无论怎么强调这笔对喜诗糖果的投资的重大意义都不为过。

投资喜诗糖果后，巴菲特的思想体系彻底转变为"以合理的价格买入伟大的公司"，而不再是"以清算价值买入烂公司"。

至此，巴菲特完成了"从猿到人"的转变，也间接推动了价值投资体系的进化。

价值投资理念的核心思想

格雷厄姆和巴菲特是价值投资思想的代表人物，理解他们的思想之后，在投资路上可以少走很多弯路。这些投资思想全都是格雷厄姆与巴菲特走过很多弯路后总结出来的精髓。

价值投资理念的核心思想可以概括为四点，前三点是格雷厄姆贡献的，第四点是巴菲特完成思想进化后的提炼。

第一，股票代表的是公司的股权，是对公司的部分所有权。

股票不仅仅是用来交易的凭证，买入公司的股票之后，我们就是公司的股东，有权参加公司的股东大会，有分红权和投票表决权。

短期的股价波动是不可预测的。而从长期看，公司的价值反映在公司的经营上，公司的营业收入和净利润增长得越快，公司的股权就越值钱。作为股东，我们最先要考虑的是分享公司的经营成果，也就是股权增值部分的价值。至于股票溢价部分，权当是意外之喜。

第二，正确看待股价的波动。

股票市场的存在为投资者提供了交易的便利。我们可以在有利可图时将现金兑换成企业的股权，也可以很便利地出让股权，得到现金。

但是这个市场从来不会告诉我们目标公司的合理价格应该是多少。格雷厄姆明确说过："股市不是一个精确的计量仪器，不会对证券的内在价值做分毫不差的记录。"

格雷厄姆将股票市场的波动进行了拟人化处理,"市场先生"就这么诞生在他的笔下了。

你可以想象市场报价来自一位非常热心的朋友,他的名字叫作"市场先生",他是你私人企业的合伙人。

市场先生每天都会准时出现,报出一个他既愿意买入你股权,也愿意将他拥有的股权卖给你的价格。

即使你们拥有的企业具备非常稳定的经济特性,市场先生的报价也非常不稳定,因为市场先生患有某种无法治愈的精神疾病。

市场先生总是情绪化的,在他感觉乐观的时候,只会看到企业的有利影响因素,这时他会报出很高的买卖价格。

在他情绪低落的时候,他只会看到企业和世界的负面因素,这时他会报出一个很低的买卖价格。

市场先生还有一个非常可爱的特征,他从来不介意你冷落他。如果你今天对他的报价不满意,那么他明天还会准时向你报出一个新的价格。当然,是否与他交易,永远由你自己决定。

在这种情况下,他的行为越是狂躁抑郁,越是对你有利。如果他哪天出现特别愚蠢的情绪,你可以选择视而不见,也可以利用这次机会。

但是,如果你受到他情绪的影响,那将会是一场灾难。

因此,如果你不懂得你投资的公司,不能比市场先生更准确地评估公司的价值,你就不应该参与这场游戏。

在格雷厄姆的投资体系中,作为投资者,要利用市场短期经常无效、长期总是有效的弱点,来获取利润。既然从长期来看,市场先生的愚蠢总是会得到纠正,那么,投资者就要以长期持有股权的态度来对待每一笔投资。

第三,最大限度地保持交易的"安全边际"。

在格雷厄姆看来,投资者通过对公司内在价值的估算,来比较其内在价值与公司股票价格之间的差价,当两者之间的差价达到某一程度时就可以买入公司的股权。安全边际越大,投资的风险越低,预期收益越大。

在具体实践中,如果我们能以清算价值买入公司的股权或者以五毛钱的价格买入价值一元钱的股权,那么我们就保证了足够的安全边际。即便持股过程中出现50%的下跌,理性投资者也可以风轻云淡。等到市场先生对错误定价进行纠正时，投资者便可以获利。

第四，在能力圈内做投资。

巴菲特说过，投资者真正需要具备的是正确评估所选择企业的能力；对于大多数投资者而言，重要的不是能力圈的大小，而是能够确定能力圈的边界。投资者并不需要熟悉每个行业，把自己打造成各个领域的专家。我们要做的仅仅是聚焦于少数自己熟悉的行业，并深入地评估好公司的价值。

1998年，巴菲特在佛罗里达大学商学院做了一次演讲，这是巴菲特最经典的演讲，没有之一。

演讲中有投资者向巴菲特提问：您喜欢什么样的公司？

巴菲特说：我喜欢我能看得懂的生意，先从能不能看懂开始，我用这一标准就把90%的公司过滤掉了（一片大笑）。

巴菲特继续说，我不懂的东西很多，好在我懂的东西足够用了。我就是这么思考生意的。

我自己设想，我要是有10亿美元，我能伤到这家公司吗？给我100亿美元，让我在全球与可口可乐竞争，我能伤到可口可乐吗？

我做不到。这样的生意就是好生意。

你要说给我一些钱，问我能否伤到其他行业的一些公司，我知道怎么做。

我寻找的是简单的生意，很容易理解的生意，当前的经济状况良好，管理层德才兼备，这样的生意我能大概看出来它们10年后会怎么样。有的生意我看不出来10年后会怎么样，我就不会买。

以上都是巴菲特当时演讲的原话，太经典了。

能力圈原理，说白了就是，不懂的不做，不懂的投资不参与，做自己熟悉的擅长的投资。

在具体投资实践中，如果我们能够坚持以上四点原则，就可以说我们做的是投资，而非投机。

价值投资理念的适用范围

每当市场大跌，对价值投资理念的质疑就满天飞。

投资是认知的变现，我认为所有的质疑均可归类为认知水平问题。在质疑价值投资理念的同时,我想问一下大家有没有阅读过公司的年报和招股说明书?有没有全面、客观地去评估目标公司的价值?有没有以半价买入公司的股票?

巴菲特说,如果去商学院讲课,他只讲两块内容,一是如何评估公司的价值;二是如何看待股价的波动。

简单两句话,囊括了价值投资者工作的全部。

说到底,价值投资的核心问题有两个:一是全面地理解公司,并给公司定价;二是等待市场先生报出合适的价格并与之进行交易。

搞清楚核心问题后,内心将不会再有徘徊。不管在哪,投资的核心问题都没什么两样,所以我认为不管是在美股市场,还是在A股市场,投资的核心都是评估公司的价值,所以,价值投资理念在任何市场都是通用的。说白了,价值投资就是对"资产或收益"进行定价。

美股市场与A股市场存在一些区别,致使很多投资者认为美国市场适合巴菲特这样的价值投资者生存,而国内没有价值投资的土壤。

美股市场比较成熟,机构投资者占主导地位,定价相对合理,因此股价中包含的非理性因素和极端因素较少。A股市场,由于建立时间较短,市场参与者多为个人投资者,他们的投资理念往往不成熟,不专业,不知道股价长期上涨的动力是什么,因此对目标公司定价往往不客观,情绪化问题较为严重,致使股价上蹿下跳。

这种大起大落的股价走势,容易出现错误定价,也更加有利于理性投资者买到更加便宜的筹码,卖出更高的价格。

比如贵州茅台(以下简称茅台),在悲观的行情中,市盈率竟然低至8倍,而进入非常亢奋的行情中,市盈率竟然冲到了70倍附近,茅台利润的持续增长,叠加市盈率的提高,使其成了超级大牛股,成就了很多价值投资者。这种情绪化的市场是非常有利于投资者实现巨大收益的。从这个角度看,A股市场更加有利于价值投资者生存。

不管美股市场还是A股市场,均遵循一个规律,即内在价值决定价格。只要目标公司的财务走势长期大幅向上,股价迟早会跟上。

A股市场连续多年徘徊在3000点附近,但不妨碍一批优秀公司的股价连续多年创新高。

茅台、泸州老窖、山西汾酒、同仁堂、片仔癀等公司均走出了有别于大盘的大牛行情。

图2-1是茅台2012—2023年的净利润表现。

第 2 章
价值投资理念精要及适用范围

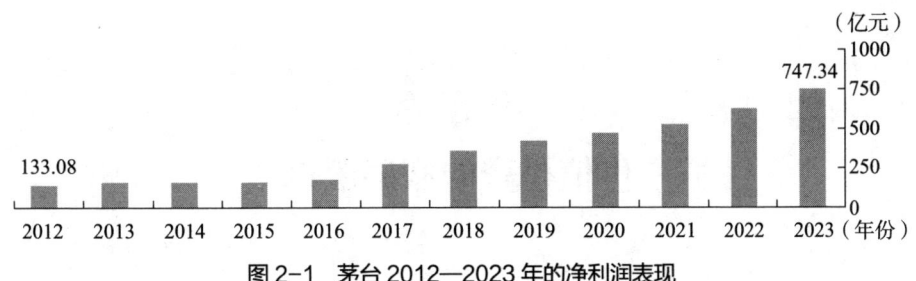

图 2-1　茅台 2012—2023 年的净利润表现

茅台之所以能成为百倍股，关键就在于公司净利润的长期大幅增长。

但凡百倍股，它的股价均是由公司内在价值的持续提升，或者说是公司的净利润长期大幅增长推动的。我称之为财务走势决定股价走势。

财务走势决定股价走势，这一观点，不管在哪个市场均适用。

第 3 章
价值投资的底层逻辑

公司的股价为何能够长期上涨？我们研究公司的着眼点在哪？什么样的公司值得关注？……这是价值投资的底层逻辑。

价值投资的本质

经常会有人说：我用价值投资的方式做过投资，但还是让我赔钱了。

这类投资者至此不再相信价值投资，甚至会说：价值投资无用，骗人的。

我认为，价值投资理论是指导投资的思想，是有用的工具，关键要看使用它的投资者有没有真的搞懂价值投资的思想精髓。你在否认价值投资的时候，请问你遵循价值投资的基本原则了吗？

我们买入股票，本质上购买的是公司的部分股权，实际上我们看中的是公司的生意，此刻，我们是股东。

公司创造的剩余价值越高，公司的内在价值就越高，股价就越有支撑，股东们就越开心。

你有没有像股东一样思考自己公司的生意？你有没有阅读过公司过去的年报，去深度理解公司？你看懂公司的长期发展前景了吗？公司到底值多少钱？你有考虑过以半价入股吗？

财务走势决定股价走势

股权思维之下，目标公司的股价为何能够长期上涨？

答案是利润，长期增长的利润，长期大幅增长的利润。

当我们的目标公司的利润能够长期大幅增长，甚至年年创新高时，那么公司的股权就变得越来越值钱了，内在价值就越来越高，自然会引来资金哄抢。

投资中，财务走势决定股价走势，或者说，目标公司净利润长期大幅增长，股价才有长期上涨的动力。这是投资的底层逻辑，也是投资者在选股和估值时要重点关注的。

所以，在研究目标公司的时候，应该重点搞清楚目标公司盈利增长的确定性，以及公司到底值多少钱。

只要保证了财务走势长期大幅向上以及估值偏低，那么你最美的期待定然是股价持续下跌和长期低迷，经常打折促销。这样可以拉长时间，多拿一些便宜的股权，未来当市场进入"吹泡泡"阶段时，可以多赚一些。

选股是关键

既然财务走势决定股价走势。我们紧盯那些未来净利润能够不断创新高的公司就可以了。

选股就像选伴侣。如果没有全面深入考察目标公司，在没有看懂目标公司的情况下，就冲动买入股票（冲动结婚），最终基本避免不了"割肉"（离婚）。这个代价太高了。

如果亏损50%，就意味着以后要盈利100%才能回到原点，赚100%，谈何容易。

所以，控制风险是第一位的，而控制风险的最佳方式是选股。

因此，要提高选股标准，并严格执行。

十多年了，上证指数一直在3000点附近徘徊，但少数优秀的公司已经穿越熊市，股价不断创新高。茅台、五粮液、泸州老窖、片仔癀、同仁堂、恒瑞医药等均是如此。

国外市场也是如此，强生、礼来、诺和诺德、可口可乐、伯克希尔、微软等公司，在经历各种"黑天鹅"事件、各种股灾后，仍然穿越了时空，股价持续创新高。

只要我们选出一批净利润能够长期大幅增长的公司，就有机会穿越牛熊。

至于买点嘛，先保守地给出估值，然后就一句话，"好公司，杀跌买，大熊市里买买买"。买入后，就坚定持有，除非公司成长的逻辑发生了变化或公司股价过分高估。

寻找投资的确定性

问题来了,什么样的公司利润长期大幅增长的确定性较高呢?

垄断,要买就买垄断的公司

长江电力、华能水电、中国海油具有垄断属性,片仔癀、茅台也具有一定的垄断基因。这样的公司,被需要,难以被替代,具有穿越时空长期上涨的逻辑。

具有竞争优势的行业龙头

茅台、五粮液、泸州老窖、伊利股份、海天味业、迈瑞医疗、片仔癀、云南白药、同仁堂、东阿阿胶等公司都是所在行业的龙头公司。这些公司要么是有独特的"护城河",要么是在激烈的竞争中一路打过来的胜者。

符合国家产业发展大方向的公司

以银行、保险、地产、钢铁、水泥、煤炭等为代表的低市盈率行业,在行业成长阶段且国家非常需要它们的时候,也曾高速增长并被市场赋予了极高的估值倍数。

国家需要,这是重要的投资关注点。国家需要什么,就会动用全部力量支持这个行业发展,政策到位了,社会资本、技术力量和人才都会受政策引导而扎堆。然后,相关公司高速成长,市盈率也会被投资者亢奋的情绪推高。

现在的银行、保险、地产、钢铁、水泥、煤炭行业都发展壮大了,成熟了,甚至过剩了。国家还会花费力气去支持它们吗?

不会了。

相反,由于过度投资和低效率的重复建设,导致产能过剩,国家不得不进行供给侧结构性改革,减少低效和无效供给。

政策不支持了,资金不扎堆了,高速成长没有可能了,市盈率自然就下降到个位数了。所以,投资要跟着国家走,要跟着党走。

盯着公司,而不是市场

投资者不能仅盯着账户的数字和电脑上波动的图形。巴菲特说:"傻瓜,盯着球赛，不要盯着记分牌。"

如果你还天天盯盘，天天玩短线交易，那么你可能就是巴菲特点名的那个"傻瓜"。

这个市场"一赚九赔"的规律从来没有变过。为什么大多数人亏损？因为他们的眼光聚焦在K线图上，而不是企业的经营。股价波动无法预测，盘面的股价波动是千万个市场参与者的情绪的集合。预测身边最亲近的朋友的情绪尚且办不到，更何况预测千万个陌生投资者的情绪呢？

人云亦云是人类普遍的天性，别人恐慌时，你会更恐慌，别人兴奋时，你也会跟着兴奋。盯盘的直接结果是你的情绪会被放大。你会因此变得人云亦云。

巴菲特要求大家盯着球赛，就是想要告诉我们，不要盯着股价的波动，而要盯着公司的基本面，去研究产业，研究公司，给公司定价。

买股票就是买公司的一部分，相当于将资金交给公司管理层打理。

如果不了解公司生意，就相当于把自己的钱交给一个不熟悉的人，那你的钱还能要回来吗？

投资者应该去琢磨公司理解公司，当你大概率能看到公司未来的样子时，你的心里还会忐忑吗？你还会在乎日常的股价波动吗？

如何看待市场的大跌

我说盯着公司，而不是盯着市场，不是说股价的波动对投资者来说毫无意义。

巴菲特说，如果我们对一只股票有良好的长期预期，那么短期的价格波动对我们来说毫无意义，除非有人报给我们一个非常有吸引力的价格。

好公司，还要有好价格才能买。好价格往往来自股价的大幅杀跌，来自市场先生夺路而逃的时刻。

巴菲特说，当别人恐惧时，我贪婪。

然而，逆势买入股票是有前提的，你的目标公司必须有一个良好的长期发展前景，未来的利润能够长期大幅增长，而且对目标公司的估值要有一个基本的判断。

财务走势决定股价走势，大幅下跌后，优质公司的股价会涨回来，甚至不断创新高，每次大跌，都会给投资者提供便宜买入的机会。

格雷厄姆在《聪明的投资者》中说道：

对 10 年、20 年或 30 年的投资期而言，市场先生每日捉摸不定的波动根本就不重要。无论如何，对想要做长期投资的人来说，股价的不断下跌是好消息，并不是坏消息，因为这使得他们可以花较少的钱，买到更多的股票。股价下降的时间越长、幅度越大，而且你在它们下降时不断地买入，那么最终你赚的钱就会更多——如果你能够一直坚持到最后。不要害怕熊市，而应该欢迎熊市，即使股市在今后 10 年内不提供每日的价格信息，聪明的投资者也会安心地拥有股票或基金。

预期大跌来临，要不要回避

投资中，短期波动无法预测，大跌来临前，你根本就不可能预测到目标公司要跳水了，更无法预测到整个市场要崩盘了。如果因为预测市场下跌，而卖出股票，那么下跌没有你，上涨时大概率也不会有你。

根据经验，股市真正上涨的时间只有 10% 左右，其他时候要么下跌，要么无方向地震荡。

股价大幅波动时，公司还是那个公司，不是吗？

投资的依据是目标公司净利润增长的确定性，是估值，是能力圈。只要目标公司被足够低估，就耐心持有，没必要害怕波动。

说到底，盯着目标公司的经营情况，盯着估值，思考公司未来的发展就可以了，不要去预测市场的波动。

日常的小幅波动，要忽略掉，巨大幅度的市场波动才有关心的必要。如果市场发生猛烈的下跌，等杀跌到极度低估，等所有人都不抱希望时，加仓就好。如果没有资金加仓，那就躺着，等待，什么都不要做。

股价的杀跌已经使目标公司显得不那么高估了，随着时间推移，公司的成长又会进一步拉低公司的估值。

此时，时间变成了关键先生，它会给你答案。时间是好公司的朋友，是烂公司的敌人。

我们说，买入好公司，做时间的朋友，就是这个意思。

时间站在好公司这边

股价杀跌之后，经常会遇到没有子弹的情况。多数投资者会因此陷入一种焦急的状态，主要是因为大家太急于赚钱了。巴菲特说：没有人愿意慢慢变富。

大跌后，往往会有一个长期低迷的过程。这个过程可能是两年、三年、五年，所以，我们有的是时间去建仓。大家只需要拼命赚钱，努力去创造现金流就可以了。

这个市场只有10%左右的时间是上涨的，其他时间基本处于下跌或者无明确趋势的震荡状态。

如果急于买入，急于加仓，那么被套的可能性将更大，时间将更长。所以，投资要慢。

好公司杀跌买，买入后，耐心持有，持有过程中遇到大坑且有现金时，可择机继续加仓。

市场先生的情绪非常极端，要么处于极度乐观的状态，要么处于极度悲观的状态。

在悲观的行情里买入股票后，就要耐心地等待，市场先生的情绪终究会达到极度乐观的状态，等市场充满了泡沫时，我们就可以赚大钱了。

时间是好公司的朋友。如果你在强生公司上市时投资了1万美元，那么现在你拥有的资金是1亿美元。如果你在可口可乐上市时参与进去，最大涨幅是50万倍，那么当年的1万美元会变成50亿美元。

时间真的是站在好公司这边的，至少在投资方面是如此。

第 4 章
价值投资的完整思考过程

如何选股票,如何估算出合理的价格,这是投资的核心问题。但要聊透这两个问题,必须放到一个完整的思维框架中,才能大致说得清楚。

站在特定时代背景下选择投资赛道

站在2024年的当下,最大的时代背景是什么?

从商品紧缺到全面过剩

20世纪90年代商品紧缺,企业之间竞争不充分,只要能生产出产品,基本就不愁销路,不需要打价格战,在这样的经营环境中,龙头企业的日子非常好过。而当下几乎所有行业、绝大多数商品都供给过剩,在过剩的行业中,消费者被分流,价格战往往难以避免,很少有公司能够持续稳定盈利。

2000年前后,我国房地产业刚进入快速发展期,此刻选择房地产股票作为投资对象,无疑会成为大赢家,最有代表性的地产龙头股万科A可以一鼓作气上涨几十倍。

在房地产快速发展阶段,与之配套的各种建材、家用电器、家居用品等行业也都处于快速发展期,甚至白酒、银行等行业都受益于房地产业的快速发展。在这个过程中,相关行业都有不错的投资机会,也产生了很多10倍股。

20多年过去了,房地产行业已经饱和,甚至全面过剩了,今天再将目光聚焦到房地产股票及产业链相关公司股票的投资上,就很不明智了。

人口趋势发生巨大变化,少子化老龄化正在改变各行各业的发展逻辑

每年新生人口大幅减少,与新生儿相关的生意越来越艰难,比如妇产医院、幼儿园、钢琴班、婚恋市场、疫苗(尤其学龄前儿童必须接种的疫苗)、房地产、奶制品等。

随着1963年婴儿潮一代陆续进入退休阶段，未来30年老年人口将持续快速增长，2050年我国老年人口数量会增加到5亿人左右。大多数老年人三大慢性病（高血压、糖尿病、心血管疾病）缠身，所以三大慢性病领域的核心公司是未来的重点投资方向。另外，随着医学的进步，人的寿命也会延长，平均寿命大概率会超过90岁，所以医药赛道是未来20年以上的长坡赛道。

在选股时，医药赛道必须作为重中之重。

大国博弈越来越激烈

犹太和盎撒（以下简称犹盎）资本控制美国，并利用美国控制整个西方阵营，然后以国家的政治力量掠夺全世界，中国很难独善其身。

犹盎资本控制了全球几乎所有你能说得出来名字的龙头企业，这些企业也是犹盎资本掠夺全球财富的工具。西方世界越来越针对中国，想要在与犹盎资本的竞争中获胜，就必须在关键领域产生强大的全球龙头公司，然后龙头公司逐渐打破西方科技霸权。

这一点高层看得清清楚楚，金融强国战略就是国家意志的重要体现。简单说，金融强国战略就是要稳住银行系统，确保不发生系统性金融风险，活跃资本市场，把股票市场搞活，然后股市大力支持科技型企业上市融资。科技型企业拿到足够多的资金，可以加大研发力度，尽快突破西方的科技封锁。

企业强了，国家就强了。企业强了，大国博弈就有话语权了，这就是金融强国战略的深意。

选股时，必须切中特定的时代背景。每一个时代都有其代表性的行业和产品（或者公司），选股时必须搞清楚哪些行业最有发展前景，优先将目光聚焦到那里。正可谓选择大于努力。

这种选股思路被称为"自上而下"选股法，先考虑从事什么行业，再进入该行业选择具体目标。

大牛股的财务特征与筛选方式

在实践中，我习惯先确定自己最看好的行业赛道，然后在这个赛道里投入主要精力。

具体筛选时，采用排除法和对比分析法，财务数据达不到最低要求的公司，直接排除不看。最终只剩下极少数目标公司，进入自选股，待考察。

大牛股的财务特征

大牛股在财务特征上有一个共性,即净资产收益率(ROE)非常高,在多数年份 ROE 均大于 20%。

茅台、泸州老窖、山西汾酒、片仔癀、同仁堂、东阿阿胶、云南白药、华东医药、海天味业、伊利股份等公司的净资产收益率长期在 20% 以上,也都走出了一段波澜壮阔的大牛行情。

因此,具体选股时,先盯住净资产收益率这个指标。

以上所列举的公司中,同仁堂的净资产收益率低于 20%,但这只是表象,同仁堂账面有大量现金,大部分现金不参与创造"净资产收益率",如果将多余的现金进行分红,回购股票或者剔除掉,净资产收益率也在 20% 以上。东阿阿胶也是如此,公司的账面也有大量现金,调整后,公司的净资产收益率高达 50% 左右。

巴菲特说,如果只用一个财务指标选股,他会用 ROE。

巴菲特在致股东的信中提到,1977—1986 年,每 1000 家企业中只有 25 家可以通过两项有关企业是否杰出的测试:① 10 年内的平均净资产收益率达到 20%;②没有任何一年低于 15%。这些生意场上的超级明星同时也是股票市场的宠儿。在这 10 年里,25 家企业中有 24 家的股价表现超越了标普 500 指数。

芒格说:从长期来看,一只股票的回报率与企业发展息息相关,如果一家企业 40 年来的盈利一直是资本的 6%(即 ROE 为 6%),那么 40 年后你的年化收益率和 6% 不会有什么区别,即使当初你买的是便宜货。如果企业在 20~30 年内盈利都是资本的 18%,即使当时出价较高,其回报依然会让你满意。

芒格这段话的字面意思是,如果长期持有一只股票,你的年化收益率和企业的净资产收益率没有任何区别。

很多人会问为什么呢?

其实很简单,净资产收益率又叫作股东报酬率,你买入股票,你就是公司的股东,长期而言,公司的股东报酬率就是你的收益率。

既然如此,在选股时,投资者应该紧盯净资产收益率这个指标,尽可能选择高净资产收益率的公司作为深度考察的目标。

正向选择,逆向排除

首先,正向选择,即以净资产收益率作为选股的开始。

拿到一家目标公司,最先想到的不应是这家公司好不好,而是直接将其放到它所属的行业里进行净资产收益率的对比分析。

如图4-1所示,我们看一下白酒和中药行业的净资产收益率排序。

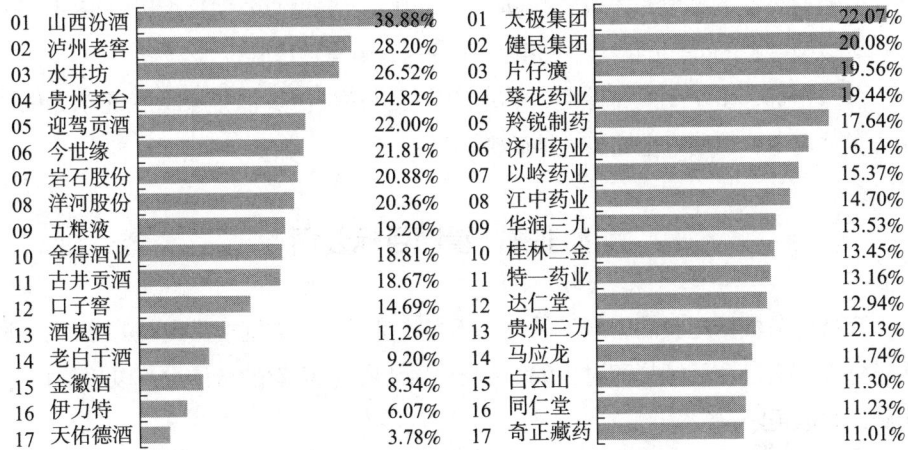

图4-1 白酒和中药行业的净资产收益率排序

注:选用的是2023年三季报对应的数据。

净资产收益率较高的公司保留,进入自选股,待考察,而净资产收益率长期低于15%的公司,就直接排除不看了。

白酒行业是过去20年来数据最漂亮且涨幅最大的行业,这是中国的特色产业,也是特定的时代红利。

从对比中我们可以发现,白酒行业的整体净资产收益率远高于医药行业。

但白酒行业已经发展成熟,2016年销量见顶,连续多年回落,未来白酒的成长性及投资价值大概率跑不赢中药。

其次,逆向排除。

在高净资产收益率的公司中,有很多数据没有可持续性,必须排除掉。

①净资产收益率指标忽高忽低的公司,直接排除。

②毛利率长期下滑的公司,直接排除。

③经营现金流越来越差的公司,排除。

④应收账款增速太快的公司,排除。

⑤资产负债率太高的公司,排除。

⑥营业收入增长率忽高忽低的公司,排除。

⑦存货持续高增长,但营业收入增长乏力的公司,排除。

⑧有些公司需要依靠较高产能获得成本优势，那么看一下公司的在建工程和固定资产有没有持续增加，如果没有，那么很难保证营业收入长期增长。另外，这类公司往往周期性很强，最好也直接排除。

⑨有些公司的高增长是靠并购实现的，那么就要小心公司是否足够聚焦主营业务，以及并购的公司的成色，如果看不明白，就直接排除。

多个指标、多个角度排除后，剩下的目标公司就很少了。这些公司可以进入重点关注名单，然后再全面深入地研究一番。

阅读理解，看懂目标公司

完成财务数据选股后，剩下的公司不多，都是一些数据非常完美的公司，那么还需要问自己，目标公司过去的财务走势很好，它依靠的是什么？**以后的财务走势还可以更好吗？**

这就需要我们进一步研究目标公司的基本面，搞清楚公司有没有足够深的护城河以及业绩增长有没有持续性。

具体来说，我们需要搞清楚公司所处行业的竞争格局、前景、竞争对手情况、发展阶段、政策，以及本公司管理层能力、激励措施等。看懂目标公司，看到公司盈利增长的确定性，然后才有可能给出相对客观的估值。

看懂目标公司的过程就是建立能力圈的过程，而要看懂目标公司必须做好基础工作。

我所说的基础工作主要是阅读目标公司的招股说明书，上市以来的年报、公告，竞争对手的招股说明书和年报等内容。

看明白一家公司大概需要 3000 页的阅读量。阅读量很大，所以不得不用排除法，多数公司直接排除不看，这也是没有办法的办法。

如果一家公司 10 分钟就能看明白，那就不太需要用排除法了。

巴菲特的基础工作就是阅读年报，他根本不看盘，也没时间看盘。

多阅读，多思考，多对比。如果最后还是拿不准，那就先放一边。投资难就难在 3000 页内容看完了，仍然看不清楚。看不清楚就直接排除。

看不清楚比自以为看清楚了要强。

投资容易吗？扎实地做完了基础工作，投资就不难，夜夜安睡。没做基础工作，就没有能力圈可言，投资就是盲人摸象。

阅读是理解公司的基础工作，如有必要，最好还要辅以市场调研等工作。

保守地估值定价

估值的前提是对目标公司的深度理解，以及目标公司盈利增长的确定性。离开了确定性，就没法谈估值。

那些基本面很差的公司，它的净利润可能忽高忽低，可能今年是高光时刻，过两年利润就大幅下滑了，这样的公司是无法估值的，因为它未来的盈利情况、现金流等都无法预测，所以，只能排除。

在估值方面，巴菲特唯一认可的方法是现金流折现法，关键三要素是自由现金流、折现率、时间。

自由现金流和折现率都是波动的，无法精确预知。只要折现率稍微波动一点点，得到的结果几乎就是天壤之别。另外，企业的寿命也无法确切地预知，绝大多数公司的寿命很短，没有永续的增长属性。

所以现金流折现法更多的是一种对待投资的思考方式，而不是可以拿过来计算的公式。

根据这个思想，投资者必须寻找现金流非常充沛的公司，必须寻找净利润增速较快的公司，必须寻找净资产收益率非常高的公司，必须寻找生意模式长期稳定（寿命长且有护城河）的公司。

也就是说，现金流不充沛的公司，净利润增长乏力的公司等，该排除的要全部排除。剩下的就是少数现金流非常充沛、净利润持续增长，且净利润增长不依赖大量资本支出的公司。这些公司的净利润容易展望和计算。

然后大致算出未来三年的净利润数值，用市盈率倍数计算一下就有数了。用市盈率估值的同时，往往还可以用其他财务指标辅助计算，如市销率、市净率等。

我们只要能看到目标公司未来盈利增长具有持续性，能够大致地计算出未来净利润数值，那么长期持有目标公司时，就会很放心。

在给出估值的过程中，不能孤立地看待目标公司，往往要对比本行业几家实力靠前的公司的财务数据与估值情况，必要时可对比相似行业几个龙头公司，了解它们在同样的发展阶段的估值情况等，以其作为参照物，给出目标公司的估值区间。

如我们在研究中药企业的估值时，可以了解白酒龙头在每个发展阶段所展现出来的估值情况，作为参考。

中药企业在消费属性、现金流上与白酒比较类似，白酒已经走过了高速发展阶段，经过了由小到大的过程。那么白酒在每个发展阶段，它们的估值水平如何，都可以作为中药企业的参考。

以下情况可以上调估值倍数：目标公司所处的行业格局非常好，护城河较深，甚至是垄断的；行业前景非常好，目标公司处于高增长期，且行业渗透率极低；行业政策非常明朗，国家大力支持；目标公司数据非常优秀，净资产收益率极高，现金流极充沛。

可能有人会问，市盈率、市净率和市销率等指标怎么样才算高？怎样才算低呢？

说到底，估值就是对比，没有对比，就无法确定高低。

确定买入的价格区间

在给出目标公司估值倍数后，要根据大行情、宏观经济、外围局势等情况，对目标公司的具体买入价格区间进行调整，可以适当打折，以确保安全边际。

宏观经济下行明显，且行情不明朗时，应适当保守打折，适当降低"贪婪价格"。

当目标公司的股价达到我们设置的保守的贪婪价格时，就可以考虑是否出手买入了。具体交易时，可以参考我的投资口诀：以优秀的公司为前提，好公司有底线；好公司好价格，好公司杀跌买；大涨不买票，小涨小跌不管，大跌加仓；买入优秀的公司，做时间的朋友。组合投资，逆向布局。

对于估值倍数和贪婪价格区间的调整，存在大量的主观判断，这对投资人的知识面和认知有较高要求。

只有大量阅读，形成交叉的行业认知，建立横向对比分析后，才有可能做到。

所以，要不要大量阅读，要不要形成交叉的行业认知，大家自己选择。

等待打折促销，买入并持有

最好的择时方式不是研究均线、支撑位，而是"好公司，杀跌买；跌怕了买；扛不住了，想要点击卖出键时大概就可以买了"。

看懂目标公司，看到了公司成长的确定性，给出保守的估值后，等待恐慌情绪出现，然后股价打折促销，进入低估区间，出手买入，长期持有，未来根据公司每年披露的报表和公告再评估公司价值。循环往复。

如果因为设置的贪婪价格过于保守，而错过优秀的目标公司，那么也请接受现实。大家能够做的，不过是多找到几个潜在的目标公司，最终谁能打折促销，谁的价格能来到你认可的价格区间，那就看缘分吧。

一切一切的前提是：深度理解目标公司，看到公司盈利增长的确定性以及保守的估值定价。

以上就是一个完整的投资过程，但多数时候不是一个完全的线性过程，因为过程和顺序往往是交错的。

投资实践中，多数情况下我们不会全面完成以上的基础功课，而是在看到冰山一角后，就开始猜测整个冰山有多大了。

基础工作做得越好，试错的机会成本就越小。

以上内容总结起来就是：

①买股票就是买企业的部分所有权；

②投资要放到一个完整的思维框架里去思考；

③不管是选股，还是估值都需要站在特定的时代背景下思考；

④估值和交易的前提是目标公司盈利增长的确定性以及估值足够便宜；

⑤别人恐惧，我贪婪。

第 5 章
投资中绕不开的几个问题

投资中,几乎每个投资者都存在各种困惑,集中投资还是分散投资?如何看待利好与利空?如何确定个股的持仓占比?……遵循价值投资的底层逻辑,所有问题都不是问题。

如何确定个股的持仓占比

这是普遍问题,但是没有标准答案。

投资的核心是搞清楚目标公司盈利增长的确定性,以及价格是否足够便宜。

把这两个问题搞清楚,目标公司就进入了你的能力圈。

理解了公司,看到了公司的未来,哪个公司的未来更美好,哪个公司的确定性更高,要心里有数。剩下的就是等待,等待一组目标公司打折促销,最好能等到半价买入的机会。

可以首先为一组目标公司的确定性排序,其次根据自己的理解,分别给出保守的买入价格区间。

哪个公司确定性更高,哪个公司更加便宜,就可以考虑多分配一些资金。然后依次减少,直至将资金分配完。

如果你面前有 30 多家优秀的公司,那你就紧紧盯着这些公司。大量阅读,从多个角度进行对比分析,不断加深对目标公司的理解。

但哪些公司先进入你的击球区,你是不知道的。

哪些公司能进入你的击球区,你也无法事先确定。

因为短期股价波动无法预测。所以,把握核心问题,抓主要矛盾。其他问题都是次要矛盾,不必过分纠结。

至于哪个公司分配多少资金量,最先考虑确定性,但在这个前提之下,也不要太教条。

恰巧手里有现金,恰巧某个目标公司先进入了合理区间,就按照预计的资金

第 5 章
投资中绕不开的几个问题

量先买一些。

至于是一次性买够,还是分批次买,也要看你对公司的理解,并参考大行情的走势。

如果你认为公司股价已经合理了,但继续下跌的可能性还比较大,那么就等待好了,或者可以在预计的资金量范围内先打一些底仓。

类似于片仔癀这样的目标公司,你总会觉得它被高估,当它 60 倍 PE 时,你打算 30 倍以内买入 20% 仓位,但是不好意思,它就是不愿打折,就是无法跌到 30 倍市盈率。

你一旦设置了持仓比例,并对某些公司预留现金,就变得教条和呆板了。因此我一般不考虑预留现金。

在判断行情的大方向是向上的前提下,我选择满仓或者重仓,不主动去预留现金。子弹打完了,就发呆。好好工作,努力搬砖,创造现金流,节省开支。今年攒不到现金,那就明年。

投资中,时间是主要变量。待我们攒到钱了,恰好遇到低迷的行情了,又恰好某个目标公司进入你设置的价格区间,那就随机买。其他时候就持股发呆。

读书,读年报,调研,努力工作,耐心等待。时间是好公司的朋友。

有人说:不留现金,大跌时不就没钱加仓了吗?

有这种想法的人,是假设自己能预测到股价会有大跌。而事实上,没有人可以预测股价的短期波动。只要判断大行情向上,满仓就是最好的策略。

巴菲特说,没有人愿意慢慢变富。关键是你愿不愿意放慢脚步。我认为,慢就是快。

大跌之后,没有钱加仓,那就等,等到一年后,攒到钱了再说。一年没有攒到现金,那就再发呆一年。建仓不是一两天就可完成的,有时候可能需要三四年。

等你攒到加仓的钱了,如果股价已经上去了,且估值不是那么便宜了,就不加仓;如果股价还在坑里,你又非常确定这个公司未来盈利将增长,那就随机净买入。

你担心不留现金,大跌时没钱加仓,那我也想反问你,如果买入的组合一直涨,你是不是又要责备自己,为何当初不满仓,为何要留现金呀?

说到底,核心是能力圈,是对公司的深度理解,然后对公司保守地估值定价。把核心问题搞明白了,所有问题均可迎刃而解。

集中还是分散

经常有投资者问，到底应该集中投资，还是分散投资？

我认为，集中与分散的前提应该是能力圈。

如果你深入研究的公司少，你的能力圈相对小一些，那你就集中投资。

如果你深入研究的公司多，你的能力圈相对宽泛一些，那你可以适当多买几个公司。

如果你没有深入研究的公司，那么投资指数基金应该是不错的选择，或者最好离开股票市场。

在我看来，无论如何，投资的前提一定是能力圈。如果你没有对目标公司进行深入研究，越是分散投资，风险越大。因为你进入了太多的未知领域，未知就是风险。

如果你做了深入研究，你看好的公司只有五六个，那么你的集中投资就是保守的、稳健的。你做到了知己知彼，你对少数公司非常熟悉，你的投资就没有实质性风险。

就我个人来说，我研究的公司很多，但我的自选股里正常不超过50家公司，而价格适合的，在某个时间段内，大概一只手就能数得过来。

所以，我的投资是相对集中的。

我习惯将八成左右的资金集中在最看好的五六家公司上，甚至第一重仓股会占用账户60%以上的资金。

在一次公开的采访中，巴菲特被问及集中投资还是分散投资时，他说：

我觉得分散投资对于真正懂投资的人来说是没有任何意义的，分散投资是对于无知的保护，为了确保市场的波动性不会对你造成太多的影响，于是去分散投资所有的东西，这对于完全不知道如何分析公司的人来说还是可以的，没什么问题。

如果你知道如何评估和分析公司，那么同时拥有30只、40只，甚至50只股票就显得很疯狂。因为对于个人来说，能找到好的，且完全能看懂的公司，其实并没有那么多。比如我选中了几家超级好的公司，它们在我的投资名单中排名都很高。然后我转手把钱分散到排名第30或者35位的公司里，而不是投更多钱到排名第一的公司。这种令人窒息的操作让我和查理（芒格）都无法接受。

分散投资是一种常见的策略，它只能让你取得平庸的成绩。可能对于投资经理来说，这就已经够了，但在我们看来，这暴露出了你不了解自己所投资公司的事实。我个人的投资组合里只有一只股票（他说的是伯克希尔），它是我唯一了解的公司，我觉得这样就挺好。

如何看待宏观经济和大盘波动

我关注宏观经济数据和大盘波动，但不以此作为决策依据。

买卖的决策依据是目标公司盈利增长的确定性以及估值是否足够便宜。

巴菲特说，如果我们对一只股票有良好的长期预期，那么短期的价格波动对我们来说毫无意义，除非有人报给我们一个非常有吸引力的价格。

宏观经济数据和大盘波动是帮投资者实现价格打折的，其他外部悲观因素的出现所导致的情绪波动也是帮投资者实现价格打折的。

比如公司高管宣布减持、医药带量采购和医药反腐、塑化剂危机、地缘政治危机等，这些外部因素都是帮助投资者实现价格打折的。正可谓，好公司杀跌买。

买股票就是买公司，也可以理解成与上市公司大股东合伙做生意，不能因为大盘波动或者宏观经济数据不好了，咱们就将股票卖出了（把公司关了）。

大盘波动和宏观经济数据不好，不是我们卖出股票的理由。一般情况下，卖出股票有三个原因：一是目标公司基本面彻底"凉凉"了，二是公司股价太高估了，三是有更好更确定的投资目标。

三个原因中，不包含宏观因素和大盘的波动，全都是从目标公司本身找问题。

宏观经济数据好，股价就会涨？宏观经济数据不好，股价必然跌吗？

显然不是。宏观因素和其他外因，只会导致短期的波动，而这个波动无法预测，难以捉摸。

宏观经济数据不好的时候，一般认为股价会整体疲软，但不要忘记，这个市场上有一只"看不见的手"，它可能随时祭出"逆向调节"的大招。各种刺激政策的推出可能使股价一飞冲天。所以，宏观经济数据不好，不是卖出的依据。

宏观经济数据非常好的时候，一般认为股价会整体上涨，但依然有可能遇到逆向调节，比如紧缩的货币政策，股价可能会因此一落千丈。所以，宏观经济数据好，不是买入的依据。

对于少数优秀的公司,我们要问自己,大盘波动和宏观经济数据的疲软,影响公司的生意吗?

比如茅台,外部事件影响茅台的口感吗?影响茅台在消费者心中的地位吗?影响茅台的出厂价吗?

大概率没什么影响。

股市里,投资的底层逻辑是公司的利润长期大幅增长,股价才有长期大幅上涨的动力。

想通了核心问题后,就要问自己,目标公司是赚钱机器吗?公司的生意有护城河守护吗?股价足够便宜吗?

看懂公司,给出保守的估值定价,如果能以半价入股,甚至三折入股,那更好。保证了足够的"安全边际",股价下跌50%也没什么伤害。

好公司杀跌买,各种外部危机、各种宏观经济的利空,会导致市场恐慌,甚至踩踏,所以,要想买到具有足够安全边际的便宜货,那就期待各种危机,期待宏观经济出现利空。

持有赚钱机器的投资者,需要的就是各种危机,需要悲观的宏观经济预期,需要长期持股的耐力,需要确定一揽子具有盈利增长确定性的目标公司。赚钱机器,它的盈利不受宏观经济的影响,不受政策的影响,不受竞争的影响,还可以忍受不当管理。

问自己:你选择的公司在经历危机后利润会持续大幅增长吗?你有长跑的耐力吗?你用于投资的钱是闲钱吗?

如果答案是肯定的,那么就让暴风雨来得更猛烈一些吧。

如何看待利好与利空

很多投资者会看消息买股票,尤其期待目标公司释放利好。

当利好爆出,股价拉出大阳线后,就会主观认为短期内股价继续大涨的概率较大,会有想要买入的冲动。

我认为不能依靠利好或利空赚钱。一般认为,利好来了,股价会涨;利空来了,股价会跌。

但我们经常会发现,利好来了,股价却见光死;利空来了,却演变为利空出尽,股价大涨。

依靠利好、利空而买入或卖出,都是短视行为。结局基本都是左边一巴掌,右边一巴掌。

利好出来了，股价就冲高了，意味着你跟着利好跑的话，就要出高价买股票。但买股票不应该低价买吗？

投资的底层逻辑是目标公司净利润长期大幅增长，股价才有长期上涨的动力。

管它什么利好利空呢。就不应该期待利好，最好不要想什么利好与利空。

盯着估值，盯着核心问题吧，2元钱买入价值10元的股票，交易所关闭了也无所谓吧？不看盘也安心吧？

这就是巴菲特为什么不盯盘，为什么说交易所关闭10年也无所谓的原因所在。

短线和波段操作可取吗

短线交易，赚快钱也是投资中普遍存在的现象。

但残酷的现实是，没有人可以依靠短线稳定盈利。短线高手一般都死于短线，即便偶尔得手，也都是幸存者偏差。一次失手，就断胳膊断手。

根据统计经验，这个市场只有10%左右的时间是上涨的，其他90%的时间要么下跌，要么处于无明确趋势的震荡走势中。

既然大部分时间市场是下跌或震荡趋势，短线操作就意味着你是在一个大的下降或震荡趋势里搏反弹，那么你的胜率不会超过50%。

做短线和波段操作，本质上是对股价趋势的预测。而短期的股价走势受太多因素的影响，很多因素是随机的、偶然的、无法预测的。

短期的股价波动是由无数个市场参与者共同决定的，而这些交易行为里包含了太多的情绪波动，或者恐惧，或者乐观。

你能预测这千千万万个参与者的情绪和下一步行动吗？

做不到的。

所以不要做短期的股价预测，不要想着赚快钱，而应该盯着核心问题。

核心是公司的生意好坏，以及估值高低。

财务走势决定股价走势，说白了，从长期看，只要你的目标公司的净利润长期大幅上涨，其股价就有长期上涨的动力。想想那些百倍牛股，哪个公司的股价不是依靠净利润的持续增长推动的？茅台、可口可乐、礼来、微软等都是。

短线投资就是看趋势，看消息，目标公司刚刚红了两三天，你认为上涨的趋势形成了，杀进去，随后股价可能就变绿。扛两天，受不了被套的煎熬，割肉走人。

这样反复短线炒作，即便大盘长期横着走，也能让你亏到怀疑人生。我是过来人，走了很多弯路。希望朋友们不要有短线思维，不要去做波段，放弃赚快钱的想法。将时间和精力用在了解公司的生意上，用在建立能力圈上。尽可能少走弯路。

六月要大跌，是否回避

"五穷，六绝，七翻身"的说法由来已久。很多投资者会在每年6月前后降低仓位操作，或主动离场观望。但经验告诉我，短线思维不可取，短期股价波动无法预测。

巴菲特持有可口可乐36年了，一共经历了36个6月，他没有回避任何一个6月。

巴菲特一定是对的，而抱有投机思维的投资者大概率是错误的，而且大概率与长牛股无缘。

当年，马克·吐温迫于还债压力，打算在股市大捞一笔，结局是亏损累累。后来他说："10月份是炒股比较危险的时候。其他危险的月份有7月、1月、9月、4月、11月、5月、3月、6月、12月、8月和2月。"

马克·吐温是幽默小说作家，他这么说，主要是嘲讽、挖苦那些自以为可以通过择时炒股赚钱的投资者，也算是自嘲吧。

或许13月比较适宜炒股。

投资的底层逻辑是目标公司净利润长期大幅增长，股价才有长期上涨的动力。

投资的过程一般是先看懂目标公司，保守地给出估值定价，然后等待出现半价或者更大的折扣价时买入。而这个半价可能就来自股灾，来自大熊市的恐慌，来自金融危机。

这种类似于股灾的巨大的波动，投资者可以积极利用起来，但那种一两个月的短线波动或者日常波动，都不值得关心。

所以，我们应该将注意力集中于目标公司的经营上，而不是去预测下个月的股价波动。经常预测股价的人，很容易掉沟里。

一直拿到目标价吗

投资前，首先看懂目标公司，给出保守的估值定价；其次等待出现半价或者更低的折扣价时买入。

买入股票前，我会设置买入的目标价格区间，必须低估才考虑买入。买入前，最好能在低估区间出现恐慌性杀跌或者股灾。

但我不设置卖出的目标价。

买入股票后，就进入了持有环节。然后等待下一年的年报，只要公司没有遇到增长的天花板，只要行业竞争没有更加激烈，只要公司价格不过分高估，就耐心持有。

新的年报出来后，读完它，对比分析，思考企业的竞争优势是否受到削弱，再决定要不要调整投资思路。

对于少数公司，我们大概率可以确定目标公司的净利润的走向，但无法确定每年的增长速度，是20%的增长还是30%的增长，也无法确定公司的高增长会持续多少年，这是无法预计的。礼来、微软、茅台、可口可乐等公司都成长了几十年，甚至上百年，你如何提前预知它们未来几十年的利润天花板和目标价？

做不到的。

所以，对于价值投资者来说，设置买入的目标价格区间，为买入时留出足够的安全边际，紧盯不亏损的原则，很必要。但持股的过程中，保持一个模糊的正确即可，无需设置卖出的价格区间。

当然啦，持股过程中，如果出现卖出股票的三个原因，那就要坚决卖出，但这也不是可以提前设置好的所谓的"目标价"。

卖出股票的三个原因分别是：一是目标公司的基本面彻底"凉凉"了；二是公司股价太高估了；三是有更好更确定的投资目标要买。

投资的核心问题还是目标公司盈利增长的确定性以及公司的估值是否足够便宜。盯着核心问题，盯着估值吧，不要想什么目标价。

第 6 章
投资到底难在哪，如何破局

刚做股票投资时，以为投资就是低买高卖，被市场反复蹂躏后，才发现投资太难了。各种技术分析手段烂熟于胸，各种概念都学习过一遍，各种热点也都追过，结局却是亏损累累。问题到底出在哪里？如何破局？

"一赚九赔"的残酷现实

大家常说股票投资"一赚二平七负"，而现实应该比这更加残酷，"一赚九赔"更加符合投资者的真实感受。

当你盯着上证指数的季线看时，你会发现，大 A 从建立以来，长期处于上涨趋势中（如图 6-1 所示）。

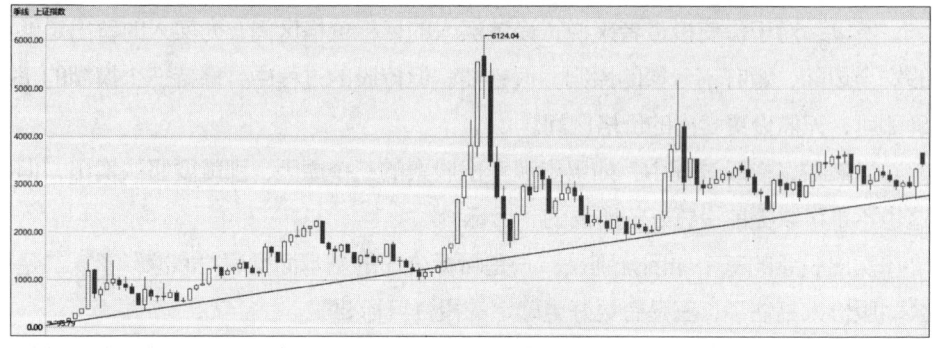

图 6-1　上证指数季线图

如果把 2007 年的股改牛和 2015 年的杠杆牛从图上抹去，就变为妥妥的 30 年慢牛行情，而今还在牛市趋势中。

如果我们把上证指数当作一只大盘股来看的话，你从上证指数建立的第一天

买入，这只大盘股带给你的年化收益率是 10.83%。[①]（如图 6-2 所示）

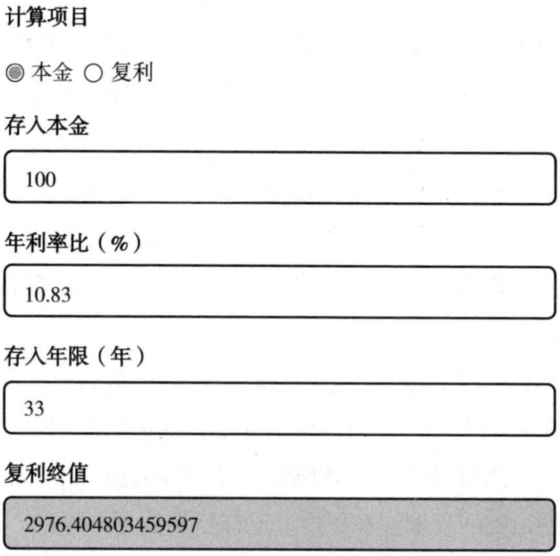

计算项目

⦿ 本金　○ 复利

存入本金

| 100 |

年利率比（%）

| 10.83 |

存入年限（年）

| 33 |

复利终值

| 2976.404803459597 |

图 6-2　上证指数 30 多年的年化收益率

A 股市场 30 年来的收益率达到 10.83%，也就是说我们选择持有未经过认真挑选的一揽子股票，持有 30 年以后，年化收益率可以高达 10.83%。

A 股市场的这一统计结果与《股市长线法宝》中对美股市场的统计结果也非常吻合（见图 1-1）。

还记得那张统计图吗？

既然不用深入研究，宽泛地持有一揽子大 A 的股票，或者购买指数基金就能获得 10% 以上的收益率，那么为什么我大 A 股民仍然是"一赚九赔"的感受呢？

这样的问题，巴菲特被问及过很多次，他总是会说，因为没有人愿意慢慢变富。

换句话说，在 A 股市场，持有一揽子股票 30 年不放手，你内心能接受吗？

当然不能。

绝大多数投资者是无法接受 30 年不折腾的，尤其是当大家发现每天总有那么一批公司涨幅达到 20%，每个月总有那么一些公司走出翻倍行情的时候，你让我如何接受年化收益率 10% 呢？

[①] 上证指数基期是 1990 年 12 月 19 日，指数基点是 100 点，至 2023 年是 33 年，2023 年末上证指数收于 2974 点，试算的年化收益率是 10.83%。

这是多数投资者的真实想法，大家太期待大牛行情，太期待快速赚钱了，以至于总是追涨杀跌。

但现实是残酷的，据统计，股票市场只有不到10%的时间是上涨的，其他时间基本是下跌或者是无方向的震荡走势。在一个长期不涨的市场中"抛硬币"，猜正反面，胜率不可能超过50%。

追热点，搞短线投资，赚快钱的结局就是这样。这是大多数投资者都走过的路。韭菜们被割了一茬又一茬后，才慢慢认识到市场的残酷。

绝大多数投资者都是带着美好的愿望来陪跑的，有时候想想，还不如把精力用在做好本职工作上。

经过长期努力后，仍然没有摸索出盈利之道的投资者，选择尽早离开股票市场，或许是一个正确的选择。如果选择离开了，就不要再回来了。怕就怕在市场底部熬不下来，亏掉大部分本金后才离开，然后等大盘走牛，泡沫巨大时，忍不住又要回来赌两把，此时只能买在高位。这样受伤会更严重。

如果你选择留在市场里，也认识到了市场的残酷，那不如考思考一下如何破局吧。

投资到底难在哪

客观地说，A股市场有一些制度漏洞和广受诟病的不公平现象，比如高价发行、业绩粉饰、违规信披、内幕交易、大股东违规减持等问题。这些问题的长期存在，导致散户投资者生存难度极大。

而从主观方面看，投资主要难在认知上。

投资的关键是买好的，还要买得便宜。而便宜货往往出现在大熊市里，或者出现在各种行业危机发生时，但这时候大家反而不敢买了，甚至多数投资者会在大熊市后期，纷纷割肉跑路。当行情好起来，股价很高时，大家却跑步入市。

完全做反了呀，妥妥地低卖高买。

大家要问一问自己，你持有的公司值多少钱？你的持仓股下跌时，你是害怕还是很平静？

如果回答不上来这些问题，那么，请不要骂市场，问题一定出在自己身上。

正确的投资态度是，反过来做。首先看懂目标公司，其次给出保守的估值定价，最后期待以半价或者更低折扣买入。而半价往往出现在大熊市里，出现在股灾期间。

巴菲特说，做好投资的关键是别人恐惧，我贪婪。很显然，巴菲特期盼遇到恐惧的行情，价值投资者天然地期盼大熊市和股灾。

行情极差时，买入，持有，等待，接受被套牢的风险；行情进入牛市时，或者说，牛市确立时，就不买股票了，持有手里的股票，等着吹泡泡。牛市时，有现金就攒着吧。

投资中，选择生意难，选股难，理解公司难，估值也很难。除此之外，更难的是正确的认知，是耐心，是如何正确地看待股价波动。

为了少犯错，必须遵循价值投资的基本原则，必须遵循价值投资的完整的思考过程。

首先必须站在特定的时代背景下选择投资赛道，其次在最具有长期发展前景的赛道中精挑细选。

当前，最大的时代背景是少子化、老龄化。老龄化背景下，中药的需求将会增长，有望走出30年的大牛行情，未来不买中药，等于白忙。

1963年的婴儿潮，一年新增2900万人口，而今这一代人都陆陆续续进入60岁，逐渐过上了退休生活，这些退休老人很多能活到90岁。少数中药龙头公司未来就会有30年的持续大牛行情。但只有少数有耐心和信心的投资人可以吃到这个时代的红利。

根据我的观察，历史上的大牛股，比如茅台、五粮液都有过五六年未涨的历史，然而一旦开涨，就走出了一口气七八倍的行情。但它们的持续大涨，无一不是净利润的持续快速增长推动的。

而今，不少中药股已经有七八年未涨，甚至几个公司有12年未涨的情况，这些公司是有望一口气涨七八倍的。

当然，这个过程大概需要几年完成，在上涨的过程中，需要公司利润不断释放来推动股价上涨，在上涨的过程中还会有市盈率的提升配合。这就是所谓戴维斯双击。

选出优秀的公司，再深度理解目标公司，给出保守的估值定价，然后等待打折促销的行情买入，等待大熊市买入，等待股灾买入。剩下的就是持股等待了。

但买入任何股票前都要问自己，能否接受自己持有的公司下跌50%？下跌后，是否可以很容易做出加仓决定？

还要问自己，把优质公司的股权当作存款，存到退休，能接受吗？

如果答案都是肯定的，那投资就容易多了。

反过来想

大家参与股票投资是为了解决财富增值问题，但是回头看，除了遍体鳞伤，该问题并没有解决。有时候还徒增了很多烦恼。

排除目标公司财务造假、欺诈发行等因素外，亏损的主要原因在于两点：一是不了解自己买入的是什么，没有把目标公司纳入能力圈；二是买涨不买跌的心态。

当上涨趋势形成了，你才敢于追入市场，很显然，追买的价格高了，等市场稍稍回调一波就可能被套，然后没有耐心等下去，割肉走人，换到下一只股票上。这样反复操作，即便没有恐慌的踩踏行情，你也能亏得遍体鳞伤。

既然期待上涨解决不了问题，那就反过来想吧。期待下跌，期待市场长期低迷。低迷的市场，便宜货遍地，这时候入市，你不用担心自己出价太高了。很多时候根本不需要讨价还价，随机买也是合理估值的半价。

我就非常期待市场杀跌，期待低迷，期待股灾，期待大熊市，虽然我习惯满仓。

满仓是因为我看好中国的国运，中国的伟大复兴势不可当。只要一揽子买入各行各业中最优秀的公司并长期持有，就能够实现远远高于 GDP 增速的收益率。

既然国力向上，大趋势向上，优秀的龙头企业赚钱能力持续提升，那么相信中国，重仓中国就对了。

满仓了，还期待下跌，期待低迷，那是因为我知道自己的公司值多少钱，我拿到了足够低的折扣价，我把自己定义为一个长期净买入者。买入优秀的股权，当作存款存着。

巴菲特说："如果你这辈子都只打算吃汉堡了（净买入股票），你当然期待汉堡的价格下降啦。"

既然是一个净买入者，当然很期待便宜货遍地。低迷越久，我们持续买入的次数越多，在未来大行情来到时，高位一次性兑现，盈利将会更多。

虽然近几年 A 股行情低迷，有些股票可能被套，但只要公司的经营越来越好，公司的内在价值就会越来越高，这就够了。

巴菲特在佛罗里达商学院的演讲中提到可口可乐时，他说："只要是好生意，别的什么东西都不重要。只要把生意看懂了，就能赚大钱。好生意，你能看出来它将来会怎样，但是不知道会是什么时候。看一个生意，你就一门心思琢磨它将来会怎么样，别太纠结什么时候。把生意的将来趋势看透了，好事到底什么时候实现，就没多大关系了。择时很容易掉坑里。只要是好生意，我就不管那些大事小事，也不考虑今年明年如何之类的问题。"

市场先生的情绪总是极端的。极端悲观的时候，他恨不得以地板价把自己的资产扔给你，你此时不买，难道非要等到市场先生的情绪亢奋了，报出了非常高的价格，你才买入他手里的股票吗？

要买在市场先生情绪非常悲观时，而等市场先生情绪好起来，报出较高的买入价格时，再把筹码卖给市场先生就对了。

反过来想，总是反过来想。

格雷厄姆说，大牛市是投资者亏损的主要原因。

道理很简单。因为大牛市，几乎所有的股票都贵了，只要你参与进来，你就不得不出价过高，随时可能被埋。

格雷厄姆作为价值投资的开山鼻祖，他就被20世纪20年代末的大牛市打得遍体鳞伤。

真正的价值投资者，没有人不期待恐慌和低迷的市场行情。但前提一定是你的目标公司的基本面非常硬朗，并且你能评估出公司的价值。

巴菲特说，他喜欢在熊市里做生意。市场先生虽然有时候很愚蠢，但是他终究也会有正常的时候。只要耐心等待，结局一定是好的。

做一个净买入者，解决人生难题

我们投身股市的目的是什么？

答案千奇百怪。有人可能只是玩玩，有人为了改善生活，有人想通过投资尽早实现财务自由。

不管哪种目的，都是为了解决问题。而现实情况是大家在股市里搏杀了许久，人生问题仍然没有得到解决。

问题到底出在哪里了？

这是每一个投资者都要思考的问题。

经过长期实践、反复思考，走了很多弯路后，我终于有了答案。

我们需要一个完整的投资体系，在这个投资体系里，做一个净买入者。

做一个净买入者，需要把握以下几个关键点：

①目标公司具有盈利增长的确定性。

既然要把目标公司作为净买入的对象，必须要求目标公司具有盈利增长的确定性。目标公司的利润不断增长，公司就会变得越来越值钱，最终股价会不断创新高，以反映出公司的内在价值。

只有看懂了目标公司，并相信它们的利润会不断创新高，理性的投资者才敢于坚定持股，并在未来市场遇到股灾或者崩盘行情时敢于继续净买入。

②享受市场先生打折送股权给你的服务。

投资，说得简单点，就是买入好公司，做时间的朋友。好公司是投资的前提。好公司还要有便宜的价格才行。那么，便宜的价格来自哪里呢？

答案是恐慌的市场行情，比如大熊市、金融危机、地缘政治危机等导致的恐慌。

巴菲特说，别人恐惧时，我贪婪。

在市场先生恐惧时，他会以超低的价格扔掉自己的筹码，不管公司好坏。超低的价格，来自恐惧和悲观的预期。在这种时候，就是投资者买入便宜筹码的机会。

既然财务走势决定股价走势。投资者就要抓住每一次大跌，买入更多优秀公司的股权。只有出现必须卖出股票的三种情形时才会选择卖出。

为了加深读者朋友对第一条和第二条的理解，这里把片仔癀作为案例。

片仔癀是优秀公司的代表，公司利润稳步提高，其股价跟着不断创新高，其间也有大幅杀跌的时候，但最终股价还是在利润的指引下不断创新高（见图6-3）。

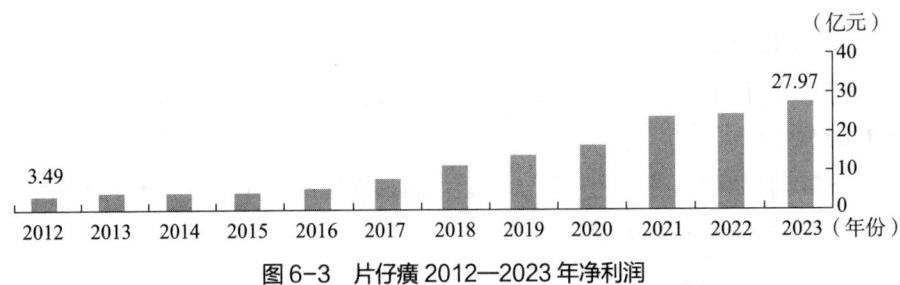

图6-3　片仔癀2012—2023年净利润

很显然，片仔癀的买入机会并不多，少数的大幅杀跌情形就是我们应该贪婪的时候。

要想在股市里解决财富增值问题，就要求投资者做一个终身净买入者。做公司的股东，把优质股权当存款看待，然后耐心等待一份份漂亮的年报披露。持有

第6章
投资到底难在哪，如何破局

期间，如遇到股灾，那就紧盯估值，择机再次净买入。

③要努力搬砖，尽可能增加现金流。

投资的魅力在于复利，要想放大复利的力量，目标公司的成长性、投资者可供投资的资金量以及时间，缺一不可。

想要快速积累财富，投资者不得不延迟享受，多攒钱。学生时代的巴菲特做过球童，送过报纸，经营过弹子游戏机，积攒了投资本金。成立私募基金后，巴菲特拿下了伯克希尔·哈撒韦，并顺势切入了保险业，保险浮存金为巴菲特提供了源源不断的现金流。这是巴菲特封神的关键。

作为普通投资者，除了上班，减少消费，大家不妨也琢磨琢磨第二收入来源。不要急着否定自己，多琢磨，才可能会有意想不到的收获。经过2015年杠杆牛的挫折，我反复思考，要拥有源源不断的现金流，只有这样才能解决问题。

投资的过程，一般是先看懂公司，保守定价，再等待以半价买入的机会。平日里努力攒钱，然后耐心等待市场飞出"黑天鹅"，争取一年净买入一两次，直至股票市值增长到九位数。

作为投资者，除了买入和持有，并不需要操心公司的经营细节，优秀的管理层会打理好公司的生意，"睡后收入"[①]就是这么来的。

④远离杠杆，闲钱投资。用闲钱投资，尤其重要。使用杠杆的危害主要是当股价大幅下跌后，原本应该是加仓的好时机，但这时候你会被迫卖出股票。

⑤做好组合投资。

组合投资的目的在于分散风险，投资七八个优秀公司是必要的。

人非圣贤，谁都无法保证不犯错。可以相对分散投资，用分散投资来防止少数"黑天鹅"飞出。

朋友们，股票投资确实很难，而破局的关键是买入好公司，做时间的朋友。

用巴菲特的话说：好生意，你能看出来它将来会怎样，但不知道会是什么时候。只要是好生意，别的什么东西都不重要。只要把生意看懂了，就能赚大钱。

炒股解决不了问题，那么我们就做个安静的股东，做一个终身净买入者，让优秀的公司和管理层为我们打工，走出人生的怪圈。

---

① 也被称作被动收入，指的是不需要花费多少时间和精力，也不需要照看，就可以自动获得的收入。

只要是好生意，别的都不重要

股票投资确实很难，而破局的关键要么是买入指数基金并长期持有，先立足于不亏损；要么是买入好生意，做时间的朋友。

作为一名走过很多弯路的老韭菜，我的选择是买入好生意，耐心等待市场的反馈。

1998年，巴菲特在佛罗里达商学院进行了一次演讲，非常经典。提问环节时，有学生问：可口可乐的公告称第四季度盈利会下降，亚洲金融危机对可口可乐有何影响？

以下是巴菲特关于可口可乐这门生意的临场发挥。

我看好可口可乐。在今后20年里，可口可乐在国际市场的增长速度会远远超过在美国的增长速度。按人均饮用量计算，可口可乐在美国也会增长，但是它在国际市场上增速更快。现在它面临一段艰难的时期，可能3个月、可能3年，谁都说不好，但是不会是20年。全世界的人都在努力工作，人们发现可口可乐很便宜，从自己每天的工资里拿出一丁点儿就能买一罐，我一天喝5罐。

1936年，我花25美分，买6瓶可口可乐，然后拿出去卖5美分/瓶。那时候1瓶6.5盎司，瓶子的押金是2美分，零售价是5美分一瓶。现在1罐12盎司，要是周末促销时买，或者买量贩装的，12盎司的可口可乐还不到20美分。所以说，现在买1盎司可口可乐，价格只有1936年的两倍多一点。人们收入水平越来越高，可口可乐这个产品价格涨幅相对较小。人们当然喜欢了。

可口可乐有100多年的历史，在市场上占据统治地位，但是全球可口可乐的人均饮用量每年都在增长，太了不起了。可口可乐的销售额能达到几百亿美元，真正的秘诀是可口可乐有一个特点，它的所有可乐产品都有这个特点，即可乐没有味觉记忆。9点钟喝一罐、11点钟喝一罐、下午1点钟喝一罐、下午5点钟喝一罐。下午5点钟喝的那罐和早晨喝的一样好喝。奶油苏打水、根汁汽水、橙汁、葡萄汁，这些都不行，这些饮料喝多了会腻。大多数食品和饮料都这样，吃多了或者喝多了会觉得腻。

喜诗糖果就是。每次喜诗糖果新员工上岗的时候，公司都告诉他们所有糖果可以随便吃。第一天，他们使劲往嘴里塞，一个星期以后，他们就不怎么吃了，好像得自己花钱买一样。因为巧克力吃多了会腻，很多东西都会腻。

第6章
投资到底难在哪,如何破局

可口可乐没有味觉记忆,全世界很多人都喝可乐,很多美国人一天喝5罐,健怡可乐的话,一天能喝七八罐,其他饮料都不行。这就是为什么可口可乐的人均饮用量如此之高。地球上这个区域或者再向北一些的区域,人均饮水量是每天64盎司,这64盎司可以都换成可口可乐,一开始就喜欢喝可乐的人,喝多少都不会腻。换成别的都不行,整天吃一样东西,没多长时间就会有些恶心。这是很关键的一点。

如今,可口可乐每天在全球卖出18亿瓶,这个数字每年都会增加。可口可乐的销量在每个国家都会增长,并且每个国家的人均饮用量也都会增长。20年后,可口可乐在国际市场的增长速度会超过美国市场,我更喜欢可口可乐的国际市场,它在国际市场上增长潜力更大。

目前,可口可乐在国际市场遇到了暂时的困难,但这根本算不上什么事。19世纪80年代,钱德勒家族在可口可乐上市之前用2000美元把这个生意买了下来。1919年,可口可乐的上市发行价是40美元。一年后,它的股价是19美元,一年内下跌了约50%。你可能把这当成天大的事,既担心蔗糖价格上涨,又担心装瓶商发难,什么都担心。你总是能找到各种理由,说当时不是买入的最佳时机。几年后,又出现了大萧条、二战、蔗糖定量配给、核武器危机等,你总是有不买的理由。但是,要是你当年花40美元买了一股并把股息再投资,现在都值500万美元左右了。

只要是好生意,别的什么东西都不重要。只要把生意看懂了,就能赚大钱。择时很容易掉坑里。只要是好生意,我就不管那些大事小事,也不考虑今年明年如何之类的问题。

美国在不同时期都实施过价格管制,再好的生意都扛不住。政府实施价格管制的话,我没办法在12月26日提高喜诗糖果的售价。但是,政府实施价格管制不会把喜诗糖果变成烂生意,价格管制总有结束的一天。

好生意,你能看出来它将来会怎样,但是不知道会是什么时候。看准一个生意,你就一门心思琢磨它将来会怎么样,别太纠结什么时候。把生意的将来能怎么样看透了,到底是什么时候实现,就没多大关系了。

投资的确很难,但破局的方法有了,买入好生意,做时间的朋友,其他什么都不太重要。

有了正确的投资策略,剩下的是理解和执行,而执行任何一笔投资都是需要长期坚持的。长期坚持做正确的事情,说起来简单,但做起来不容易。就像巴菲特说的那样,没有人愿意慢慢变富。巴菲特1972年全资并购喜诗糖果,持有至今,超过52年;1988年巴菲特买入可口可乐持有至今,超过36年。

这时候,大家要问自己,持有一个好生意36年,能做到吗?如果做不到,那投资将无法破局。

第 7 章
好价格的来源

一个完整的投资过程，往往是先看懂目标公司，保守地估值定价，然后等待以半价或者更低的折扣买入股票并长期持有。那么便宜的价格从何而来？

"黑天鹅"事件——好价格的来源

纳西姆·尼古拉斯·塔勒布在《黑天鹅：如何应对不可预知的未来》一书中深入探讨了在现实世界中，罕见但具有巨大影响力的事件如何影响我们的历史和生活。

这些事件通常具有三个特征：①意外性。"黑天鹅"事件在历史上极其罕见，并且无法通过常规的方法进行预测。②重大影响。这些事件一旦发生，会产生巨大的影响。③事后可解释性。虽然这些事件在发生前无法预测，但在事后，人们往往会通过各种逻辑和分析试图解释其发生的原因。

历史上有许多"黑天鹅"事件，这些事件在发生前无人预见，但在发生后均产生了巨大的影响。

典型的"黑天鹅"事件包括两次世界大战、美国总统被刺杀、越南战争、水门事件、中东石油危机、亚洲金融危机、2008年国际金融危机、欧债危机、日本地震、白酒行业的塑化剂危机、全球新冠疫情、俄乌战争等。

这些"黑天鹅"事件，无论大小，只要发生在我们的投资生命周期内，都会对大A市场产生重大影响，甚至会反复出现千股跌停的场面，而大A往往会说，由我负责买单。

《约翰·邓普顿的投资之道》一书详细记载了美国百年金融史中遇到的各种"黑天鹅"事件，以及之后道琼斯指数的走势。

我总结了最有用的两条内容：

（1）在历次"黑天鹅"事件集中爆发的时间段内，股指往往有剧烈的下跌，平均跌幅11.6%（最大跌幅曾达到34.2%）。但我国股票市场相对于美股市场来说，投资者相对年轻，情绪化更加严重，所以，"黑天鹅"事件发生时，短期跌幅可能会更大一些。

（2）事件发生后，一个月左右，指数大概率会涨回到下跌前，甚至超过下跌前。

正如巴菲特所言，只要是好生意，别的什么都不重要。只要用闲钱投资，并采取长期投资策略，完全不用担心"黑天鹅"事件导致的股价波动，相反，"黑天鹅"事件导致的股价大幅杀跌，往往是好价格的来源，倒是可以充分利用起来的。

短期看，股价容易受到投资者情绪的影响，波动无法预测，但长期看，一定是财务走势决定股价走势。

我们要思考的是目标公司盈利增长的确定性，只要保证了这一点，持股期间的股价波动，大幅杀跌打折，都可能是买入便宜货的机会。

面对各种"黑天鹅"事件，我们要问自己，这些"黑天鹅"事件影响茅台的盈利吗？影响茅台的口感吗？影响茅台在消费者心中的地位吗？

同样地，这些"黑天鹅"事件影响安宫牛黄丸的疗效吗？影响同仁堂在消费者心中的地位吗？

我们还可以接着问，这些"黑天鹅"事件影响可口可乐的口感吗？影响可口可乐在消费者心中的地位吗？影响可口可乐赚钱吗？

完全不影响，受影响的只是傻子们的情绪而已，这是基本常识啊，但在投资中，想要拥有常识，还真不容易。

如果发生战争，投资者该如何应对

经常会有投资者问，如果发生战争，我们要如何应对？

战争也是"黑天鹅"事件的一种表现形式，战争一旦爆发，短期内对于投资者情绪的冲击巨大。战争当事国的股市一口气下跌50%也是很常见的。具体到个股，可能下跌幅度会更大。

那就单独讲一下这个话题。

战争何时来，会不会发生，无法确切预期。

我们除盯着优秀的公司，保守地估值外，没有更好的应对措施。所以，抓住核心问题即可。

一战和二战打得十分惨烈，很多参战国战后一片废墟，然而战争都已经成为过去。回看各国的发展，经济总量基本都已远超战前，股市总市值和指数也远远超过战前。

《股市长线法宝》中对过去两百多年的股市进行了统计，包含一战和二战，一个未经过精挑细选的普通的投资组合的长期收益率可达到6.6%。不仅如此，所有的"黑天鹅"事件，包括战争，均未打破这个规律。

但是，这一切都要以长期持有为前提，以闲钱投资为前提，以持有优秀的公司为前提。这个长期不是三年或者五年，而是更长。要有巴菲特持有可口可乐那样的心态。

一旦战争阴云笼罩，即便没有真的打起来，短期内，股市也可能跌得稀里哗啦。而长期看，这一切都不影响优秀的公司赚到更多的现金流，并在未来持续创新高。

《股市长线法宝》中关于"股市与战争"，有这么一段小结："在研究了那些导致市场发生重大变化的因素之后，我们清楚地发现，由重大政治事件或经济事件引起的市场变动只有不到1/4，这证明了市场的不可预测性，也说明预测市场变动十分困难。一战爆发之初，投资者因为恐惧而抛售股票，也就错过了1915年的史上最大牛市；然而，那些相信一战的历史会重现，从而在二战开始后就疯狂购入股票的投资者却以失望而告终，因为政府决定对战争利润加以限制。世界性事件可能在短期内对股票市场产生较大的影响，但好在我们已经证明，它们不会影响股票的长期收益率，而这也是股票收益在长期中的主要特征。"

这段小结的关键点在于战争对于股价的短期波动有影响，但短期波动无法预测，而长期看，战争不会影响股票的长期收益率。

在美股市场上，礼来、可口可乐等都经历了几十年甚至上百年的风风雨雨，发生过战争、金融危机、长期通货膨胀、恐怖袭击等，它们的股价也有过长期的低迷，但它们的净利润都长期保持上升趋势，所以，它们都跨越了时空，成为千倍股万倍股。

如果你是短线客，不好意思，战争导致的短期杀跌有你，长期的创新高却没有你了。

人类对美好生活的追求是无止境的，经济的长期发展也会随着人类的努力而向上走。做一个长期投资者，跟随时代的发展，持有一揽子最优质的股权，自然可以做到不亏损。

既然如此，战争还值得担心吗？

别人打仗的时候，我围观；有生意做的时候，咱也不落下。

别人打与不打，我都抓住核心问题，即目标公司是不是赚钱机器，有没有护城河守护，价格是否足够便宜。

只要赚钱机器足够便宜，就可以选择满仓待在市场里，不用担心战争爆发。

投资的核心问题是：公司好不好，价格是否合适。其他都是外因。

长期看，财务走势决定股价走势。只要我们的目标公司的净利润能够长期大幅增长，股价就有持续创新高的动力。

一个完整的投资过程，往往是先看懂目标公司，保守地估值定价，然后等待价格实现打折。

而战争导致的股价杀跌，就是一个实现价格打折的途径。

如果战争阴云导致了杀跌，那么好公司，杀跌买。

但不得不说的是，战争不能发生在我们本土，而且我们不能输，这样对投资就没有实质影响。否则，投资的确定性就降低了。

希望战争远离我们，希望文明不要因为战争被打断，希望我们战必胜。

如何应对美联储加息

"黑天鹅"事件导致股价剧烈波动，除"黑天鹅"事件之外，还有一些宏观的利空事件，可能影响不是剧烈的，但也会长期导致股价波动，比如美联储持续加息，国内经济陷入低迷；等等。

美联储在全球投资者中的影响力非常大，经常会有投资者问美联储加息会如何影响我们股市的涨跌？这是投资中涉及的宏观问题，其他的诸如贸易冲突、行业监管等也都是类似的宏观问题，无法回避。

投资者需要关注这些宏观方面的问题，但宏观因素是外因，不能作为投资者买入或者卖出股票的依据。我们大部分注意力都应在目标公司的经营上，而不是嘈杂的宏观世界。

行动的依据必须是基于内因，基于目标公司的基本面，具体来说，买入股票的依据必须是目标公司盈利增长的确定性以及估值足够便宜。

而卖出的依据有三个：一是目标公司基本面彻底"凉凉"了；二是目标公司的估值太高了；三是有更好更确定的投资目标替代。

首先我们要站在特定的时代背景下选择投资赛道；其次在最看好的赛道内选定目标公司；再次深度理解目标公司，并给出保守的估值定价；最后等待公司股价在恐慌的行情中大甩卖并择机买入。

美联储降息是放水，加息则相反。水的多少会影响漂浮物的高低，影响整体大行情的估值。

美元资本大量进入某个经济体时，资产价格被推高。美元资本大量撤离时，相关经济体的资产价格跌落，股票市场跟着就会受到影响。

近年来，美联储持续加息，全球资本都有动力回流到美联储体系内，股票市场的整体水位就会下降一些。但我国资本账户没有完全打开，资本流动不会太汹涌。

开始炒股那几年，我关注宏观经济比较多，近几年会被动关注，但并不会因此做出投资决策。想要读懂宏观经济的朋友，可以看曼昆的《经济学原理》或者萨缪尔森的经济学著作。经济学要懂，懂了就不慌了。但经济学对于股票投资的作用并不大。能做好股票投资的经济学家寥寥无几。

大牛基金经理彼得·林奇说，你研究宏观经济10分钟，你就浪费了10分钟。

巴菲特也不太关心宏观经济，对于美联储加息和石油价格的波动等问题，他会说，你过几年回过头来看看，也没啥影响。巴菲特关心的是他的目标公司的经营情况以及有没有便宜的价格。如果美联储加息或者宏观经济低迷，导致了他的目标公司大跌，他就会说：别人恐惧我贪婪。

做投资，最终还是要回到投资的本源上，即目标公司盈利增长的确定性，以及价格是否足够便宜。

而其他的宏观因素都是外因，不是内因。内因是公司本身的经营好不好，净利润能否长期大幅增长。

只要确保了公司净利润能够长期大幅向上，股价就有长期上涨的动力。而宏观利空包括美联储加息等，如果导致了你的目标公司大幅杀跌，那很可能会提供一个漂亮的击球机会。

美联储加息影响的是整体市场估值的高低，也包括对市场先生情绪的放大。紧缩的外部经济环境对优秀公司基本面打击不大，走出危机后，优秀的头部公司反倒会逆势吃下更大的市场份额，股价会涨得更高。

此外，建议朋友们紧盯目标公司的经营情况，紧盯估值，至于类似于美联储加息这样的外部宏观因素，那都是帮投资者实现价格打折的。

大跌来了怎么办

A股市场，大跌频率很高，2015年以来，投资者已经见证了多次千股跌停的大场面。

2015年杠杆牛，管理层表示严查场外配资，导致了一波大跌；熔断新规出台后，导致了一波大跌；新冠疫情暴发时发生了大跌；俄乌冲突爆发后发生了一波大跌；2024年1月底2月初，市场处于相对低位，又是一波大跌。

大跌的原因很多，可能是战争等"黑天鹅"事件导致的恐慌性踩踏，可能是大熊市导致的恐慌性抛售，也可能是紧缩政策导致的踩踏离场。

但不管什么原因，A股市场大跌发生很频繁。

有投资者问，大跌可能要来了，应该怎么处理？

应对大跌最有用的办法是提前预测到何时发生大跌。但短期波动无法预测，没有人能够提前预知大跌，否则所有钱都是你的了。

我的做法是紧盯核心问题，即买入好公司，做时间的朋友。

巴菲特从来不回避股灾，有的公司他持有超过30年（可口可乐1988年开始买入），有的公司被他私有化后50多年了（喜诗糖果1972年被巴菲特吃下），至今还没有卖出，有问题吗？

完全没有问题。

持有可口可乐的36年里，发生了很多次股灾，但巴菲特也没有因为金融危机或者股灾到来而卖出。

巴菲特常说，做好投资的关键是别人恐惧我贪婪。

真正的价值投资者，期待股灾，期待各种"黑天鹅"事件。我说过，一个完整的投资过程是，深入理解目标公司，保守地估值定价，然后等待打折促销。而打折促销价往往来自股灾。

投资者需要关注的是，目标公司是否是赚钱机器，目标公司有没有护城河以及价格是否便宜。其他的完全不重要。就像巴菲特说的，"只要是好生意，别的什么东西都不重要。只要把生意看懂了，就能赚大钱。"

目标公司是不是赚钱机器，有没有护城河，可以通过财务数据对比和调研识别。而价格是否便宜，关键是需要恐慌的市场情绪，需要股灾。

我不回避大跌，只要目标公司是赚钱机器，只要目标公司足够低估，就不会考虑卖出，并会在大跌发生的过程中有钱就继续买入，没钱就发呆。

大跌影响茅台产量吗？大跌影响茅台口味吗？大跌影响茅台品牌形象吗？大跌影响茅台价格吗？

都不影响。那你怕什么？

你怕的是股灾不能尽快过去，你怕的是跌下去就涨不起来了，你怕的是遥遥无期。

如果持有的是烂公司，跌下去后，回本之日大概率就遥遥无期了，但只要你目标公司的基本面够硬，没有涨不起来的。

礼来、诺和诺德、可口可乐，哪个不是穿越时空的大牛股，在这期间，它们都经历过各种"黑天鹅"事件导致的股灾。但是你会发现，它们的利润和股价都在持续创新高。

核心问题在于你持有的公司的经营情况。这是关键，是内因。股灾是帮投资者杀价的帮手，是投资的外因。

你买的是那种一直被需要的公司吗？现金流充沛吗？你买的价格足够便宜吗？把这些想通了，你应该期待股灾。

我经常会说短期波动无法预测，但长期看，一定是财务走势决定股价走势。投资的关键在于你所选的公司本身，而不是傻子们的情绪。

把以上内容想通了，投资就容易了。

没有惨烈的股灾，就没有确定的赚大钱的机会。

第 8 章
再遇大跌，我买股票了

本书的目的是阐述如何将价值投资理念落地实践。巴菲特说，做好投资的关键是别人恐惧，我贪婪。在本书收尾时，恰好发生了一场大跌，并引发了全体股民的恐慌性踩踏，而我却在大跌中连续加仓买入……

股价是由估值管着的

6124 点以后，大 A 股民频繁保卫 3000 点，在保卫 3000 点的过程中，投资者各种揪心、质疑。

3000 点似乎已经成为股民和监管层心中的一道坎。每次上证指数跌破 3000 点，均会迎来恐慌性抛售。

保卫 3000 点干什么？就算守住 3000 点，也无法保证多数投资者赚到钱。还不如直接躺平，让指数深跌一波，然后长期在地上趴着，这样最安全。

市场情绪不好时，就接受它自然下跌；情绪好起来时，也接受它快速上涨。

说到底，股价都是由估值管着的，它太贵了，就该跌；它太便宜了，就会有资金去哄抢廉价筹码，然后把股票价格推高。短期内，股价可能会偏离内在价值，但从长期看一定会被纠正。

上证指数在 3000 点以上，就显得不那么便宜，杀到 2800 点以内，到处都是便宜货，识货的人就会主动出价。

如果上证指数长期运行在 2800 点附近，保持 12 倍以内市盈率，那是很舒服的，非常确定的低估状态。

这时候去买入那些赚钱机器，估值的过程都省了，几乎不需要与市场先生讨价还价，不会多花冤枉钱。

当上证指数跌破 2800 点之后，就是底部区域，没有必要去猜测何时会反转，这是无法预测的。我的想法是，在 2800 点附近，积极建仓，甚至保持满仓，然后忍受 30% 左右的波动，去争取未来 5 年涨 10 倍左右的机会。即便这时候再下跌30%左右，也无妨，只要目标公司的净利润能够长期大幅增长，就不影响目标公司内在价值的持续提升。

2800点附近，这个估值水位，满仓发呆就对了。如果未来还能攒到现金，我的选择是只要目标公司低估，就随机满仓。我不期待市场即刻反转，最好保持长期低迷，然后多给我们一些时间，争取多买几个批次的便宜货。等到大行情回暖，一口气赚10倍多好。

不要想赚快钱，也不要指望通过波段操作快速赚钱，做不好的，盯着日常的微小的波动，毫无意义。预测股价，终究会掉坑里。一个大的股市周期大概10年，2015年至今，快10年了，在低迷的市场环境下持续缓慢地建仓，然后耐心持股，等市场泡沫吹起来再考虑卖出的问题。

当然，在这种思路下，你的目标公司必须有盈利长期增长的确定性，目标公司的净利润一定得年年创新高。

大熊市是布局良机

最近几年，A股熊冠全球，投资非常难做，投资者亏损累累。2020年初，全球新冠疫情肆虐，随后爆发了俄乌冲突，中美贸易摩擦和中美科技博弈越来越激烈，疫情结束前国内房地产企业连续爆雷，居民收入预期下降，国内消费低迷，并伴随着需求不足与产能过剩。这反映到股市里，爆发了多次持续猛烈的大跌，一次又一次出现千股跌停场面，投资者受伤惨重。

投资中，买好的，还要买得便宜才行。大熊市便宜货遍地，应该积极布局，买在地板上，才有未来的高光时刻。

我们来模拟算个账。

小明同学每年净收入30万元，打算每年做一次净买入操作，现在他面前的市场可能有两种走势。

第一种，假设股市熊三年，目标公司A在10元价格带波动了3年，那么他的操作效果是第一年拿到3万股筹码，第二年买到了3万股筹码，第三年也买到了3万股筹码。合计投入90万元，拿到了9万股A公司的筹码。行情回暖后，股价一口气涨到了40元，那么他的90万元本金，一下变成了360万元。

第二种，假设股市行情温和，目标公司A第一年价格在10元附近波动，小明同学拿到了3万股筹码；第二年目标公司A股价涨到15元，小明同学同样的资金量拿到了2万股筹码；第三年目标公司A涨到了30元，小明同学同样的资金量拿到了 1 万股筹码。合计投入 90 万元，拿到了 6 万股 A 公司的筹码。行情回暖后，股价一口气涨到了 40 元，那么他的 90 万元本金，一下变成了 240 万元。

两种情况对比后，大家就会发现，在长期低迷的行情中持续布局，比温和的行情下买股票赚得多。问题是，多数投资者不愿意慢慢变富，他们都期待每年能有一个从 10 元快速涨到 40 元的机会。但这不现实。

熊市是赚钱的良机，但有几个大前提你必须保证：

（1）目标公司是你足够理解的，你非常相信它的未来，不管市场怎么走，也不管传出什么"鬼故事"，你都无条件相信它。就像一个非常熟悉的合作伙伴一样，你把资金交给他打理，你非常安心。

（2）目标公司必须具有盈利增长的确定性，它赚的钱必须一年比一年多。只有这样，公司的内在价值才能够持续提高，才能够穿越熊市。

（3）你能够评估出公司的价值。

（4）每当遇到市场恐慌时，你都期待目标公司能够打折促销，当折扣足够时，你能够非常自信地说，价钱合适，我再买一些。

（5）你的钱是自己的，不是借来的，且未来十年左右你可以选择不用这些钱。

（6）有慢慢变富的心态。

最近几年，市场确实低迷，走势非常不友好。但我很期待市场能够多低迷几年，然后多做几次便宜的净买入操作，再过几年一次性赚个够。

大熊市固然残酷，但每一轮大熊市都会以暴力上涨而结束，周期而已，循环往复。所以，在大熊市里，我的选择是积极布局，待在市场里，满仓发呆，接受 30% 左右的波动，而且要努力搬砖，争取每年能有一两次净买入的机会。

格雷厄姆说：市场就像一只钟摆，永远在短命的乐观和不合理的悲观之间摆动。聪明的投资者就是现实主义者，他们向乐观主义者卖出股票，并从悲观主义者手中买进股票。

最近几年是大熊市行情，市场情绪处在钟摆的最悲观的左侧，正是积极布局的良机。我相信，未来这只钟摆也一定会向最乐观的右侧运动。最大的不确定因素是时间。

大熊市的投资思路和建仓过程

在我的思路中，一个完整的投资过程是理解目标公司，保守地估值定价，然后等待价格实现打折。而价格的实现，更多的是依靠利空杀跌，或者依靠大熊市的悲观情绪。

大熊市里，我的建仓过程往往是这样的，大家看一下图 8-1。

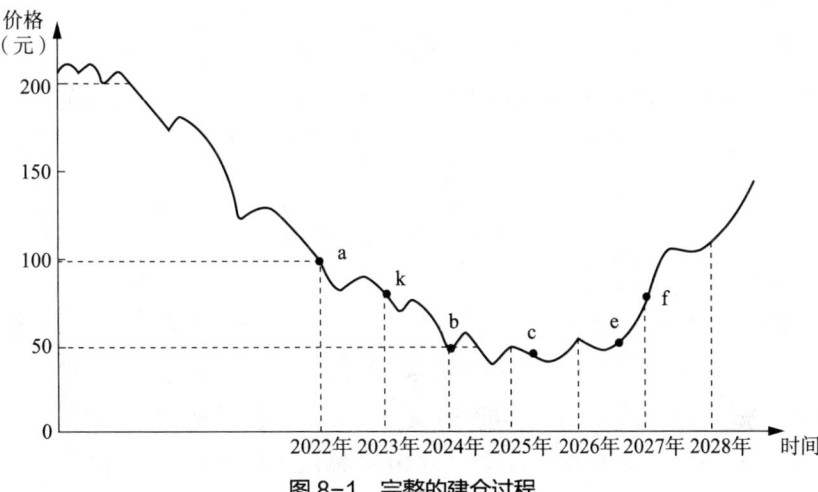

图 8-1　完整的建仓过程

有一个目标公司，它现在的价格在 200 元左右，而我认为合理的价格应该在 100 元以内。

所以，我现在不会买入，耐心等，等股价回调，如果股票在 200 元左右继续上涨，那就算了，就错过吧。

如果股价果真回调了，那我就会保持密切关注，当股价进入 a 点（100 元的合理估值）后，如有现金，我一般就会先买一个底仓，建少量的观察仓。

随后股价可能反转，也可能继续下跌。如果股价在 a 点以下即刻反转，我不会追涨，因为那只能赚到少许利润，这就没意思了。由于刚建了观察仓，期待股价能继续打折。

当股价继续回调到 k 点时，如有现金，我会选择再次随机买入，有可能会选择一次性将子弹打光。如果加仓后，股价继续下跌，那就只能干瞪眼了，这是我投资中的常态。慢慢来，接受慢慢变富，等过一年半载，攒到现金后再说。随后两三年，如果有现金了，我会在 c 点、e 点再次加仓。然后当股价运行到 f 点时，就全面盈利了。这个建仓过程可能需要三到五年。

当然，这也只是一种理想状态，只是一个期待的建仓过程。如果股价恰好就这么走，也恰好完成了这样的建仓过程，那么肯定比股价在 a 点就直接反转赚得多。

这种建仓过程，需要具备的前提是，目标公司具有盈利增长的确定性。

只要目标公司净利润会持续增长，且足够便宜，拉长时间看，股价一定能涨起来，自然能盈利。

我在实践中，也没少犯错。过去犯过错，相信以后还是难以避免犯错。所以，只好组合投资了。

另外，要用闲钱投资，千万不可借钱炒股，更不要用场内融资。

何谓闲钱呢？我认为，可以十年左右不用的钱才比较适合进入股市，更苛刻一点说，就算这钱全扔水里了，也不会降低生活质量。

大熊市里买什么

选择大于努力，在选股上，要保证目标公司所处的行业赛道的景气度是长期向上的，行业需求要长期扩容，最好能像当初的白酒赛道一样。2000 年以后，白酒行业快速扩容，到 2016 年白酒产销量才见顶。在这个过程中，茅台上涨百倍，其他五六个白酒龙头，涨幅也很大。增量市场嘛，大家日子过得都不错。

当前，最大的时代背景是老龄化，2050 年我国老年人口会增加到 5 亿人左右。所以三大慢性病领域的核心公司是重点投资方向。

老龄化背景下，唯有医药赛道具有人口红利，唯有医药赛道才具有 30 年持续扩容的确定性。长期扩容，刚需且具有成瘾性。作为长跑选手，我们在医药赛道里选股就对了。

一个需求长期向上走的赛道，一个刚需的赛道，一个基于生命的赛道，一个永恒的赛道，这样的赛道，它走上升趋势时，行业里多数公司都有钱赚，很多公司股价都会涨。确定性比当年的白酒还要高。

在医药赛道里，应紧盯三大慢性病的核心龙头公司，长期持股，组合投资，这等于是构建了一个加强版的指数基金，能够确保不亏损。

在持股的过程中，根据公司的年报确定哪些公司能够活得最好，然后相应将股票缓慢集中。最终将资金大部分集中到少数未来的龙头和寡头身上。

三大慢性病的医药公司是主要选择，另外，还可以考虑配置一些人工智能赛道的公司，人工智能不再是概念，已经在很多领域快速提升生产力了，未来，机器人、汽车、手机、电脑，甚至凡是用电的设备，都可能变得智能化。

对于那些已经没有人口红利的赛道，对于那些高增长已经不再的赛道，不看也罢。

我买股票了

2023年5月，A股市场又迎来了一波快速下跌，上证指数从3400点一口气跌至2024年2月5日的2635点。八个多月的连续下跌，市场没有一次像样的反弹行情（见图8-2）。

2024年初，市场又迎来了一波急速杀跌，2月2日和5日，动辄2000股跌停，两亿股民财富大缩水，甚至很多投资者一个月不到的时间，账户全部资金就被清零了。

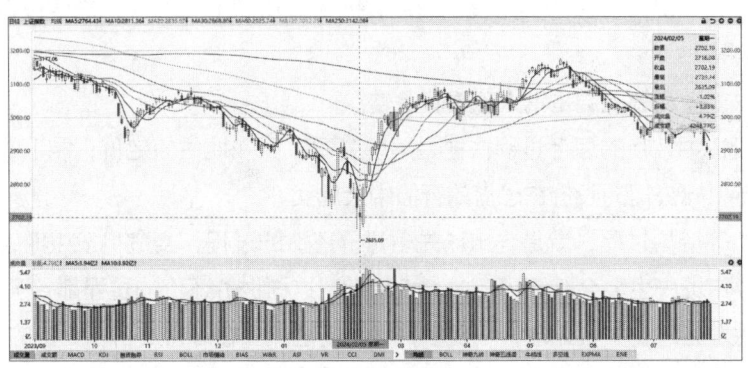

图8-2 2024年初上证指数走势图（一度跌至2635点）

都说，昨天很残酷，今天更残酷，明天很美好。然而多数投资者已经死在了今天。没有人猜到我们的市场会走成这个样子。这就是市场的不可预测性，也是它的残酷之处。

超过2000家股票跌停的走势，还是在国家队持续买入的情况下出现的。如果没有国家队兜底并提供流动性，有可能就是全线跌停了。只要在大A市场活得足够久，总能见证各种奇迹。

有很多媒体和投资者都在问，怎么国家还不出台平准基金，怎么国家队还不救市？

各种疑问从头顶上飘过，但这些问题，我们说了不算。其实也不重要。

市场走势很残酷，投资者夺路而逃，但我的想法是，此刻遍地是黄金，不要浪费了一场危机。

在2月2日和5日的大跌中，我随机买入了同仁堂、达仁堂和华东医药。

图 8-3　笔者当时的交易记录

这几笔交易在我的公众号和视频号中都及时公布过。我把交易公布在本书中，主要是帮助读者朋友理解价值投资理念，绝不是推荐股票。

接下来，说一下逆势买入股票前后我的所思所想，想通了，价值投资理念就落地了。

第一，盈利的关键是别人恐惧我贪婪。

在投资中，我的思考过程往往是理解公司，保守地估值定价，剩下的就是等待，等待目标公司的股价在恐慌的行情中大甩卖。

我们等待的过程，就是与市场先生讨价还价的过程，当危机发生时，当股灾来临时，市场先生会夺路而逃，血本大甩卖，这样讨价还价的过程都省了。

大跌发生时，黄金遍地，不要浪费了一场危机。在 2 月 2 日和 5 日的大跌中，同仁堂、达仁堂和华东医药等公司的估值水平都跌到了地板上，如果没有这波大跌，根本不可能有这么大的折扣。

此时，投资者都在夺路而逃，但我考虑的是估值。巴菲特说，别人恐惧我贪婪，这是盈利的关键。这段时间，大家应该能够感受到，所有的技术分析完全无效，所有的技术支撑都可以被轻松击穿。

我认为"别人恐惧我贪婪"是择时的唯一有效手段。但谁也无法保证恐惧之后是否还有更大的恐惧。这就是投资。

第二，买入股票的大前提。

投资的关键是目标公司盈利增长是否具有确定性以及估值是否足够便宜。

从公司的基本面看，这三家公司是我长期跟踪的目标，都处于医药赛道，以我对这三家公司的理解，它们未来的净利润都会持续增长，都会成长为所在行业的大市值企业。

从估值角度看，当时的市场，整体估值相对于美国、印度、日本等主要股市，太便宜了。上证指数已经在 12 倍 PE 附近，甚至一度跌破了 12 倍。从三家公司的估值水平看，也到了非常便宜的地步。（我采用的具体估值方式将在"案例篇"讲解，以同仁堂和达仁堂为例。）

既然如此，别人怎么做，我管不了。只要目标公司股价足够便宜，只要目标公司具有盈利增长的确定性，那么我有现金时就随机买了。

第三，这些股票接下来会怎么走？

如果要问这些股票接下来会怎么走？会不会继续创新低？

我不知道。我也不去预测，也不重要。市场估值水平已经非常低了，投资者的恐慌情绪也都到了极限，我相信，反转的时间点不远了。市场先生的情绪，确实很难揣摩，保持平常心吧。

我的基本想法是，既然买了，就当存款放着，别人存现金，我只存优质公司的股权。现金是长期贬值的，但优质股权是长期增值的。

我的重点工作是盯着我目标公司的经营情况，思考公司未来的前景，我相信我的目标公司未来会经营得越来越好，内在价值会越来越高。它们的股价迟早会创新高。

说实在的，我希望同仁堂、达仁堂和华东医药等股价继续下跌，最好能再跌三四十个点。那么同样的现金，后面就可以买更多筹码。最终，股价的高度都是由财务走势决定的，不管这期间它如何波动。

如果下跌的行情没有你，那么上涨的行情大概率就没有你。

根据过往的行情数据统计，这个市场90%的时间是不涨的，大涨的时间一般只有不到10%，所以要完整地吃到这段升幅，只有待在市场里。

巴菲特在《致股东的信》中，多次提到：市场或许有一段时间对于企业的实际运营成果视而不见，但最终将会肯定它。企业成功被市场认可的速度并不重要，只要公司能以令人满意的速度提升内在价值（盈利增长的确定性）就可以。实际上，被认可的滞后性也有一个好处：它会给我们以便宜的价格购买更多股票的机会。

我相信，同仁堂、达仁堂和华东医药的利润都不会止步于此，市值也不会止步，都会轻松迈过千亿市值。问题是，多数投资者不愿意等待。

第四，接下来的行动思路。

股灾崩盘时，指数杀到了2635点。我那段时间的想法是在2800点附近买买买！等指数上了3300点，大概率就没什么便宜货可买了。等指数上了4000点，我大概就再也不会买股票了。这在公开的视频和文章中都反复说过。

所以，接下来，投资就更好做了，说简单点，看好的优质公司，估值足够便宜时就随机买，遇到崩盘式下跌时，大胆买。如果说有什么期待的话，那就是期待市场能再杀一杀,底部反转慢一点,期待在大反转前再多买一些筹码。

至于什么平准基金,我不期待,也不重要。

第五,未来还会有牛市吗?

投资者被熊市无情教训之后,伤痕累累,有投资者说,经济那么疲弱,未来几年都不可能有牛市。所以,空仓吧,不玩了。

我认为,持有这些观点的投资者完全说反了。我的看法是一轮大国崛起牛正在起航。

股市是政策制定者的一个调控经济的工具。经济越是疲弱,越是难以走出困境,就越有发动股市行情的必要。逻辑思路不能搞反了。

过往的牛市,都是在经济发展遇到困境时发动的。2003年前后,经济不好,"国九条"跟着就出来了,然后股权分置改革,2005年以后就发动了中国历史上最大的一轮牛市。2013年以后,经济也不太好,又发动了牛市。2020年疫情,全民悲观,结果发动了核心资产的牛市。

经过最近三年多的压抑,投资者太需要一波强势上扬的行情了,不仅投资者需要,国家也需要。

我国面临很多问题,但所有问题,说到底都是经济问题。一轮行情拉起来后,很多问题就都解决了。消费低迷的问题,投资信心低下的问题,地方债问题等,都可以解决。现在的低迷只是暂时的。

管理层也希望尽快启动股市,给全民发钱,当投资者手里的30万元变成了60万元,消费自然就启动了,然后消费带动企业向新质生产力转型。

解决经济中存在的问题,是不得不发动股市的一个重要原因。另一个不得不发动股市行情的原因是大国博弈越来越激烈,我们等不起。

最近几年,中美博弈越来越激烈,美国在高科技领域死死地卡着我们的脖子,因此我国需要尽快突破高科技封锁。

启动股市,让高科技企业尽快上市融资,高价融资,相当于全民凑份子给高科技企业发钱,让它们拼研发,拼市场,与另一个集团对抗。凡是犹盎资本掌握定价权的地方,我们都要突破,狠狠地卷。

我们擅长成本控制,白菜价也能赚钱,而他们不能。过去几十年,凡是我们实现突破的领域,价格都被打下来了。

盾构机降价、光伏降价、汽车降价、手机降价,高铁轮船大飞机的价格无不降降降。然后是创新药领域,我们也逐渐在突破,新药研发支出我们已经排全球第二,曾经被很多人看好的PD-1已经白菜价,未来ADC也跑不掉。另外,高端芯片领域，我们已经在突破的路上，我们在 AI 应用领域的巨大市场和需求可以快速地将高端芯片的价格打下来。要不了太久，等高科技领域突破了，大国崛起就完成了。

下一轮牛市的使命主要就是两个：一是扛起疲弱的经济，二是高科技领域的突破。

我相信，一轮大国崛起牛正在起航。

有投资者说凡事都有个万一，如果出现极端行情，3~5 年都没有牛市，怎么办？

即便没有牛市，也不要紧，优秀公司的股价会在自身利润的推动下持续创新高。就像巴菲特说的一样，只要是好生意，其他什么就都不重要。

第二篇
选股篇——快速找出潜力牛股

选股篇，重点在于：

第一，把握投资的大方向，在有鱼的地方钓鱼，站在特定的时代背景下选择投资标的；

第二，三秒排除垃圾和数据注水的公司；

第三，选出具有牛股基因的公司。

找到具有牛股基因的公司是投资的关键一步。随后，还需要看懂公司的商业模式并给出保守的估值定价。

第9章
选择大于努力

选股时，必须切入特定的时代背景。正可谓选择大于努力。这是"自上而下"的选股思路，先考虑从事什么行业，再从该行业里选择具体目标公司。

站在特定时代背景下选股

投资，关键是选对赛道，提前在资金将要扎堆的地方等着。

当年家电需求刚爆发时，买家电行业龙头股，一口气就是几十倍的收益；银行业绩爆发的几年，买龙头股招行等，也是几十倍的收益；白酒需求爆发的十几年中，买龙头白酒公司，收益都在一百倍以上。

这就是选对投资赛道的意义所在。

未来，医药赛道会比前面所有赛道都具有爆发力。买入医药行业的核心龙头公司，百倍收益也不在话下，而且确定性很高。

人口老龄化是大势所趋。2050年前后，我国老年人口将达到5亿人左右。5亿老年人口都需要消费医药，而且随着年龄的增长，用药量会越来越大，依赖性会越来越强。未来，唯一有人口红利的赛道就是医药赛道，最大的行业增量在医药赛道，当然，主要应该聚焦在三大慢性病用药上。

1963年婴儿潮出生的人口，消费能力较强，而且不吃药是要死人的。银行、家电和白酒，不消费却无关生死。

买对医药股，有百倍的潜力。所以，我们做投资时，一定要将我们的投资放到一个大的时代背景里面去思考，要在特定的时代背景下选股，在特定的时代背景下思考估值。

什么时候做什么生意，要符合当下的时代背景，不能太超前，也不能太落后。

太超前的生意人大概率会成为烈士，太落后的生意人连汤都没得喝。假如你在20世纪80年代搞触屏手机、小视频、社交软件、手机游戏等，一搞一个死，砸多少钱都是白砸，因为你太超前了。

同样，你也不能太落后。今天，你去搞电视机、银行的投资，或者搞互联网的投资，这个意义都不大，你来晚了。

首先，现在电视机产业太成熟，行业门槛太低，毛利率基本在20%以内，而且蹲在电视机前刷剧的人越来越少了。另外，电视机的需求量也与购房人数和结婚人数正相关，新增人口连续下滑，房子饱和过剩了，登记结婚的数量还在降。

其次，中国的银行业规模已经很大了，全球的大市值银行都在中国，你指望"大笨象"起飞，是很难的。在中国银行业改制上市的初期进行银行股的投资是非常明智的，那时候一个汇丰银行的市值能顶十个国内的大银行。现在的银行业规模都已经很大了，还指望银行站上风口飞上天，不太可能了。

另外，银行业快速发展的背景是工业化和房地产快速发展，而今，工业品普遍过剩，房地产也过剩了，那么银行业的成长性堪忧。很多互联网龙头企业也玩起了跨界"打劫"，网络支付挤占了银行很大一部分生意。

最后，移动互联网的投资也是这样，腾讯刚上市时，即便有段时间它的市盈率飞到天上也没问题，可现在"大笨象"再起飞就难了。

腾讯这样的公司，它所处的竞争环境越来越激烈，未来的走向我也搞不清楚，说不定哪天就有其他社交手段出现，导致我们不需要用微信了，甚至连触屏手机都不需要了，谁能预测这个技术走向呢？

在腾讯笑傲江湖时，突然杀出了美团、抖音等公司，它们开启社交的效率都很高，以后的竞争走向难料，所以说我看不明白，我就不去投，等以后看明白了再说。

另外，相对于变化太快的生意，我宁愿投资那些不太可能发生变化的生意。比如中药、白酒、牛奶等。这些赛道里的公司，它们的需求是永远都在的，但社交和娱乐的方式方法是不确定的。

接着说时代背景。过去20年我国经济依赖房地产投资拉动，房地产拉动了城镇化和工业化，顺势拉动了产业链上下游多个环节，也造就了一批又一批大富豪，许家印、王健林等地产大佬都是在地产快速发展的时代背景下走出来的。但现在富豪榜上已经看不到他们了，取而代之的是农夫山泉的钟睒睒、抖音的张一鸣、宁德时代的曾毓群、腾讯的马化腾等。

在地产时代，房地产拉动了很多10倍牛股，甚至上百倍的也不在少数。建材、厨卫、家电等领域都产生了比较知名的龙头公司，银行股的价格也涨了好多倍，还有白酒的大牛行情也与房地产发展相关。

而现在的住房已经由当初的稀缺变得全面过剩，大房企一个接一个爆雷，国家也在出手救它们,但国家不是为了要它们涨,而是资金不能一直往房地产里面挤。如果房地产持续上涨,就会变得金融化,甚至导致制造业空心化,最终结果一定是泡沫破灭,财富化为幻影。

当下,房地产的拉动效应已经消失了,甚至房地产已经开始拖累经济发展,因此,房地产行业链条上的投资就不要考虑了。

当然不是说房地产完全没有投资机会,可能超跌后的估值修复的机会还是有的,但没有那种需求持续爆发的增量,也难以把握。所以,最明智的做法是回避。

家用电器领域的格力和美的都是不错的公司,但它们的发展与房地产的拉动相关,如果窝在国内,那就别指望它们能够出现过去那种爆发式的增长了。推动业务全球化,倒是一个明智的选择,这条道路美的集团已经走通了。

在房地产拉动经济的背景下,中产崛起,消费升级,白酒企业也经历了快速发展的20年,20年前的白酒,高速增长,龙头企业不断扩大市场份额。但今天,除少数龙头企业还比较吃香,其他酒企已经不那么诱人了。

从2016年开始,白酒产销量逐年下降,目前已经腰斩了。在一个缩量的行业,龙头企业的高增长已经不具有可持续性。

茅台、五粮液不错,现金流很充沛,但未来的预期增速也就15%左右,甚至更低,那么高的市盈率还需要时间来消化。

白酒龙头企业可以投资,但收益预期要降低,估值要保守。白酒股作为"嘴巴股",是上瘾的消费品,也是餐桌上必备的,会长期存在,长期慢增长。

房地产时代已经过去了,移动互联网也走到了下半场。

在移动互联网时代,产生了马云、马化腾、丁磊、黄铮、张一鸣等一批大富豪,他们的公司都已经成为"大笨象"了,指望"大笨象"再起飞太难了,并且行业变化太快,所以,移动互联网这块的投资,谨慎参与。

我们要投就投生命中离不开的,但又处于爆发期的生意,中药就是生命中离不开且处于爆发期的赛道。中国目前有两亿多老年人口,随着婴儿潮一代的长辈们逐渐退休,未来中国60岁以上的老人将会达到5亿人左右,而且老人们的预期寿命会从平均70多岁达到90岁左右,他们对医药的消费量很大,持续消费的时间会很长。

这一代老人退休前有工作,退休后有医保和公积金,也是最受益于房地产快速发展的一代人,他们比较有钱,消费能力也比较强。老人们大部分消费都会用在治病和保健上,其中最大的、最确定的需求就是中药。

要投资，必须考虑人口老龄化背景，这是当前最大的时代背景。

另外，居民们收入持续提高，中产阶级不断崛起，消费持续升级，与嘴巴和生命相关的消费品也持续被需要。

人首要的需求就是满足嘴巴和生命所需，包含白酒、酱油、牛奶、能量饮料等。

随着中产阶级的崛起，人们的时间越来越宝贵，同时餐饮企业控制成本的需求也很突出，那么预制菜的方向也很有看点。

这是一个有14亿张嘴巴的巨大消费市场，每天不停地消耗，会出现不错的投资机会。

要站在特定的时代背景里面去思考投资。想当年，我国进口的商品中，金额最大的是石油，因为石油被"卡脖子"，所以国家大力发展新能源，十几年过去了，国内诞生了一批光伏巨头、新能源汽车巨头。当时，如果眼光足够好，就投资光伏领域的隆基股份（已改名为隆基绿能）、新能源汽车领域的比亚迪，那都是几十倍的收益。而今新能源领域的宁德时代、隆基绿能都已经发展成为"大笨象"，再指望它们起飞就很难了。

所以说投资新能源领域的公司，咱们也要有心理准备，可能在某些阶段，比较慢一点，更别指望爆发式增长了。当然，我们的优势产业是高端制造，这是其他国家都没有的。比亚迪作为高端制造的代表，具有研发优势以及非常突出的成本控制能力，未来有可能发展为"高端制造＋人工智能"的全球龙头。但还要持续跟踪公司的年报和公告，从中寻找依据。

目前，还有另一个重要的时代背景，就是中国对高端芯片的依赖。中国的芯片进口金额已经超过石油。

中国芯片企业已经很多了，但都绕不开美国的专利，绕不开台积电和阿斯麦。从安全的角度考虑，国家必须在芯片领域实现突破。我们国家集中力量办大事的能力是非常强的，大家要相信，我们的下一个突破点就是芯片。

国家支持芯片的决心很大，国内已经诞生了一批芯片企业，从设计、制造到封装测试，产业链已经很全面。国家为了推动芯片产业的发展和突破，甚至成立了国家集成电路大基金，一期不够，再来第二期、第三期，国家队现在是亲自下场干活，突破的要求相当迫切。

未来，最大的风口，除了中药就是人工智能，而人工智能的底座是芯片。当然，中药是30年以上的投资，路很长，是相对的稳健增长，确定性高；而芯片可能在突破时爆发式增长，但确定性难以把握且选股难度要大一些。

芯片设备领域的光刻机需要突破，上游的 EDA 软件要突破，晶圆制造也要突破，这几个领域的对外依存度非常高。

国之重器，核心技术必须掌握在自己手里，未来国家也会持续地将资金往芯片领域赶，国家会用 5 年以上的时间，实现芯片关键环节的国产替代，上万亿元的产值要从我们的晶圆厂里过，所以说要提前布局，用 3~5 年的时间，持续地净买入相关公司，然后就耐心地等着，等后来的资金给我们抬轿子。

芯片设计领域就不要考虑了，设计类企业都是轻资产，企业太多、太卷了；另外，芯片设计又遇到了人工智能，你搞不清楚人工智能是否会将芯片设计的底层逻辑重塑。机器设计肯定比人脑设计的效率要高的，所以说在芯片设计这个领域，又是一锅粥，外行人搞不明白。先进封装在后摩尔时代[①] 倒是显得愈加重要，华润亲自下场接手长电科技，就是一个信号。

从人工智能的角度选股时，要考虑我国的现实情况，我国的高端制造具有全球领先优势，要率先选择全球化的、中国市占率第一的制造业品牌，并且这些公司正在与人工智能相结合。汽车行业的比亚迪和家电行业的美的集团都是正在与人工智能相结合的全球化品牌。

从整体看，中药尤其品牌中药的成长性是非常确定的，大批中产阶级、大量老年人都是中药消费主体。但也仅限于头部少数几个中药品牌，它们不依赖院内市场，集采免疫，核心产品持续提价，毛利率持续趋升。

当然，创新药也有它的市场，与西方资本掰手腕，不仅要用中药去挤占西药的市场，同时我们也要用他们擅长的创新药去动摇他们的根基。礼来、阿斯利康、默沙东、辉瑞等药企都是西方丛林世界的政治根基，咱们的创新药企在国际医药大厂面前力量都还比较渺小，未来也有较大的成长空间，国内的头部创新药企业也可以考虑作为投资目标。恒瑞医药、华东医药、翰森制药等在产品创新方面表现都很出色。

从资产配置的角度看，首先，中药配置占比要远远高于创新药；其次，可以考虑配置一些嘴巴股；最后，考虑人工智能。

做投资，一定要从你的账户的整体看问题。如果说资金量小，那就集中力量持有中药，全仓中药也是可以的；如果拥有的资金量大，那么中药、创新药、人工智能等领域公司都可以考虑。

我们用 3 年以上的时间去布局，缓慢地净买入相关公司，然后，耐心等待时

---

① 指摩尔定律不再有效的时代。

间给我们答案。

选择大于努力，要站在特定的时代背景下选股。而当今最大的时代背景是老龄化，医药是我们投资的核心品种，品牌中药是核心的核心。

下一个百倍股的摇篮

选择大于努力，到有鱼的地方钓鱼。投资中，我们需要的是一个长长的坡和厚厚的雪道。

最能代表中国文化和消费习惯的两个赛道，一个是白酒，一个是中药。茅台是高端酒的符号，供不应求，可以长期提价，还不影响销量。片仔癀锭剂和安宫牛黄丸等老字号中药代表中药文化，供不应求，也是可以长期提价的。

白酒市场已经进入存量博弈阶段，甚至是缩量博弈，总消费量已经连续多年萎缩，且白酒的市值太大，很难出现起飞的情况了；而中药的消费需求才开始增加，相关需求正在爆发，且市值都还比较小，正处在快速拉高利润，拔高市值的阶段。

白酒有国界，很难走出国门，但中药和中医则不同，已经走出国门。中药代表中国文化，更代表生命，5000年的历史传承，老字号品牌中药已经崭露头角，如片仔癀锭剂、安宫牛黄丸、大活络丸等品牌中药都是被需要、难以被替代、价格不受管制的。

随着文化自信成为越来越重要的时代课题，随着各项中医中药的支持政策落地，中医药的地位将会得到大幅提高。

中药一定是能够超越白酒的赛道，下一个"茅台"将会由此诞生。

当今世界，各国的股市中都是药品的市值远大于酒的市值，唯独我国白酒的市值大于药品的市值，这不正常。

回顾历史，在2000年前后中药和白酒的市值相当。改革开放后，中国经济快速发展。加入世界贸易组织后，中国成为世界工厂，人家三次工业革命，咱们一次走完，叠加工业化和城镇化，诞生了一大批富裕人群。

20世纪60年代出生的那一批人，在2000年以后40多岁，他们成为最有钱的一批人。房子、汽车、高端白酒是最有身份象征意义的。

高端白酒在经济高速发展的背景下供不应求，持续提价，然后业绩快速增长，茅台从2003年以后多次提价，量价齐升，结果20年时间跑出了500倍的涨幅。

曾经40岁消费白酒、汽车、房子的富人们，而今他们都老了，陆陆续续退休了。人老了就像汽车老了一样，哪里都不舒服，要经常修修补补，甚至不得不更换零件。

60岁老人肯定比20岁的年轻人更容易得病。过去几年，医院大内科的病人数量翻了一番，主要病种是三大慢性疾病。

根据研究和统计，三大慢性疾病还会互相叠加，相互转化，无法有效根治。得了糖尿病的人，如果控制不好，早晚会患上心脏病和高血压；持久的高血压会引起心律失常、心力衰竭等疾病，甚至还会引起脑出血、脑梗死、心肌梗死等并发症。

三大慢性病叠加在一起，最终随着年龄增加，服用的药品数量越来越多。退休人群，大部分消费都用在维持生命的长度和质量上，他们需要各种促进代谢和循环的药品，各种控制并发症的中药。

当初推动汽车、房子和高端白酒消费的这代人，已经不在职场，高端奢侈品对他们的意义已经很小，他们开始更多地关注健康，关注子女，治病和带孙子已经成为更加重要的事情。

一边是医药消费人群的快速增加，另一边是白酒的消费主力和消费场景在减少，5亿以上的人口在消费中药和创新药，我国未来一定会诞生一批市值远远大于茅台的医药企业。

白酒的百倍之路是在特定的历史时代背景下产生的，白酒的时代过去了，未来，定然要让位于医药。

白酒是百倍赛道，中药也定然是百倍起步。很多人不信，大家不妨回看一下当初的白酒。2003年的茅台市值不到100亿元，上市后的茅台市值一度跌到了70亿元附近，把绝大多数投资者都跌抑郁了。但后来发生的事情是20年时间，龙头白酒的市值涨了几百倍。当白酒的百倍之路走完后，大家开始相信了，一大批基金和价值投资者开始扎堆白酒。然后，白酒从高位跌落后，他们才明白过来是怎么回事。

目前医药类上市公司的市值都还小，中药龙头同仁堂的市值600亿元，而国际市场上的礼来市值达到了8400亿美元，相当于60000亿元人民币，差距几乎在100倍左右。

从历史和发展的眼光看，我国在各行各业都跑出了具有全球竞争力的龙头企业，未来医药也不例外，今天100倍的差距，就是未来医药股的发展空间，买对医药股，实现百倍收益不是什么遥不可及的梦。

2024年的今天，整个A股市场死气沉沉，上证指数长期徘徊在3000点附近，投资者也不敢憧憬中药有百倍的收益。但是，走着瞧。

在医药赛道，中成药的确定性最高，投资难度小得多，而部分取得竞争优势的创新药公司也是确定性较高的投资标的。

未来30年，把医药赛道的投资做好就够了，资产能否上一个大台阶，就看今天的选择。全仓医药股也是比较稳妥的选择，其他赛道的公司，可以不关注，或者少关注。

2023年的A股市场极度悲观，行情一再创新低，2024年初更是出现了大跌。如果看到了医药赛道百倍的明天，那么在市场底部区域，30%左右的价格波动就好处理了。

第 10 章
从财务角度快速找出潜力牛股

公司好坏，先看数据，财务数据是会说话的，数据反映的是公司的内心。财务指标很多，要怎么用呢？如何通过数据快速找到有牛股特征的公司？如何快速排除假货和水货？

选股的主要财务指标

财务指标是用来选股的，更是用来排除企业的。我习惯于通过财务指标的"正向选择，逆向排除"来提高选股的确定性。

首先，正向选择，即以净资产收益率作为选股的开始。

拿到一家目标公司，最先看的不是这家公司好不好，而是直接将其放到它所属的行业里进行净资产收益率的对比分析。

其次，逆向排除。高净资产收益率的公司中，有很多数据没有可持续性，必须排除掉。

（1）净资产收益率指标忽高忽低的公司，直接排除。

（2）毛利率长期下滑的公司，直接排除。

（3）现金流越来越紧张的公司，排除。

（4）应收账款增速太快的公司，排除。

（5）资产负债率太高的公司，排除。

……

很多投资者没有学过财务，建议大家还是花点时间读一本财务基础方面的书籍，会有帮助，但如果不愿意读书，也不要紧。我把财务说得简单一些，本书尽可能突出财务数据的用处，而不是财务分析的难度。

财务数据的对比分析必须在同一个行业才有意义。在数据的对比分析后，选择最好的一个或者几个公司，然后加入自选股。随后通过大量阅读，看懂行业，看懂公司，看到公司业绩增长的确定性。

财务数据的对比分析是最好用的选股方法，也是估值的必需。对比，方知高矮胖瘦；对比，方知优劣。

估值也需要对比，我们可以不懂市盈率、市净率、市销率等估值方法，我们只要学会对比，估值就不是什么难事。

一群人站成一排，高矮胖瘦一目了然，这就是对比的意义所在。估值，不就是把一群公司拉过来比高矮胖瘦嘛。估值时，大量阅读并分析目标公司，再大量阅读并分析竞争对手情况，看清目标公司，看清竞争对手情况，看清行业发展前景，然后估值高低自然就有了。这就像看人一样，你不需要将他推到秤上，便可知胖瘦，知斤两。

假设我们面前有一家公司叫洋河股份，假设我们对白酒这个行业不太了解，那就一切从头开始。

接下来，我们将洋河股份放到白酒行业中进行对比研究。

看营业收入

营业收入越高，说明目标公司的业务量和客户群体越大，越有龙头的样子。投资或者说寻找合作伙伴一起做生意，那肯定最先考虑最有实力的那一家。

股票行情软件显示的洋河股份所属的白酒行业有20家公司，将营业收入从高到低排序，就是我们看到的图10-1。

营业收入较高的保留下来，进行下一步；营业收入太低的直接排除不看，对于白酒行业，年营业收入低于10亿元的就没必要就看了；ST股直接排除；上市时间不足一年的排除。在这个环节我们能够排除的只有皇台酒业，保留下来19家公司。

具体实践中，我们也可以提高选股标准。选股的标准越严格，能够胜出的公司越少，选股效率越高，不要害怕选不到公司。

在看营业收入选择白酒股时，倘若我们将营业收入的最低要求提高到100亿元年收入，那么选股和排除的效率就更高了。

芒格说，他们的投资，去掉那几个表现非常好的投资，也很平庸。

换句话说，在我们的投资生涯中，能够有五六笔非常成功的投资，那我们的人生就可以相当成功了。

所以，我们不需要太多目标公司，选股环节越严格，越成功。

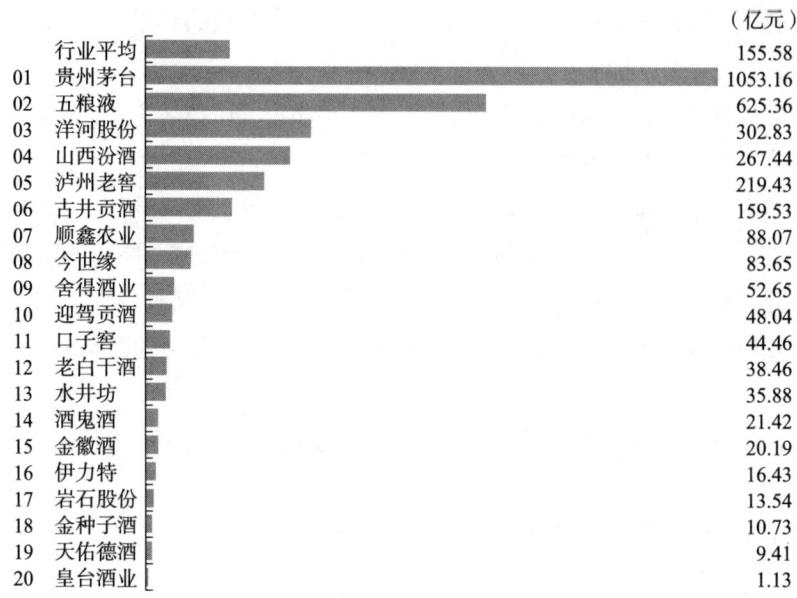

图 10-1　白酒行业 2023 年三季报营收排名

注：因为多数公司年报尚未披露，所以股票行情软件显示的是 2023 年前三季度的数据。

看利润总额或净利润

净利润能直接反映企业的赚钱能力。净利润越高的公司，越有行业龙头的样子。

将同一行业中所有公司的净利润都切出来，放到一起排序。

净利润较高的公司，进入下一环节。净利润太低的公司，比如年利润低于 3 亿元的白酒公司，基本就可以排除不看了。

需要说明的是，3 亿元不是一个确切的数值，而是要根据所关注行业的发展阶段来调整标准。

如果目标行业已经相对成熟，那么就可以提高标准。我们在选择白酒股时，完全可以将净利润的最低值定在 10 亿元，甚至更高，这样选股效率就大大提高了，大家可以试试。

如果目标行业刚好处于起步阶段或者处于快速成长期，那么标准可以相对宽泛一些。如果我们关注的目标行业在国内还处于成长早期阶段，那么可能行业中没有一家公司的利润总额能达到 3 亿元，那就要相应地调低标准。

白酒行业发展已经比较成熟了，且早过了高速增长期。行业龙头茅台的净利润已经占据了白酒的半壁江山，行业格局已定，龙头未来几十年仍将是龙头，而落后的公司大概率很难逆袭了。

在这个环节中，19家公司，我们能够保留下来的合计有13家公司。老白干酒之下全部排除不看（见图10-2）。

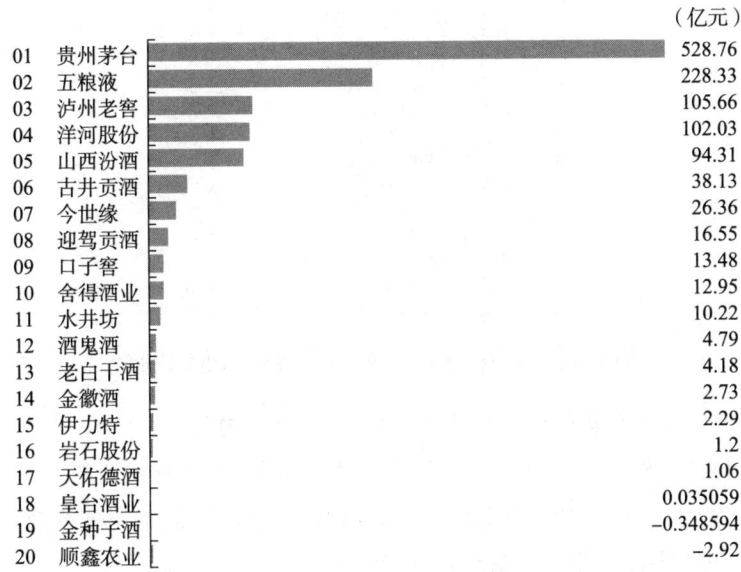

图10-2 白酒行业2023年三季报净利润排名

看净资产收益率和净利润增幅

巴菲特说如果只能用一个财务指标来选股，那就是净资产收益率（ROE）了。净资产收益率是公司的核心财务指标，是经营结果的集中体现，哪怕公司吹得天花乱坠，如果不能将净资产收益率提高到15%以上，基本上就可以归类为垃圾股。

巴菲特在使用净资产收益率选股时，一般将20%作为最低要求。

我经常会说某些公司有牛股气质，就是说公司净利润增幅大、净资产收益率高，且有良好的现金流。

现实中，大家会发现，过去跑出来的长期超级大牛股，它们的财务特征均是高净资产收益率、净利润增幅大以及良好的现金流。

所以，高净资产收益率是股价长期走牛的关键，而背后的净利润增长率是关键中的关键。

将上一步保留下来的13家公司的净资产收益率切出来，再进行排序。

净资产收益率太低的就直接排除不看了,这一步能够保留下来的白酒公司有前 12 个(见图 10-3)。

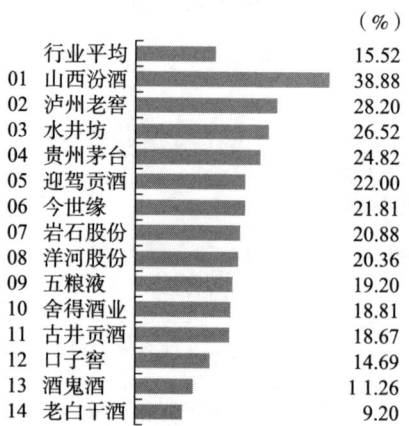

图 10-3　白酒行业 2023 年三季报净资产收益率排名

连续三步走下来仍然剩下较多的公司,那该怎么办呢?

以上做的工作是"正向选择",还有"逆向排除"的工作没有做。

(1)净资产收益率稳定趋升的公司保留;净资产收益率忽高忽低的公司排除;净资产收益率一路下滑的公司,直接排除。

(2)净利润增速放缓的公司、净利润增幅忽大忽小的公司、净利润增幅连续下滑的公司、净利润连续负增长的公司,均排除。

(3)毛利率忽高忽低的公司排除,毛利率持续下滑的公司,排除。

水井坊的扣非净利润在 2020 年和 2022 年陷入负增长,排除;

洋河股份在 2019 年和 2020 年的营业收入和扣非净利润均陷入负增长,直接排除;

迎驾贡酒因为连续多年营业收入增幅太小且动辄陷入负增长,说明公司未来业绩的不确定性较大,直接排除;

古井贡酒 2020 年利润陷入负增长,排除;

口子窖 2020 年利润陷入负增长,排除;

金徽酒 2021 年和 2022 年的净利润负增长,且净利润增幅忽大忽小,动不动就陷入个位数增长,太慢,排除。

老白干酒 2020 年利润陷入负增长,且毛利率不稳定,排除。

经过以上步骤的排除,能够保留下来的有茅台、泸州老窖、五粮液、山西汾酒、舍得酒业、酒鬼酒和今世缘。

如果将这7家酒企放到一起对比的话，2019—2021年，茅台、五粮液、泸州老窖、山西汾酒的净资产收益率均超过24%，可以作为重点观察对象，而舍得酒业、酒鬼酒和今世缘的净资产收益率均低于24%，就可以排除不看了。如果从营业收入和净利润绝对值角度对比排除的话，也是可以排除掉舍得酒业、酒鬼酒和今世缘的。

从净利润增速角度来看，如果采用非常严格的标准，大家可以重点观察一下塑化剂危机期间（2013—2014年）各大酒企的净利润增速情况，唯有茅台净利润保持了正增长，其他酒企均有过负增长的情况，且耗时两三年才走出来。从这个角度来看，茅台的营业收入和净利润持续增长的确定性最高，那么唯有茅台可以保留。

上述三步走下来，大家会发现，第三步排除企业的效率最高，所以，我们在首次拿到一个目标公司时，完全可以跳过前两步，直接采取第三步，把净资产收益率作为核心选择指标，其他指标均作为排除指标。

这样会比较省时省力。

看毛利率

不同行业（不同的生意）之间的毛利率差异巨大，相关龙头企业的生意辛苦程度也是差异巨大。

白酒龙头企业的毛利率普遍都在70%以上，茅台的毛利率更是超过90%。过去十多年，龙头酒企的毛利率基本都呈趋升状态。

医药行业的知名企业的毛利率也比较高，在中药方面，片仔癀的医药制造业务毛利率超过70%，东阿阿胶的毛利率也达到了70%，达仁堂心脑血管产品的毛利率也超过70%；在创新药方面，恒瑞医药的毛利率常年在80%以上，华东医药的医药制造业板块毛利率也在80%以上。

相反，钢铁、水泥、铝业、石化、造纸、造船等行业的毛利率就非常低，而且毛利率基本呈现长周期逐渐下滑的状态。

不同行业之间的毛利率的差异往往反映的是行业发展阶段的变化以及行业竞争的惨烈程度。

白酒行业和医药行业的毛利率比较高，主要是因为白酒门槛相对较高，竞争比较温和，被需要，难以被替代，且价格还不受管制。医药行业关乎生命，行业处于快速扩容阶段，行业门槛较高，难以被替代，且龙头公司具有较强的定价权。

而钢铁、水泥、铝业、石化、造纸等行业与房地产和城镇化发展高度相关，房地产业已经严重过剩，工业化也已经完成，相关行业的产品供给也基本都是过剩的。另外，这些行业里的企业较多，且固定资产投资巨大，船大难掉头，即便产能过剩也难以退出市场，难以转型发展，所以，相关行业龙头企业的日子并不是太舒服。

在投资选股时，先要考虑在哪个行业里挖矿，考虑做什么生意。把这个问题想通后，再进入具体行业里，深入对比研究，寻找目标公司。

进入具体行业选股时，必须重点关注相关企业毛利率的变化。同一个行业中，毛利率反映的是同行业中相关公司的竞争能力，显示的是产品的定价能力、制造成本的控制能力及市场占有率等情况。

毛利率这个指标既是正向选择指标，也可以作为排除指标。对于毛利率来说，越高越好，长期稳定走高的更好。

在毛利率的使用上，我们需要的是目标公司的毛利率平稳趋升，而毛利率忽高忽低和连续下滑的公司就可以直接排除不看了。

一家公司的毛利率持续下滑一般意味着行业需求见顶，或者竞争越来越激烈，或者是本公司没有竞争优势，产品卖不动了。那么这样的公司，只好排除。

要买就买赚钱机器。什么样的公司是赚钱机器呢？

先要看毛利率，当然也包括净资产收益率和现金流状况等。同一个行业中，高毛利率的公司往往都具有较大的竞争优势或者具有定价权。茅台的毛利率长期超过90%，最高，最有定价权。

白酒股，大家可以去看看毛利率，如果毛利率有持续下滑或者忽高忽低的情况，就直接排除好了。

在毛利率选股环节，如果采用非常严格的标准，那毛利率最高的自然是茅台，五粮液、泸州老窖、山西汾酒也较高。

这里就不一一展开看了。当然，毛利率指标不能一概而论，有的行业毛利率和净利率不高，但是行业龙头可以活得很滋润。典型的有伊利股份、美的集团、海天味业、双汇发展等公司，它们都是在激烈的竞争中一路打过来的行业龙头，虽然毛利率不太高，但净资产收益率很高，现金流极充沛。

这样的公司是很好的投资备选股。

看预收款或者合同负债

合同负债表明下游客户是先打款，后拿货，目标公司收了钱之后才履行交付义务。

下游客户能够乖乖掏钱，甚至垫资，那一定是因为目标公司的行业地位非常强势、被需要、难以被替代，甚至可能还具有垄断特征。

茅台、五粮液、山西汾酒、泸州老窖的资产负债表上都有大量的合同负债，说明这些公司的产品是比较受欢迎的，或者相关公司在产业链上的地位是相对较高的。

预收账款或者合同负债占营业收入的比例越高的，越有可能成为主要的投资备选企业。

看应收账款和现金流

应收账款反映的是企业活干了，货物发出去了，但尚未收到的现金。资金被下游客户白白占用，而自己可能还需要使用银行贷款来周转。

应收账款占比太高的企业，一般现金流都很紧张，这样的企业在行业中毫无地位可言。那么这样的企业对自己未来利润增长的趋势也是难以把握的，所以，这样的企业不存在估值的基础，直接排除即可。

注意，前文我们保留下来的几家白酒公司没有应收账款的缺陷。

以上就是选股的六个步骤，而选股的核心指标是"净资产收益率"，后面再具体介绍。

但需要特别说明的是，我们在根据财务数据选股时，绝大多数情况下无须看完六个指标，多数公司看一个指标就排除了，三秒就有结果了。

选出茅台、五粮液、山西汾酒、泸州老窖之后，加入自选股。如果你仅打算集中持有一家公司的话，那就是茅台了。如果想要分散一些，那就四家都要。

接下来，如果还想提高确定性，那还可以通过走访经销商、大商超等渠道，通过访谈的形式了解哪些公司更有品牌效应，哪些公司提价能力更强，更加受到消费者喜爱。通过以上多种手段，能够进入拟投资名单的公司更是少之又少了。

需要说明的是：

第一，白酒是一个非常好的赛道，几乎没有外资参与竞争，护城河比较深。白酒龙头公司的数据均保持了长期稳定的高增长，多数白酒类上市公司的日子都过得不错，而在这样的背景下，任何一家公司的盈利表现出不稳定性或者负增长均表明其大概率存在各种缺陷。

第二，白酒行业经过多年的高速增长，行业龙头已形成，且白酒行业在2016年便进入存量博弈阶段，行业产销量都已经见顶。未来白酒行业仍然有投资机会,但高增长就不要奢望了。

第三,在财务选股环节,白酒赛道保留了4家龙头公司,算是比较多的了。而绝大多数行业的日子是很难过的,如钢铁、纺织、造纸、水泥、汽车等行业,这些行业周期性很强,毛利率、净利率和净资产收益率等指标忽高忽低,难以预测,不易估值,基本没有公司能够达到选股的最低要求。

还有证券行业,由于竞争激烈以及强周期属性,业绩波动巨大,只有东方财富的财务数据在某段时间内能够达到财务选股的最低要求(见图10-4)。拉长时间看的话,一个目标公司也选不出来。

为了提高选股效率,我在实践中,一般是首先看净资产收益率指标,高净资产收益率的保留下来,其次把其他财务指标作为排除指标。这样选股的效率就会高很多。

财务指标选股流程走完了,接下来还可以将多个重点关注的行业都这么走一遍,保留下来的公司就加入自选股。

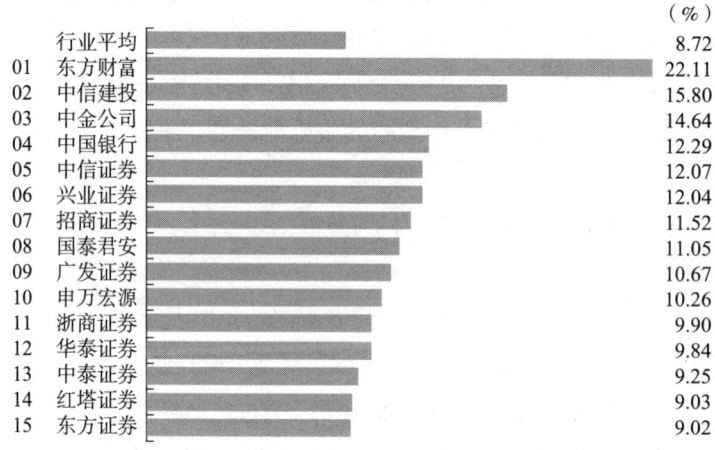

图10-4 证券行业2021年净资产收益率排名

接下来,需要一个行业一个行业去研究,看懂行业竞争格局,看懂行业的未来和相关公司的竞争优劣势。最终排除掉多数公司,留下最好的目标公司作为重点跟踪对象。

看懂目标公司之后,孰优孰劣,大概心中就有数了,接着,再给目标公司定价。定价完成后,就只剩下等待了,等待市场先生的情绪恐慌失控,然后给我们报出一个非常便宜的价格。

作为买方(股票的买方或者生意的买方),市场先生的报价当然是越低越好。

正所谓，好公司杀跌买，就是这个道理。

所以，像巴菲特这般的价值投资者都非常喜欢在大熊市里做生意，非常期待下跌，也非常期待各种"黑天鹅"。

高净资产收益率是股价长牛的关键

净资产收益率是公司经营结果的最终体现，它反映的是股东投入的资本金创造的价值量。

你买入目标公司的股票，你就是公司的股东，长期而言，公司的股东报酬率就是你的投资收益率。

净资产收益率指标重要吗？

相当重要。

如果一个公司的净资产收益率很高，那么我们就应该思考，是不是公司有什么本应该记录在净资产里的资产却未计入？

巴菲特一般称这种资产为"经济商誉"，或者"经济特许权"，这可能就是我们寻找的"护城河"。多数情况下，企业的品牌声誉、保密配方、独家许可、专利等就是未计入净资产里的"经济商誉"。

如果一个公司的净资产收益率非常低，那么我们就应该思考，是不是公司有什么本应该从净资产中剥离的无效资产被计入了资产？

这种情况，多半是公司的资产没有发挥出它应有的价值，或者有很多没有价值的资产躺在公司的资产负债表里。比如不产生价值的大楼、健身房、老旧的设备、低毛利的产品线等。

净资产收益率是一个非常有意思的指标，细细推敲的话，完全可以用在公司的考核管理上。

如果你是老板，公司的净资产收益率太低，那么你就应该思考，是不是公司有很多低效率的资产？是不是人力资源没有发挥作用，或者是生意原本就是辛苦的生意，应该早点思考退路呢？

大牛股的财务特征

大牛股在财务特征上有一个共性，即净资产收益率（ROE）非常高，在多数年份ROE均大于20%。

茅台、泸州老窖、山西汾酒、片仔癀、东阿阿胶、同仁堂、海天味业、伊利股份等公司均是长线大牛股,而它们的共同特征是净资产收益率常年保持在15%以上,甚至20%以上。

巴菲特说:一个不错的企业,如果能拥有长期的、可持续的高ROE,那么这个企业就是我们要寻找的比较理想的投资标的。如果只能用一个指标选股的话,那就用ROE。

芒格说:从长期来看,一只股票的回报率与企业发展息息相关,如果一家企业40年来的盈利一直是资本的6%(即ROE为6%),那么40年后你的年化收益率不会和6%有什么区别,即使当初你买的是便宜货。如果企业20~30年的盈利都是资本的18%,即使当时出价较高,其回报依然会让你满意。

这段话的字面意思是,如果长期持有一只股票,你的年化收益率和企业的净资产收益率没有任何区别。

既然如此,投资者应该尽可能地把高净资产收益率的公司作为投资目标。

净资产收益率指标分解

既然净资产收益率如此重要,那么有必要搞清楚目标公司依靠什么获得了高净资产收益率。对此,本书详细介绍一下(见图10-5)。

净资产收益率(ROE),又称股东报酬率,是净利润与平均股东权益的百分比,是公司税后利润除以净资产得到的百分比。

该指标反映股东出资的收益水平,ROE越高,代表公司赚钱能力越强。那么ROE是如何计算得来的呢?

公式如下:

净资产收益率 = 净利润 / 净资产

    =(净利润/销售收入)×(销售收入/总资产)×(总资产/净资产)

    = 销售净利率 × 总资产周转率 × 权益乘数

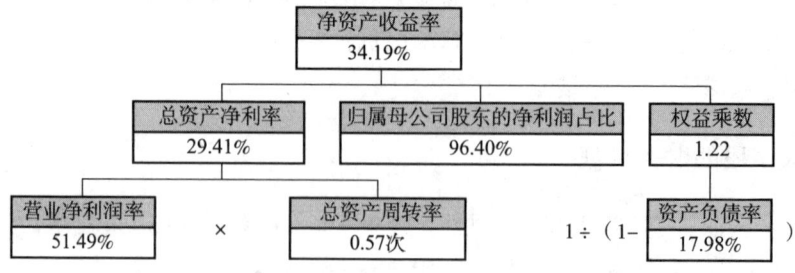

图 10-5 杜邦体系对净资产收益率指标的分解

对分解后的三个指标分别说明一下。

销售净利率

销售净利率代表 100 元的销售收入获得了多少元的净利润。公司的产品或服务的定价越高，成本控制得越到位，销售净利率越高，则 ROE 越高。

我们在选股时，应该重点关注净利率较高且净利润增幅较大的公司，这里往往是大牛股的集中区。

很多生活消费品、医药制造企业都采用高定价，即高毛利率、高净利率的模式来提高收益率。典型的有茅台、五粮液、泸州老窖、山西汾酒、片仔癀、恒瑞医药、东阿阿胶等公司，它们的净资产收益率都非常高，也都是过去十几年的超级明星股，但能否继续保持长牛股的特征，关键看它们的高 ROE 能否继续保持下去。

总资产周转率

总资产周转率代表公司运用现有资产赚钱的效率。同样的底子，谁的资产周转得越快，运用的效率越高，利润就会越高，ROE 就会越高。典型的有伊利股份、美的集团等公司，它们的销售净利率长期低于 10%，却能长期保持超过 20% 的 ROE。这是因为它们主要是通过较快的总资产周转率来提高 ROE 的。

权益乘数

权益乘数是总资产相对于股东权益的倍数，用来反映公司负债程度的高低，具体来说是通过借款或占用上下游资金用于自身发展的程度。体现在财务报表上，主要表现形式为高负债率，靠高杠杆模式来推高 ROE，这种经营模式在银行、房地产及多数重资产企业中比较普遍。典型的有万科 A、招商银行、中国巨石、恒力石化、万华化学等公司。高杠杆的公司一般稳定性较差，周期性太强，长牛的概率往往较低。这类公司的投资难度相对较大。

通过观察分解后的三大指标，我们可以判断出公司的高净资产收益率是如何实现的，是靠高毛利高净利？还是靠极高的总资产周转率？抑或是依靠高杠杆？

有些公司，因为门槛高，供给少，一般采取高定价，即高毛利率、高净利率的模式，这样的产品一般周转都不会太快。比如茅台，2021 年它的产品毛利率和净利率均很高，而存货周转率为 0.29 左右，总资产周转率仅为 0.47（存货也是资产，存货周转率包含在总资产周转率里边）。茅台的杠杆率也比较低，权益乘数仅为 1.30（见表 10-1）。

表 10-1　茅台 2017—2021 年核心财务指标

指标	2021年	2020年	2019年	2018年	2017年
净资产收益率（%）	29.90	31.41	33.09	34.46	32.95
净利率（%）	52.47	52.18	51.47	51.37	49.82
毛利率（%）	91.54	91.41	91.30	91.14	89.80
总资产周转率（次）	0.47	0.49	0.52	0.52	0.49
权益乘数	1.30	1.27	1.29	1.36	1.40

比如海天味业，它的净资产收益率与茅台很接近。海天味业的毛利率和净利率比茅台低很多，那么它是依靠什么将净资产收益率提高到与茅台差不多的水平的呢？

依靠加快存货的周转，海天味业 2021 年的存货周转率为 7.09，远远高于茅台（见表 10-2）。

表 10-2　海天味业 2017—2021 年主要财务指标

指标	2021年	2020年	2019年	2018年	2017年
净资产收益率（%）	31.63	36.13	33.69	32.66	31.12
净利率（%）	26.68	28.12	27.06	25.63	24.21
毛利率（%）	38.66	42.17	45.44	46.47	45.69
存货周转率（次）	7.09	6.75	7.19	8.13	8.00
总资产周转率（次）	0.80	0.84	0.88	0.93	0.98

茅台的产品价格昂贵，但是存货周转速度慢；海天味业的酱油便宜，但存货周转得很快。你一箱能赚到的钱，我卖 50 箱可以赚到。

茅台的总资产周转率为 0.47，海天味业的总资产周转率为 0.80，而伊利股份的总资产周转率为 1.28。

单价低的产品，一般均要通过较高的资产周转率来弥补。

万华化学 2021 年的净资产收益率高达 42.53%，比茅台高很多，而它的毛利率和净利率远远低于茅台和海天味业（见表 10-3），它是依靠什么实现高 ROE 的呢？

表 10-3　万华化学 2017—2021 年主要财务指标

指标	2021年	2020年	2019年	2018年	2017年
净资产收益率（%）	42.53	22.2	25.44	36.82	50.66
净利率（%）	17.20	14.18	15.57	21.16	25.05
毛利率（%）	26.26	26.78	28.00	33.83	39.70

续表

指标	2021年	2020年	2019年	2018年	2017年
负债率（%）	62.33	61.38	54.65	48.97	53.28
存货周转率（次）	7.95	6.22	5.98	5.42	5.65
总资产周转率（次）	0.90	0.64	0.74	0.95	0.91

首先我们看到万华化学的负债率高达62.33%，很显然，杠杆率远远超过茅台和海天味业；其次它的存货周转率高达7.95，总资产周转率为0.90，这也高于茅台和海天味业。

但是我们也可以发现，万华化学的高负债率模式对于ROE的贡献波动较大。因此，万华化学的股价走势与茅台和伊利股份等比起来，就显示出明显的高波动和周期性。这是高杠杆模式企业的通病。

搞清楚高净资产收益率的原因，有利于我们搞明白自己的生意赚的是什么钱，你是选择高定价模式，还是选择高周转模式，抑或是选择高杠杆模式？

如果你选择了高杠杆模式，那么因为杠杆的不稳定性，这样的公司在大牛市里往往会过度上涨，需要及时卖出，保住利润。而高定价低杠杆模式的企业，相对来说表现就比较稳定，往往容易走出长牛慢牛行情。

选择什么样的生意（股票）是每一个投资者都要考虑的问题，当然，选择大于努力，还需要愿赌服输。

高净资产收益率是股价长期走牛的关键

财务走势决定股价走势，在选股环节，投资者最应该做的工作就是先找到财务上符合长牛股特征的公司，然后搞清楚公司是否具有盈利长期大幅增长的确定性，并搞清楚公司值多少钱。

茅台、五粮液、泸州老窖、片仔癀、恒瑞医药、伊利股份、同仁堂、东阿阿胶等公司，都是净资产收益率长期保持较高水平的上市公司。

不管它们是靠哪些（销售净利率、总资产周转率、权益乘数）因素保持较高的ROE，无一例外地，都走出了长期大牛行情。类似财务特征的公司还有一些，此处就不一一列举了。

可以预见的是，只要相关公司的净资产收益率稳定在较高水平上，且仍然保持较高的净利润增长率，它们的股价就会继续走牛或者在股价回调之后继续走出大牛行情。

它们的股价能涨多久取决于其高净资产收益率的财务特征能够保持多久。

可能会有投资者反问，是不是只要公司长期保持高 ROE，股价一定会走出大牛行情？

这是确定的。

如果目标公司的 ROE 很高，且股价长期低估，股价总是涨不起来，那么公司管理层会拿出真金白银回购股票并注销，否则一定会有第三方虎视眈眈地要收购目标公司。

高净资产收益率的公司必然走牛的数学逻辑

高 ROE 的公司必然走牛的数学逻辑是：较高的 ROE 意味着，经过 3~5 年的时间，就可以再造一个新公司。

比如 26% 的 ROE，意味着 3 年时间可以再造一个新公司（3 年期 26% 的复利终值系数等于 2）。

例如，2022 年的资产负债表中，茅台的 ROE 为 30%，泸州老窖的 ROE 为 33%，山西汾酒的 ROE 为 44%，如此高的 ROE 意味着它们均能在 3 年不到的时间内再造一个新公司。拥有这样的财务表现，它们过去走成了超级牛股，就是理所当然的。

这些公司的盈利能力都非常强，且现金流极充沛，如果低估且股价长期不涨，那么公司大股东肯定会启动回购，或者将现金大量用于分红，那么持股的普通投资者都会受益。

假设股息率高达 10%，意味着 10 年以内，就可以通过现金分红拿回投资的本金。

既然高 ROE 的公司必定会走牛，是不是可以立刻买入呢？

当然不是的。

高 ROE 的公司财务走势往往都非常强劲，内在价值很高，会受到大量资金的追捧，它们的股价往往都高高在上（估值很高），所以，一般在长期低迷的行情（比如股灾、金融危机等）中才有好的买入机会。

成功投资的关键是买入优秀的公司，但还要买得便宜才行。

找到高 ROE 的公司是成功投资的第一步，我们还需要等到合理的价格才能出手，即好公司杀跌买。

买入之后，我们还需要正确地对待这笔投资，耐心持有，耐心等待市场先生纠正错误。

关键的增长率

高净资产收益率是股价长期走牛的关键，而背后的净利润增长率是关键中的关键。对于大牛股来说，净利润持续高增长相当重要。

第一种情况：假设 A 公司资产负债表日的净利润为 25 元，净资产为 100 元，则 ROE 约等于 25%（见表 10-4）。

表 10-4 其他条件不变，净利润增幅为 0 时的净资产收益率

指标	第一年	第二年	第三年	第四年	第五年	第六年	第七年
净利润（元）	25	25	25	25	25	25	25
净资产（元）	100	125	150	175	200	225	250
净资产收益率（%）	25.00	20.00	16.67	14.28	12.50	11.11	10.00

失去增长动力的 A 公司，它的净资产收益率会随着时间的推移而不断下降，越晚加入的股东获得的收益率越低。

如果净资产收益率下降到市场无法接受的水平，股价必然掉头向下，跌入深渊。

虽然 A 公司每年仍然可以获得稳定的净利润，但是，随着时间的推移，第七年 25 元的价值一定远低于第一年的 25 元。

针对这种现状，公司可以将每年获得的 25 元全部用于分红，则公司的净资产收益率可以保持不变，股东可以通过获得的分红保证收益率。公司还可以将每年获得的 25 元全部用于股票回购，则公司股东权益也能得到较好的保证。

但问题是，公司的 25 元净利润是否全部为现金。如果不是呢？

如果净利润不全都为现金，那么失去增长动力的 A 公司必须改变现状，必须将净利润增长率拉高，否则必然走向衰退。

第二种情况：假设 B 公司资产负债表日的净利润为 25 元，净资产为 100 元，则 ROE 等于 25%（见表 10-5）。

表 10-5 其他条件不变，净利润增幅为 20% 时的净资产收益率

科目	第一年	第二年	第三年	第四年	第五年	第六年	第七年
净利润（元）	25	30	36	43.2	51.84	62.21	74.65
净资产（元）	100	130	166	209.2	261.04	323.25	397.9
净资产收益率（%）	25.00	23.08	21.69	20.65	19.86	19.25	18.76

B 公司保持着较高的净利润增幅，因此，它的 ROE 下降速度比较缓和。

这种情形下，公司可以通过现金分红比率的调整来保持较高的ROE。比如，B公司可以在第二年拿出一定的现金用于分红，则公司的ROE可以调整为25%。随着时间的推移，B公司可以不断地增加现金分红，以保持ROE的平稳。

我们看一下茅台的净利润增幅和ROE情况。

表10-6　茅台2017—2021年净利润增幅和净资产收益率指标

指标	2021年	2020年	2019年	2018年	2017年
净利润增长率（%）	12.34	13.33	17.05	30.00	61.97
净资产收益率（%）	29.90	31.41	33.09	34.46	32.95

我们可以看出茅台净利润增幅已经连续几年下降，致使公司的净资产收益率连续下降。

如果茅台不能增加现金分红比例或者用现金回购股票，那么公司的净资产收益率会越来越低。

茅台不能放任净资产收益率持续下降，未来几年要么增加现金分红比例，要么回购股票，要么将公司增长率重新拉高。否则必将变得平庸。

在其他条件不变的情况下，如果净利润增幅不是20%，而是50%呢？读者朋友可以自己列表试试看。

结论：高净资产收益率是股价长期走牛的关键，而背后的净利润增长率是关键中的关键。

净利润增长率如此重要，怎么强调都不过分，可以说高增长就是牛股发动机。为了调节净资产收益率的高低，公司往往会进行现金分红。能够长期发放较高股息的公司大概率是好公司，但公司发放股息的目的并不是单纯通过股息来回报股东，很大一部分原因是为了调节净资产收益率。

高净资产收益率是股价长期走牛的关键，而高增长则更加重要，否则大牛股就会失去持续走牛的动力。

巴菲特眼中的净资产收益率

巴菲特曾反复强调：我们判断一家公司经营的好坏，取决于其净资产收益率，而非每股收益的成长与否；除非是特殊的情况（如负债比例特别高或是账上持有重大资产未予重估），否则我们认为净资产收益率应该是衡量管理层表现是否合理的指针。

在巴菲特看来，公司经营业绩的最佳衡量标准，是ROE的高低。他要求他投资的企业 ROE 不但要高，还要稳。

首先，ROE 高低的标准是什么？

巴菲特谈到他选择企业的标准是，不关注企业规模的大小，而以 ROE 高低来论英雄。

宁愿要一家 ROE 是 15%，但是资本规模只有 1000 万元的中小企业，也不愿意要一个 ROE 是 5%，资产规模是 1 亿元的大企业。也就是说，宁选小而美，不要大而烂。

即使是小企业，只要 ROE 能保持 15% 以上，并且净利润持续快速增长较长时间，公司的价值就会不断上升并最终成为行业龙头。

茅台刚上市的 2001 年，公司的营业收入 16 亿元左右，净利润 3.28 亿元。

随后的二十年，茅台的营业收入和净利润保持快速增长，不断拉高公司的净资产收益率和市值。

截至 2021 年末，茅台的营业收入 1094 亿元，净利润 524 亿元，市值曾一度超过 3 万亿元。

如果茅台将账面上现金全部用作分红或者回购股票，那么公司的净资产收益率将会高得吓人。

其次，ROE 一定要稳，稳的内涵是什么？

巴菲特重点强调的是 ROE 要持续保持高水平，不只是一年，要看过去几年甚至十几年的 ROE 是否一直保持比较高的水平。

他正是通过 ROE 这个指标，选出了不少大牛股，其中就包括喜诗糖果、可口可乐和苹果等公司。

A 股市场也不乏高 ROE 的优秀企业，比如茅台、山西汾酒、泸州老窖、片仔癀、东阿阿胶、同仁堂、伊利股份、美的集团等上市公司，这些公司的 ROE 长期稳定地保持较高水平，在股价表现上同样是当之无愧的超级明星。

使用 ROE 的注意事项

一个不错的企业，如果能拥有长期的、可持续的高 ROE，那么这个企业就是我们要寻找的比较理想的投资标的。

但在使用 ROE 时，需要注意以下几点。

一是在财务报表上，企业可能会利用会计手段来调节收入和利润，高 ROE 可能实际上来源于一次性的投资收益、固定资产处置、政府大额补贴、税费返还或减免、一次性利得等非经常性损益，所以还需要根据企业的实际经营现金净流量,以及长期的 ROE 趋势变动情况来进行综合判断。

对于水货公司,要通过排除法过滤掉。

二是挑选企业时,不能只看 ROE 的高低,不能一看 ROE 低就直接排除掉,一看 ROE 高就如获至宝。一些 ROE 低于 20% 但高于 15% 的企业或者 ROE 从 10% 左右逐渐升至 15% 以上的企业也应关注,例如,当年的爱尔眼科、涪陵榨菜等公司的净资产收益率就是从 15% 之下拉起来的。

所以在选股时,我们还需要有一些对行业的基本的理解,对于一些毛利率较高、利润总额排名靠前、净利润增长很快的公司(增长率很关键),即便当年的净资产收益率低于 15%,往往也是很值得关注的公司(见表 10-7、表 10-8)。

表 10-7 爱尔眼科 2012—2018 年简要财务指标

指标	2018 年	2017 年	2016 年	2015 年	2014 年	2013 年	2012 年
净资产收益率(%)	18.55	21.74	21.84	19.66	16.91	14.02	12.80
净利润增长率(%)	35.88	33.31	30.12	38.44	38.34	22.43	6.18
销售净利率(%)	13.31	13.30	14.18	13.79	13.03	11.05	11.10
销售毛利率(%)	47.00	46.28	46.11	46.59	44.91	45.89	44.97

表 10-8 涪陵榨菜 2012—2018 年简要财务指标

指标	2018 年	2017 年	2016 年	2015 年	2014 年	2013 年	2012 年
净资产收益率(%)	30.08	23.76	17.56	12.85	12.12	14.26	13.94
净利润增长率(%)	59.78	61.00	63.46	19.23	−6.15	11.22	43.04
销售净利率(%)	34.57	27.24	22.95	16.91	14.56	16.62	17.74
销售毛利率(%)	55.76	48.22	45.78	44.03	42.39	39.62	42.44

三是 ROE 跟其他财务指标一样,都反映的是过去的财务状况,而未来企业会如何发展,就要结合企业所处的内外部环境等各方面的信息进行整体的预估。比如白酒赛道,时至 2023 年,产销量已经连续 7 年下滑,高增长肯定不可持续,多数企业未来均会进入增长瓶颈。这要引起重视。

总的来说,ROE 是我们挑选优秀企业时的一个极其重要的财务指标,但这仅仅是选股环节,是投资的开端。

过去很好,未来可以更好吗

完成财务数据选股后,我们还需要问自己,目标公司过去的财务表现很好,依靠的是什么?以后的财务表现还可以更好吗?

第 10 章
从财务角度快速找出潜力牛股

这就需要我们进一步去分析目标公司的基本面，搞清楚公司的成长有没有持续性，有没有护城河。

具体来说，我们需要搞清楚公司所处行业的前景、竞争格局、竞争对手情况、政策，以及本公司管理层能力等。最终，看懂目标公司，看到公司的未来，然后才可以进入估值环节。这些内容会在后面两篇中讲解。

三秒排除法，选股事半功倍

选股是投资中绕不开的关口。为了提高选股效率，投资实践中，我们需要大量使用排除法。

在"自上而下"选股法中，盯着好行业，去寻找好生意。而寻找好生意最简单方法就是看财务数据，数据是会说话的。

这个市场上，伟大的公司非常少，只有少数公司具有长牛基因，95% 的公司都不值得一看。提高选股标准，排除掉绝大多数公司，并选择集中持股，这样比较符合价值投资导向。

芒格说，如果把他们最成功的几笔投资去掉，他们就是一个笑话。所以，真正能够给投资者创造巨大收益的公司非常非常少。不能什么生意都想做。

这个市场假货、水货太多，另外，每个人的时间、精力和本金都是有限的，只有将有限的资源用于最确定的机会上才能使投资收益最大化。

所以，排除法必须使用起来。

实践中，我们使用的排除法更多的是从财务角度来说的。下面，就用实例来说一下如何用财务数据快速排除烂公司。一般情况下，排除一个公司，只需要三秒，所以我将之称为"三秒排除法"。

最近几年及未来20年左右，我重点关注的赛道包括嘴巴、医药和高科技（主要是人工智能）等。

首先，看几个嘴巴股，安记食品、光明乳业、桃李面包、盐津铺子等；其次，看几个中药股，同仁堂、九芝堂；最后，看一个骗子公司。

安记食品

先看一下安记食品公司的净资产收益率（见表10-9），这是核心指标。

表 10-9　安记食品 2018—2022 年盈利能力指标

指标	2022 年	2021 年	2020 年	2019 年	2018 年
净资产收益率（%）	2.57	8.22	9.14	7.09	5.52
毛利率（%）	16.30	21.57	24.75	27.01	30.86

公司的净资产收益率太低，常年在 15% 以下，这样就可以直接排除了。

净资产收益率是公司的核心指标，是公司经营结果的最终体现。高净资产收益率是股价长期走牛的关键。

再看一下安记食品的毛利率。优秀的公司，毛利率一定是既高且稳定，甚至是长期趋升的。2018 年安记食品的毛利率为 30.86%，然后年年下滑，2022 年毛利率只剩下 16.30%，五年时间近 15 个点的毛利率没了。

毛利率反映的是公司的定价权，反映的是公司是否被需要。安记食品的毛利率一路下滑，说明公司定价能力太弱，要么是竞争太激烈，被迫降价，要么是市场需求本来就不旺盛，产品并不是难以替代的。在这样的市场环境里，生意太难做，钱太难赚。

至于是哪种情况，没必要关心，直接排除即可。其他财务指标也没必要看了。

如果不甘心，那再看一下公司的净利润走势（见图 10-6）。

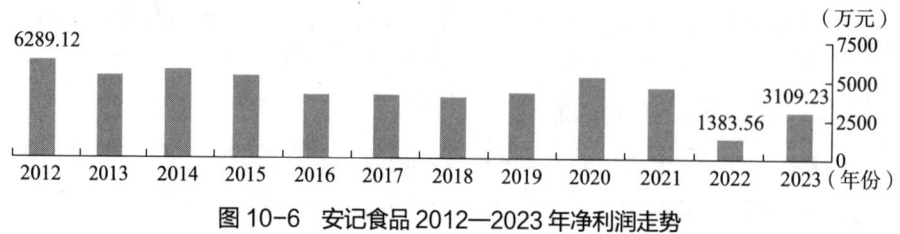

图 10-6　安记食品 2012—2023 年净利润走势

公司的净利润几乎是稳步下滑，这样的公司，它的内在价值肯定是越来越低的。

公司就像人一样，如果一个人的年收入持续下降，那么他的社会地位、家庭地位肯定越来越低，甚至吃饭都难。

数据这关过不了，公司的招股说明书、年报、公告等内容也就不要看了，节省时间。

光明乳业

我们直接看净资产收益率（见表 10-10）。

表 10-10　光明乳业 2017—2022 年盈利能力指标

指标	2022 年	2021 年	2020 年	2019 年	2018 年	2017 年
净资产收益率（%）	4.57	9.35	10.19	9.03	6.28	11.92
毛利率（%）	18.65	18.35	25.81	31.28	33.32	33.31

很明显，光明乳业公司的净资产收益率较低，不稳定，且总体呈下降趋势。在乳业高速发展的过去 20 年，公司都没能力将净资产收益率推升到 15% 以上，更别说在房地产落潮、新生儿出生率大幅下降的时代背景下了。这样的数据就直接排除不看了吧。三秒排除。

不仅如此，公司的毛利率也是长期呈下降趋势的。2017 年毛利率为 33.31%，2022 年就跌到了 18.65%，将近 15 个点的毛利率没了。毛利率长期大幅下降，要么是因为竞争太激烈，要么是因为公司的产品根本没市场，又或者是公司的经营能力太弱。

光明乳业的莫斯利安是很好的产品，很多消费者都喝过，牛奶的市场需求是存在的，那么问题定然是出在公司自身。看到这里，也还是直接排除。

三秒排除，这样的数据就不要浪费时间了。

如果还不服气，那就再看看公司的净利润增长情况吧。过去 6 年时间，有 3 年的时间，净利润是负增长的（见表 10-11）。

表 10-11　光明乳业 2017—2022 年成长能力指标

指标	2022 年	2021 年	2020 年	2019 年	2018 年	2017 年
净利润（亿元）	3.61	5.92	6.08	4.98	3.42	6.20
净利润同比增长率（%）	−39.11	−2.55	21.95	45.84	−44.87	10.06

利润动不动就陷入负增长，说明公司对于自己命运的把握能力太弱。排除吧。

桃李面包

先看公司的净资产收益率。2017—2020 年，公司的净资产收益率在 20% 附近，是可以达到选股最低要求的（见表 10-12）。但在 2021 年下滑到 16.01%，2022 年进一步下滑到 13.10%，2023 年前三季度仅为 9.25%。

净资产收益率的下滑主要是因为毛利率持续下降，同时公司的营业收入增长率也从两位数下降到了个位数，然后 2021 年、2022 年两年的净利润全都陷入了负增长。

表 10-12　桃李面包 2017—2022 年的主要财务指标

指标	2022 年	2021 年	2020 年	2019 年	2018 年	2017 年
净资产收益率（%）	13.10	16.01	21.98	19.56	19.71	22.36
毛利率（%）	23.98	26.28	29.97	39.57	39.68	37.70
净利润（亿元）	6.40	7.63	8.83	6.83	6.42	5.13
净利润同比增幅（%）	−16.16	−13.54	29.19	6.42	25.11	17.85

毛利率的下滑以及销售收入增长乏力，说明公司的产品卖不动了。这样的数据，就可直接排除了。

盐津铺子

公司于 2017 年上市，随后，净资产收益率一路提高，从 2017 年的 11.96% 增长到 2022 年的 30.65%（见表 10-13）。总体趋势是不错的。

2023 年三季报的净资产收益率仍然达到了 32.42%。这么高的净资产收益率，在整个食品饮料赛道都是罕见的。

从这个角度看，是无法直接排除这个公司的。

但 2021 年，公司的净资产收益率出现了短暂的下降，主要原因是公司的净利润在当年出现了下滑。如果采用非常严格的标准，就可以直接排除了。但是净利润的下降并没有使公司的净资产收益率跌到 15% 以下，所以问题也不大。还可以再看看其他指标。

接下来，我们看看公司的营业收入和净利润走势。

表 10-13　盐津铺子 2017—2022 年成长能力指标

指标	2022 年	2021 年	2020 年	2019 年	2018 年	2017 年
净资产收益率（%）	30.65	18.14	27.59	18.21	11.45	11.96
净利润（亿元）	3.01	1.51	2.42	1.28	0.71	0.66
净利润同比增幅（%）	100.00	−37.65	88.83	81.58	7.27	−23.25

近几年，公司营业收入保持较快增长，净利润也保持较快增长，其中在 2021 年，公司营业收入正增长，但当年公司的净利润却出现了负增长，主要因为疫情导致了销售渠道去中心化，公司主动转型并优化渠道结构导致费用增加，进而影响了短期业绩。

2021 年净利润负增长的同时，公司的经营活动产生的现金流量净额并未下降，所以，利润的下滑只能算是短期因素，没有长期影响。

净利润的短期波动，不构成排除依据，但如果无法接受净利润负增长，那么也就可以直接排除了。

在公司净利润长期增长的同时，公司的现金流也是非常充沛的。每个年度，公司经营活动产生的现金流量净额均大于当期净利润数值（见表10-14）。

表10-14　盐津铺子2018—2022年净利润和经营现金流

指标	2022年	2021年	2020年	2019年	2018年
净利润（亿元）	3.01	1.51	2.42	1.28	0.71
经营现金流（亿元）	4.26	4.78	3.41	1.84	1.55

再接下来，我们看看公司的毛利率。

公司的毛利率在一个较长的周期里也处于不断下滑的状态，6年里12个点的毛利率没了（见表10-15）。

表10-15　盐津铺子2017—2022年的毛利率

指标	2022年	2021年	2020年	2019年	2018年	2017年
毛利率（%）	34.72	35.71	43.83	42.87	39.13	46.83

一般情况下投资者无法接受目标公司毛利率长期下滑的现实。如果标准足够严格，或者我们有足够多的可供选择的投资标的，就可以直接排除盐津铺子了。

公司毛利率的持续下滑，一般说明公司处于一个竞争比较激烈的经营环境中，这样的环境很难确保企业的护城河长期不被攻破。也就是说，未来具有不确定性。

所以，对于毛利率长期下滑的公司，最稳妥的办法是排除掉。或者是暂时放到观察区里。拉长时间，慢慢看答案。

同仁堂

我们先看同仁堂公司的净资产收益率（见表10-16）。

表10-16　同仁堂2017—2022年盈利能力指标

指标	2022年	2021年	2020年	2019年	2018年	2017年
净资产收益率（%）	12.71	11.99	10.82	10.34	12.83	12.55
毛利率（%）	48.80	47.62	47.04	46.76	46.7	46.24

同仁堂的净资产收益率长期处于15%以下，看到这里似乎就可以排除了。

其实公司的净资产收益率并非如此低。公司账面上有大量现金，而这些现金几乎完全不参与创造"净资产收益率"，当我们扣除这部分现金时（或者说公司将现金全部用于分红或者回购股票），公司的净资产收益率就会远远超过20%。

2021年末，公司账面现金99亿元，根据公司的经营现金流情况及市场地位，公司每年保留20亿元现金在账上，就足够了。也就是说，要先扣除80亿元现金后，再计算公司的净资产收益率才比较合理。

2022年，公司净利润14.26亿元（见表10-17），净资产38亿元（2022年的归母所有者权益118亿元减去80亿元）。粗略计算，公司真实的净资产收益率达到36%左右。

一般情况下，用财务数据选股，先要看到财务数据的亮点，然后思考为什么这么"亮"？接着才需要阅读招股说明书、年报和公告等资料，并思考数据背后的原因。

看一下公司的毛利率吧（见表10-16）。公司的毛利率总体平稳，缓慢趋升，很好。一般行业竞争激烈或公司没有核心竞争力，毛利率均会持续下降，反之毛利率则会趋升。但公司的毛利率似乎有点低了，行业里其他心脑血管中药企业的毛利率几乎都在65%以上。未来，同仁堂还有很大的提价空间。这也可以看作是未来的成长性吧。

再来看一下公司的现金流量。

表10-17 同仁堂2018—2022年净利润和经营现金流

指标	2022年	2021年	2020年	2019年	2018年
净利润（亿元）	14.26	12.27	10.31	9.85	11.34
经营现金流（亿元）	30.94	34.26	21.75	22.74	19.28

每个年度公司经营活动产生的现金流均远远大于公司当期净利润的数值。

经营活动产生的现金流量净额扣除当年度的资本开支可以大致看作自由现金流。然后对公司自由现金流进行折现并将多年的折现数值加总，就可以大致得出公司内在价值了。

同仁堂的经营活动产生的现金流非常高，且资本开支非常少，也就是说，同仁堂的内在价值是非常高的。

同仁堂具有极高的净资产收益率，非常充沛的经营现金流，以及非常响亮的品牌声誉，所以同仁堂是要作为自选股保留的。

九芝堂

我们直接看九芝堂公司的净资产收益率，很明显，2018年以后公司的净资产收益率长期达不到 15%，且数据忽高忽低（见表 10-18）。

表 10-18　九芝堂 2017—2022 年净资产收益率指标

指标	2022 年	2021 年	2020 年	2019 年	2018 年	2017 年
净资产收益率（%）	9.10	6.91	6.94	4.70	7.52	16.49

另外，公司的营业收入和净利润动不动就陷入负增长（见表 10-19），说明公司根本无法掌控自己的命运。一旦出现负增长的情况，投资者就会受到惊吓，股价就会大幅下跌。太考验人性了。

所以，直接排除不看。

表 10-19　九芝堂 2017—2022 年成长能力指标

指标	2022 年	2021 年	2020 年	2019 年	2018 年	2017 年
净利润（亿元）	3.58	2.71	2.72	1.92	3.36	7.12
净利润同比增速（%）	32.25	−0.59	41.72	−42.89	−52.76	9.27

美尚生态（ST 美尚）

美尚生态在 2024 年初非常出名，这家公司明确地说，咱就是造假的，哪哪都是假的。这家公司公然挑战监管底线，很多媒体都在解读。

要想避开这类风险，其实也很简单，用"三秒排除法"。

投资的底层逻辑是净利润长期大幅增长，股价才有长期上涨的动力。

大家看一下美尚生态的数据，净利润处于长期亏损状态（见表 10-20），三秒钟，就够了，直接排除。

表 10-20　美尚生态 2019—2023 年净利润

指标	2023 年	2022 年	2021 年	2020 年	2019 年
归母净利润（亿元）	−5.45	−6.87	−10.45	−0.92	2.34
同比增速（%）	20.68	34.28	−1040.23	−139.24	−33.82

有人可能会说，在 2019 年之前，公司的净利润不是正数嘛，那就再看一眼其他数据。

比如，2016—2017 年营业收入分别是 9.49 亿元和 20.69 亿元，而公司当时的应收账款分别达到了 12.62 亿元和 19.52 亿元。

可以看出，公司的营业收入全部变成了"狗肉账"了。没有现金流入账。

这样的公司，直接排除就好了。不用跟它纠缠。也就是说，在 2016 年，就可以把公司排除了。那么造假就伤害不到你。

A股市场5300家公司，通过三秒排除法，可以排除90%的公司。最终剩下的公司很少。

然后，我们再去阅读公司的年报和招股说明书，再次开启商业角度的排除。

阅读资料过程中，我们要问自己：公司是赚钱机器吗？有护城河守护公司的生意吗？价格足够便宜吗？这就是投资的思考过程。

财务是用来选股的，更是用来排除公司的。这里讲的仅仅是选股的一个角度，很好用。

请诸君多思考，或许可以达到举一反三的效果。

以上公司，绝大多数都是排除不看的，但不是说它们完全不行，它们中或许也有部分公司在某些时候会走出不错的行情。

但投资就是对比分析，我们有更好的公司可供选择，自然就要排除业绩不太确定的公司。

你眼中的大白马，三秒排除

本节将通过同行业中两家公司的数据对比，加深读者朋友对于"三秒排除法"的理解。以珀莱雅和贝泰妮作为正反两个案例。

贝泰妮是很多投资者眼中的大白马，但实际上并非如此，而且是三秒钟就可以排除的公司。而珀莱雅的数据就非常漂亮，是可以加入自选股并进一步深入研究的。

先看珀莱雅的财务数据。

2023年，公司营业收入89.05亿元，同比增长39.45%。归属于上市公司股东的净利润11.94亿元，同比增长46.06%。归属于上市公司股东的扣非净利润11.74亿元，同比增长48.91%（见图10-7）。

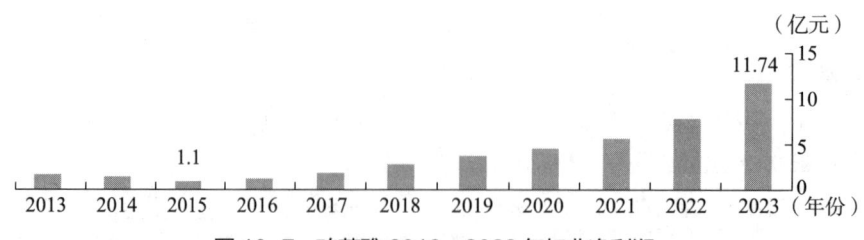

图10-7 珀莱雅2013—2023年扣非净利润

营业收入和净利润增速很快，直接推高了公司的净资产收益率。2023 年，公司的净资产收益率高达 29.94%（见表 10-21）。这么高的净资产收益率在整个大 A 市场也是屈指可数的，是个赚钱机器。

表 10-21　珀莱雅 2017—2023 年销售毛利率

指标	2023 年	2022 年	2021 年	2020 年	2019 年	2018 年	2017 年
毛利率（%）	69.93	69.70	66.46	63.55	63.96	64.03	61.73
净资产收益率（%）	29.94	25.95	22.25	21.82	21.24	18.28	27.93

最近七年，珀莱雅的毛利率从 61.73% 提高到 69.93%，说明公司具有定价权，产品越来越好卖，渐入佳境。公司毛利率持续缓慢提高，净利润也在提高。

毛利率一般反映的是企业的定价权。如果一个企业的毛利率持续下降，要么是行业需求见顶，要么是行业竞争太激烈，要么是本公司没有竞争优势。

大家都知道化妆品行业的竞争是比较激烈的，产品和品牌也非常多，但珀莱雅的毛利率竟然能够持续提升，这说明，珀莱雅手里有两把刷子。至于它手里的刷子长什么样，大家可以琢磨琢磨。这是商业层面的问题了，是下一步要研究思考的。

2023 年公司的营业收入高达 89.05 亿元，而应收票据及应收账款很少，仅有 3.45 亿元（见表 10-22），主要来自京东，这么点儿应收账款可以忽略。

表 10-22　珀莱雅 2018—2023 年营业收入、应收票据及应收账款

指标	2023 年	2022 年	2021 年	2020 年	2019 年	2018 年
营业收入（亿元）	89.05	63.85	46.33	37.52	31.24	23.61
应收票据及应收账款（亿元）	3.45	1.02	1.39	2.85	1.98	0.97

2023 年公司应付票据及应付账款为 10.55 亿元，合同负债逐渐增长，达到了 3.01 亿元，历史最高了（见表 10-23）。这都是免费占用的上下游客户的现金，可见公司在产业链上的地位相对强势。

表 10-23　珀莱雅 2018—2023 年应付票据及应付账款与合同负债

指标	2023 年	2022 年	2021 年	2020 年	2019 年	2018 年
应付票据及应付账款（亿元）	10.55	5.45	4.83	5.80	3.89	4.15
合同负债（亿元）	3.01	1.75	0.91	0.31	—	—

公司应收票据及应收账款控制得不错，现金流很充沛，账面有 40 亿元的现金。赚到的都是真金白银。

在营业收入高速增长的情况下，公司的存货周转率还在加快。非常难得。

公司的在建工程可以忽略不计，固定资产也很少。公司符合投入一定而产出无限大的财务特征，确实是个赚钱机器。赚到的钱，不用拿去投资厂房、设备等，这样，它的现金都是可以拿来分配给股东的。

公司研发费用为 1.73 亿元，增长 35%。89.05 亿元的营业收入，对应这么点儿研发费用，这生意太好了。不需要太多的资本开支，也不需要太多的研发支出。

公司高管薪酬水平较高，核心高管全部持股，人的问题得到了解决，他们有动力将公司净利润干上去。

投资的底层逻辑是，公司净利润长期大幅增长，股价才有长期上涨的动力。很显然，珀莱雅可以加入自选股，以待考察。

接下来看一下贝泰妮。

先看公司的毛利率和净资产收益率（见表 10-24）。

表 10-24　贝泰妮 2017—2023 年的盈利能力指标

指标	2023 年	2022 年	2021 年	2020 年	2019 年	2018 年	2017 年
毛利率（%）	73.90	75.21	76.01	76.25	80.22	81.16	81.28
净资产收益率（%）	13.21	20.48	23.33	56.57	65.81	72.06	67.41

从 2017 年开始，贝泰妮公司的毛利率持续下滑，2017 年毛利率高达 81.28%，2023 年的毛利率下滑至 73.90%。也就是说，它的毛利率长期下滑，一年比一年低。另外，2021 年上市之后，公司的净资产收益率也随着毛利率的下滑而下降至 15% 以内。

毛利率的下降，一般只有几种情况：要么是行业供给越来越多，竞争越来越激烈了；要么是公司本身没有竞争优势了；要么是行业需求见顶了。

如果需求旺盛，如果产品容易销售，如果公司有核心竞争优势，那么公司的毛利率断然是不可能下降的。

毛利率反映的是公司的定价权。很显然，贝泰妮没有定价权，没有护城河。它的净利润没有持续增长的确定性，所以，结论是排除不看。

扫一眼毛利率和净资产收益率，只需要三秒钟就可以排除了，能三秒排除的，大家就不要花费五秒钟。

同样是化妆品，同样是走线上销售，你的毛利率持续下滑，同行的毛利率持续提高。很显然，问题出在你自己身上。

投资就是对比分析。

这么一对比,投资是不是就好做了?

毛利率95%的西藏药业,有长牛气质吗

西藏药业是心脑血管领域的企业,公司毛利率为95%,看着非常惊艳,其能否达到选股的最低要求?价值投资的完整过程如何落地?

带着这两个问题,思考一下。

第4章说过,一个完整的投资过程大概需要经过六个步骤:

第一步,站在特定的时代背景下选择投资赛道;

第二步,在本赛道内,进入选股环节,正向选择,逆向排除;

第三步,阅读理解,对比分析,看懂目标公司;

第四步,保守地估值定价;

第五步,确定买入的价格区间;

第六步,等待打折促销,买入并持有。

在老龄化背景下,最确定的投资赛道是医药,现在老年人口超过2亿人,到2050年前后,老年人口数量能达到5亿人左右。

那么我们就盯着医药赛道,盯着三大慢性病细分领域的核心公司并进行深挖,就可以提高投资的确定性。

第一步完成。

接下来进入第二步的选股环节,正向选择,逆向排除。

西藏药业全称是西藏诺迪康药业股份有限公司,股票代码600211,公司于1999年上市,截至写作这部分内容时,公司市值在115亿元附近。一个上市24年的公司,至今市值才这么点儿,我们大概能猜到,公司这些年发展得并不顺利,或者说谈不上好。

西藏药业是医药制造类公司,主要产品涉及心脑血管、肝胆、扭挫伤及风湿、类风湿、感冒等领域,代表品种有新活素、依姆多、诺迪康、十味蒂达胶囊、雪山金罗汉止痛涂抹剂、小儿双清颗粒等。

公司产品新活素是自主研发的国家生物制品一类新药,作为治疗急性心衰的基因工程药物,能快速改善心衰患者的心衰症状和体征,提高患者的生存质量,并降低患者的住院治疗费用和缩短住院时间。新活素在国内是独家生产,填补了国内治疗急性心衰的基因工程药物的空白。

公司另外两个心血管领域的产品依姆多和诺迪康胶囊被纳入《国家基本药物目录》（2018年版），其中诺迪康是以红景天为原料的国药准字号的双跨药品（处方药和非处方药）；诺迪康除了药用，同时也可以改善血液循环、提升血液的携氧能力和提高组织细胞利用氧的能力，以保障服用者的身体健康。2021年，公司在诺迪康胶囊的基础上，推出了诺迪康颗粒剂型，具有吸收性强、生物利用度更高的优势。

财务数据是用来排除公司的，一般情况下，排除一家公司只需要看几个指标，三秒钟就够了。

但西藏药业的数据却暗藏玄机，需要先放进观察区，然后通过阅读年报才能给出排除或者保留的答案。

我读过公司年报，心里是有结论的，为了带读者朋友们看一下完整的投资过程，咱们就多绕几个弯子。

净资产收益率是公司的核心指标，高净资产收益率是公司股价长期走牛的关键。

在选股时，大家一定盯着核心指标净资产收益率，连续10年超过20%的最好。但这样的公司极少。在选股阶段可以适当放宽标准，而在投资决策环节就要尽可能严格要求。

那我们就直接看西藏药业的盈利能力指标吧（见表10-25）。

表10-25 西藏药业 2017—2022 年盈利能力指标

指标	2022年	2021年	2020年	2019年	2018年	2017年
销售净利率（%）	14.69	9.96	30.64	25.27	21.22	25.59
毛利率（%）	94.26	89.56	85.80	83.55	79.92	73.83
净资产收益率（%）	13.18	8.09	15.09	13.49	10.07	14.62

很显然，西藏药业的净资产收益率忽高忽低，而且长期徘徊在15%之下，数据走势也毫无规律可言。

如果按照巴菲特的最严标准来选股，看到这里，我们就可以排除西藏药业了。结论已经有了，三秒排除。

但是，为了多一点阅读、思考和对比，我们一般将 ROE 在 15% 以上作为选股时的最低要求。

净资产收益率低于15%，但如果能够长期地缓慢提升，并靠近15%，再超过15%，那也是可以保留并进一步分析观察的。

即便放低了要求,西藏药业近几年的净资产收益率的数据仍然达不到最低标准。

为了多了解这类医药公司,咱们就勉为其难,再看看其他指标。如看看公司的营业收入和净利润增长情况(见表 10-26)。

表 10-26　西藏药业 2017—2022 年成长能力指标

指标	2022年	2021年	2020年	2019年	2018年	2017年
净利润(亿元)	3.70	2.09	4.18	3.12	2.16	2.30
净利润增长率(%)	77.01	−50.03	33.87	44.86	−6.11	15.81
扣非净利润(亿元)	3.69	0.67	3.65	3.05	1.53	1.61
扣非净利润增长率(%)	453.58	−81.74	19.87	99.29	−5.26	−3.60
营业收入(亿元)	25.55	21.39	13.73	12.56	10.28	9.16
营业收入增长率(%)	19.45	55.75	9.32	22.20	12.26	14.91

2017 年、2018 年和 2021 年,公司的扣非净利润出现过负增长,净利润的不稳定或者负增长会导致股价在随后出现大幅杀跌走势,这是非常考验人性的。

六年的时间内,出现过三次扣非净利润的负增长,说明公司对于自己未来的命运把控能力比较弱,或者说公司对于股东回报并不关心。

令人费解的是这六年时间内,公司的毛利率还是持续提升的(见表 10-25)。在毛利率持续提升,且营业收入年年增长的情况下(见表 10-26),竟然出现了三个年份的净利润负增长情况。

这样的数据特征(毛利率持续提高、营业收入持续增长,而净利润出现了负增长),一般情况下,都是有原因的。如果找不出原因,那么看到这里,一般就不要再浪费时间了,直接扔掉。

为了搞清楚原因,分别看一下 2017 年、2018 年和 2021 年的年报,就知道数据负增长是怎么回事了(这个后面再说)。

如果我们仅仅看 2022 年年报数据和 2023 年前三季度的数据,我们会发现公司的数据已经开始逐渐走好了。

2022 年,公司的营业收入 25.55 亿元,同比增长 19.45%;净利润 3.70 亿元,同比增长 77.01%。公司净资产收益率 13.18%,虽然未达到 15%,但比 2021 年 8.09% 的净资产收益率是有所提高的,且逐渐靠近了 15%。

2022年公司的毛利率高达94.26%，且过去六年，公司的毛利率从73.83%一路提高到2022年的94.26%。毛利率持续提高，一般反映的是企业的产品竞争力较强，需求在提升。

我们再来看看2023年前三季度的数据。

2023年三季报营业收入23.68亿元，同比增长20.93%；扣非净利润7.32亿元，同比增长62.22%。三季报毛利率高达95.34%，持续在提高，此时的净资产收益率竟然高达25.92%。

看公司的三季报，当前的营业收入和净利润大幅提高，毛利率持续上升，净资产收益率还被推高到了20%以上。这样的数据，如果直接排除公司又是非常可惜的。

既然如此，我们就再看看其他数据吧。

我们分季度地看一下2023年每个季度的数据，会发现，第三季度的营业收入同比和环比都是负增长的，扣非净利润也出现了负增长。

我们看到，公司数据刚走上高增长道路，刚开了个好头，怎么第三季度就出现了滑坡呢？难道是2023年8月初的医药反腐消息影响了公司的销售，还是说"不稳定"本来就是公司的标签呢？

这些问题的答案，在公司最近（2023年报披露前）的投资者互动中有给出过。

投资者提问：公司三季度收入同比大幅下滑，请问是否受反腐的影响？四季度是否同比下滑？

公司表示：前三季度营业收入23.68亿元，同比增长20.93%。第四季度数据还在统计中。在如此的环境下，短期对医药行业会有一定的影响，但从长远来看，有利于医药行业的健康高质量发展，对合规经营的企业是有利的。公司将一如既往地坚持合规经营，优化完善合规管理体系，促进公司健康发展。

很显然，第三季度的负增长与医药反腐和院内推广受阻有一定的关系。但是从长期看，影响不大。

我们在投资中，重点关注目标公司盈利增长的确定性，而西藏药业的数据给人的感觉恰恰就是不稳定。

但是公司的高毛利、近期的高净资产收益率的财务特征以及一个季度的波动并不能说明什么问题，既然如此，我们就继续看看其他数据。

看看现金流的数据吧。

从表10-27可以看出，公司在每个时点的经营现金流净额都还不错。

第10章 从财务角度快速找出潜力牛股

表 10-27 西藏药业 2019 年至 2023 年 9 月的净利润和经营现金流净额

指标	2023 年 9 月	2022 年	2021 年	2020 年	2019 年
净利润（亿元）	8.5	3.7	2.0	4.18	3.12
经营现金流净额（亿元）	7.8	8.3	3.6	4.2	4.90

截至 2023 年 9 月，公司的应收账款 3.98 亿元，而 2022 年的营业收入是 25.55 亿元，2023 年前三季度营业收入是 23.68 亿元。相比之下，这么点儿应收款就可以忽略不计了。

截至 2023 年 9 月，公司货币资金及交易性金融资产合计 25.16 亿元，短期借款 7.56 亿元，长期负债为零，无债券。很显然，公司没有多少财务负担。

但是，公司完全有能力将短期借款一次性清偿掉，为何不呢？要想搞明白这个问题，就不得不阅读年报了，或者直接询问公司的董秘。

在现金分红方面，公司每年现金分红金额和比例都不稳定，但最近几年几乎每年都有现金分红，截至 2023 年底，公司累计现金分红 11.61 亿元，而首发和增发合计从股票市场上融资 14.95 亿元。

只要再努努力，公司就可以将从资本市场融到的资金全部还给股东了。总体来看，公司回报股东的意愿还是有的，只是耗时太久，回报偏低。

随着业绩的改善，公司现金分红比例大幅提高，且 2023 年进行了两次现金分红。粗略计算，2023 年现金分红总额达到 4.81 亿元。

接下来，我们看看公司的年报，回答一下前面提出的问题（见图 10-8）。

五、报告期内主要经营情况
　　报告期内，公司实现营业收入213,858.66万元，与上年同期相比增加76,548.14万元，同比增长55.75%；归属于母公司股东净利润为20,893.81万元，与上年同期相比减少20,915.78万元，同比下降50.03%；归属于上市公司股东的扣除非经常性损益的净利润6,669.38万元，与上年同期相比减少29,863.83万元，同比下降81.74%。
归属于上市公司股东的净利润减少主要由以下因素共同影响：
　　（1）依姆多无形资产减值损失4.58亿元。
　　（2）非经常性损益的影响：本公司持有斯微（上海）生物科技股份有限公司股份3.35%，公允价值变动影响增加归属于上市公司股东的净利润13,433.14万元。
　　（3）主营业务收入较去年同期增长56.18%，其中新活素销售收入较去年同期增长75.57%；剔除上述两个因素，2021年归属上市公司股东的净利润较去年同期增长22.75%。

图 10-8 西藏药业 2021 年年报

2021 年，公司扣非净利润负增长 81.74%。

第一个原因是，公司的依姆多无形资产减值损失 4.58 亿元。

第二个原因是，公司持有斯微（上海）生物 3.35% 的股份，公允价值变动影响增加归属于上市公司股东的净利润 1.34 亿元。

两项相抵，仍然使公司的净利润减少了 3.24 亿元。

这些对于净利润影响的因素，虽然是短期因素，但六年里出现三次这样的影响，实属不应当。

实践中，公司利润出现负增长时，即便公司有公告说明，也难免导致股价大幅杀跌。

2017 年和 2018 年的具体原因就不看了。

在投资中，我们重点关注目标公司盈利增长的确定性，而西藏药业的数据给人的感觉恰恰就是不稳定。

所以，即便公司数据有好转，仍然是要排除的。因为"不稳定"三个字，太考验持股体验，也太考验人性了。

除此之外，西藏药业还存在其他几个排除因素。

第一，公司单品依赖非常严重，而且研发支出太低，没有安排适当的研发管线。

在 2022 年年报中，公司表示：公司产品销售收入稳步增长，2022 年度主营业务收入 25 亿元，同比增长 19.67%。新活素销售占年度销售收入的 88.44%，较上年同期增长 33.71%。

很显然，这就是单品依赖。一旦有同业竞品出来，公司业绩增长就会出现更大的不确定性。

然后公司的诺迪康是 1999 年上市时就有的老产品，这么多年过去了，硬是没有放量，因此未来也不要指望了。

公司的依姆多来自 2016 年的一次收购，对手是阿斯利康，这么多年过去了，销售照样没有起色，也不要太寄予什么期望了。

2022 年末，公司研发人员只有 37 人，且 2023 年前三季度公司的研发费用支出只有 831.94 万元，对于一个生物医药企业来说，这太少了。

在 2023 年 12 月的一次投资者关系活动中，当投资者问及公司自研产品情况、BD 规划等问题时，公司表示：目前公司自研品种储备较少，近期暂不会有新的自研产品上市。按照公司战略规划，未来发展仍以高科技生物领域为主，主要是通过购买、联合研发等多种方式来扩充产品线，提升公司抗风险能力。

一个生物医药公司，完全没有自研能力，没有适当安排研发管线，完全寄希望于购买产品，那自然是没有发展后劲的。好的潜力产品，那么多眼睛盯着呢，凭什么会卖给你。

第二，在疫情期间公司与俄罗斯合作研发了新冠疫苗，但目前该项目已经暂停，存在减值的必要（见图10-9）。

> 2022年以来，由于国际局势、全球新冠疫苗供应过剩等不利因素的影响，俄罗斯疫苗技术转移相关工作比预期滞后，且后续实现出口返销的不确定性加大，为了控制风险，经公司谨慎考虑，已暂停本项目的推进。
> 截至2022年12月31日，本项目生产线建设、技术转移以及生产用材料已共计花费7.46亿元（含税），其中购买厂房1.66亿元，生产线建设4.04亿元，技术转移8,558.55万元，生产用材料8,958.49万元。
> 报告期内，该项目已暂停，疫苗生产线目前尚无合适的合作方，暂未得到有效利用。根据相关规定，对俄罗斯疫苗项目相关长期资产、存货计提减值损失及开发支出转费用化共计32,729.27万元（其中9,889万元已在2022年半年报中体现）。该腺病毒疫苗生产线具有模块化、多任务、多功能、柔性生产特点和规模化优势，将来也可以开发、合作新型疫苗和生物制品，包括代工其他腺病毒疫苗。公司将继续积极寻求合作方，以提高资产利用率。

图10-9　西藏药业公司2022年年报

对西藏药业的情况，做一下总结。

（1）数据不稳定，忽高忽低，就像走在沼泽地里，深一脚浅一脚，内心难免犯嘀咕。

（2）单品依赖严重，一旦面临竞品的压力，公司业绩和股价随时可能跌入深渊。

（3）无后续研发管线跟上，后劲不足。

（4）存在减值压力。

综上，西藏药业有上述四大地雷，且无法绕开，所以就直接排除，或者放到观察区，等几年再看。

选股就是这么选的，一个完整的投资过程就是这样的。我的投资方式是通用的，不仅适用于二级市场股票投资，也完全适用于一级市场的股权投资。

因为西藏药业的业绩增长具有较大的不确定性，无法进入"待投资"区间，所以，就不存在估值是否合理的问题了。

低估值高股息，熊市创新高的奥秘

除了本篇介绍的财务指标选股方法，在弱市行情里，大家还可以多考虑一下高股息的公司。

在熊市里，泥沙俱下，投资非常难搞，2024年初的崩盘行情，一不小心就是一个腰斩。

最近几年，机构投资者亏损 50% 以上的比比皆是。但高股息的公司，在熊市里也套不住。不仅套不住，往往还会逆势创新高。这样的高股息公司有国药控股、上海医药、丽珠集团、双汇发展、伊利股份、宁沪高速、陕西煤业、长江电力、华能水电、中国神华、中国海油等。

持有这些公司的股票在熊市的杀跌氛围中，毫无参与感。

高股息的公司股价走势那么坚挺，背后的原因是什么呢？

关键原因是，高股息的公司现金流极充沛，估值极低，往往还具有较为确定的成长性，它们具有高分红的实力，也有回购股票并注销的实力。

例如，陕西煤业，最近两年经营活动产生的现金流量净额达 1087 亿元。而公司对应的市值才 1300 多亿元（见表 10-28）。

表 10-28　陕西煤业近几年的经营现金流

指标	2022 年	2021 年	2020 年	2019 年	2018 年
经营活动产生的现金流量（亿元）	561.25	526.08	211.47	193.81	197.58

这么发展下去，四到五年的时间，公司就能产生足够多的现金，将股票全部回购注销。

截至 2022 年底，公司账面现金为 691 亿元，有息负债合计额仅为 43 亿元。这样发展下去，四五年后，公司账面现金将会超过股票市值了。

换一个角度说，假设我们贷款 1300 亿元将陕西煤业全部买下，用四五年的时间，公司产生的现金流就足以将银行贷款清偿掉。

这样我们就白得了一个干干净净的印钞机。

我们还可以从股息率角度理解陕西煤业，当时公司的股息率超过 15%。

如果作为长期股东，持有 7 年以上，那么依靠股息就可以回本，至于股价上涨的差价完全可以不关心了。

再比如丽珠集团，公司账上有 100 亿元现金，我们假设 100 亿元现金对应 100 亿元市值，那么现在市值就从 320 亿元变成了 220 亿元。

公司每年产生 20 亿元净利润，就算公司净利润不再提高了，11 年就回本了。那就是相当于 11 倍市盈率。

但是公司的基本面是非常好的，净利润是会保持增长的。

考虑到增长，可能 7 年左右就回本了，这就是 7 倍市盈率。

这样的生意是不是好生意？这样的估值是不是非常明确地低估了？

显然是的。

这就是高股息策略能够在熊市里持续创新高的奥秘。

以上内容主要是讨论选股和估值的方法，列举的公司也只是为了说明问题，请大家独立思考。

投入一定而产出无限大的公司都是牛股

要投就投那种，投入一定而产出往往无限大的公司，这样的公司往往都是大牛股。

白酒龙头公司就是投入一定而产出无限大的典型。例如，茅台2022年的固定资产197亿元，在建工程22亿元，但对应的营业收入和净利润分别达到了1275亿元和627亿元。

中药龙头公司也是这样，投入一定，而产出无限大。这种财务特性，从报表里就能看出来。

第一，看资产负债表中固定资产和在建工程的增长情况是否比较克制。一般情况下，投入一定而产出无限大的公司，它们的固定资产和在建工程很少出现快速增长的情况，甚至好多年都没有在建工程。

例如，同仁堂固定资产长期维持在38亿元附近，而在建工程这几年基本就在1亿元左右（见表10-29）。

表10-29 同仁堂固定资产和在建工程数据

指标	2022年	2021年	2020年	2019年	2018年	2017年
固定资产（亿元）	38.09	39.38	40.81	38.58	21.85	19.52
在建工程（亿元）	1.36	0.84	1.28	0.51	14.15	0.51

东阿阿胶也是如此，近几年固定资产长期维持在20亿元左右，并逐年减少。在建工程基本维持在每年1亿元以内（见表10-30）。

表10-30 东阿阿胶固定资产和在建工程数据

指标	2022年	2021年	2020年	2019年	2018年	2017年
固定资产（亿元）	19.63	20.62	22.25	21.80	17.34	17.10
在建工程（亿元）	0.02	0.01	0.27	0.98	2.55	2.17

片仔癀的财务数据类似，2022年公司固定资产2.61亿元，却支撑了86.94

亿元的营业收入和 24.72 亿元的净利润。而且,公司的在建工程投入也非常低(见表 10-31)。

表 10-31　片仔癀固定资产和在建工程数据

指标	2022 年	2021 年	2020 年	2019 年	2018 年	2017 年
营业收入(亿元)	86.94	80.22	65.11	57.22	47.66	37.14
净利润(亿元)	24.72	24.32	16.72	13.74	11.43	8.07
固定资产(亿元)	2.61	2.64	2.61	2.30	2.31	2.44
在建工程(万元)	6078.08	1494.17	102.59	1115.69	472.19	503.38

第二,看现金流量表中"购建固定资产、无形资产和其他长期资产支付的现金"这个科目。如同仁堂,正常年份在这块的现金支出都在 5 亿元以内,少数年份会有大额支出。

表 10-32　同仁堂近几年购建固定资产、无形资产和其他长期资产支付的现金情况

指标	2022 年	2021 年	2020 年	2019 年	2018 年	2017 年
购建固定资产、无形资产和其他长期资产支付的现金(亿元)	3.30	4.71	11.51	4.64	6.15	7.79

如东阿阿胶,最近几年,这个科目支出的现金最高时支出 3.39 亿元,最近两年支出现金都低于 5000 万元(见表 10-33)。

表 10-33　东阿阿胶近几年购建固定资产、无形资产和其他长期资产支付的现金情况

指标	2022 年	2021 年	2020 年	2019 年	2018 年	2017 年
购建固定资产、无形资产和其他长期资产支付的现金(亿元)	0.46	0.25	1.03	3.39	2.49	3.14

第三,看经营活动产生的现金流量净额是否长期大于净利润。如同仁堂,2022 年的净利润为 14.26 亿元,而经营活动产生的现金流量净额为 30.94 亿元(见图 10-10),简直就是一个印钞机。

东阿阿胶也是如此,2022 年的净利润为 7.8 亿元,而经营活动产生的现金流量净额为 21.45 亿元,也是一个印钞机。

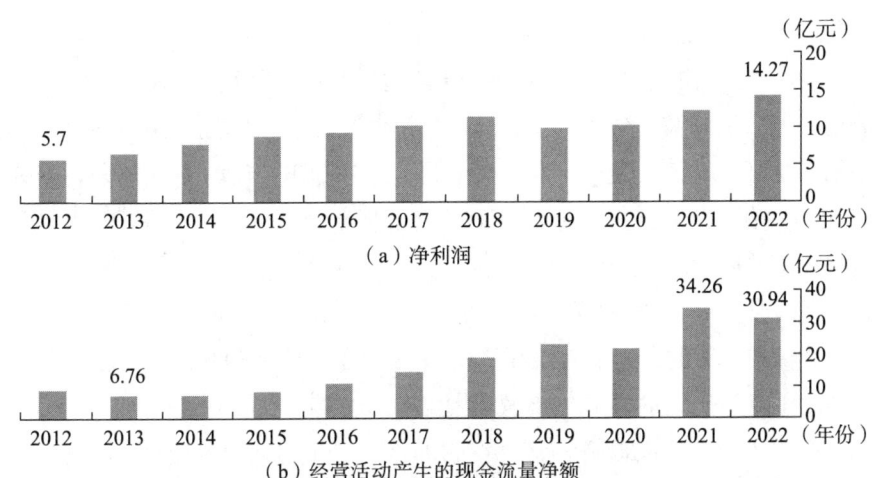

图 10-10　同仁堂 2012—2022 年净利润和经营活动产生的现金流量

第四，看账面是否有大量现金。

如同仁堂，它账面的货币资金逐年增长，最近一两年正常都超过 100 亿元（见图 10-11）。而东阿阿胶 2023 年末账面的现金和类现金高达 83 亿元，却没有一分钱贷款。

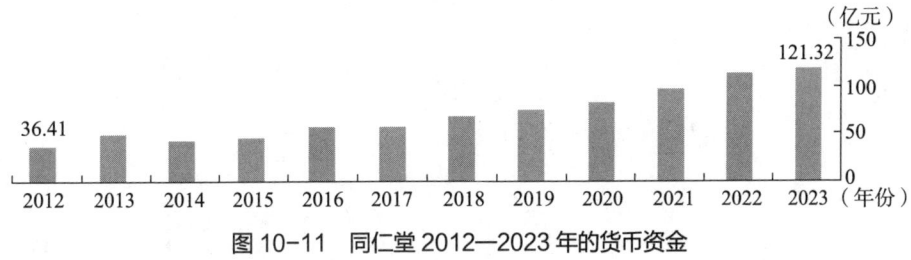

图 10-11　同仁堂 2012—2023 年的货币资金

这里提到的公司只是用来进行财务数据的举例，绝不是推荐股票。我对股价的短期波动毫无把握。

我比较喜欢投入一定而产出往往无限大的公司，这类公司放到任何一个国家的股票市场里，都是大牛股、长牛股。

除同仁堂、东阿阿胶外，这样的公司还有片仔癀、达仁堂、茅台、五粮液、泸州老窖、山西汾酒等。感兴趣的朋友可以从这个角度去看看公司的财务特征。

投入一定而产出无限大的公司，它很少需要资本开支，赚到的钱几乎可以全部分配给股东，而不是拿去更新机器设备。这样的公司就像是赚钱机器一样。

找到了这类公司，就要像宝贝一样珍惜，去深入研究，搞清楚公司所处的行业发展阶段，搞清楚公司未来是否仍然具有盈利增长的确定性，以及估值是否足够便宜。然后等待股灾或者"黑天鹅"事件帮忙打折。

在对这类公司进行估值时，往往需要考虑将公司的账面现金扣除，然后再计算估值。如东阿阿胶，公司账上有83亿元现金，假设老王全资把公司买下来，那么他需要出455亿元现金（2024年5月21日前后的市值，对应的滚动市盈率是35倍），接下来，老王可以将账面83亿元现金全部拿走，公司可以在零现金的情况下正常运行，需要现金时，会有大量银行愿意给公司发放低息贷款，且不需要任何担保。如果需要担保，那就请华润担一下即可。

在计算市盈率时，用市值455亿元减去83亿元账面现金，然后除以今年预估净利润14亿元，当时的真实市盈率相当于26.6倍。

那么26.6倍PE的东阿阿胶，贵不贵呢？这个问题还是等读完"估值篇"和"案例篇"再思考吧。

第 11 章
从商业角度看牛股

巴菲特在股东大会上被问及为何选择阿贝尔作为接班人时,他说:阿贝尔非常了解商业。巴菲特所说的"商业"二字,应该与林园所说的"行业的宏观"是一个意思,也与我说的"要站在特定的时代背景下思考投资"是一个意思。

当一家公司的主营业务不符合时代背景或者已经过了高速发展期,就要警惕股价可能随时跌入深渊。

大牛股来自哪里

每位投资者都在不遗余力地寻找大牛股。那么大牛股来自哪里?

明星基金经理彼得·林奇在《彼得·林奇成功的投资》里说:寻找 10 倍股的最佳地方就是从你家附近开始,在那里找不到就到大型购物中心去找,还可以到你工作的地方去找。

在我们生活中,隐藏着很多上市公司,它们集中在"吃、穿、住、用、行"等各领域。

作为投资者需要对生活保持一定的敏感性,大牛股很可能就是生产你经常购买的产品的公司。

(1)"吃"的领域,存在一大批知名上市公司。这些公司的产品往往就在你家厨房里、冰箱里、客厅里或者在超市的货架上。

它们有茅台、五粮液、泸州老窖、山西汾酒、舍得酒业、酒鬼酒、东鹏饮料、伊利股份、双汇发展、三全食品、安井食品、洽洽食品、海天味业、千禾味业、恒顺醋业、绝味食品、涪陵榨菜、仲景食品等。

这些公司的产品都是从口而入的,故其属于嘴巴股,生活必需,购买频繁。

你家厨房里最常使用的调味品是恒顺香醋、海天酱油、海天蚝油或者海天豆瓣酱、仲景牌麻油;或许你每天喝的牛奶就是伊利的安慕希或光明的莫斯利安;又或者公司最常用的招待用酒就是梦之蓝⋯⋯

生活中，你只要稍微留意一下它们的产品，顺便打开手机上的股票交易软件，查看一下它们的财务走势（仅需半分钟而已），或许你就找到了一只超级大牛股。

（2）"穿"的领域，有一批知名上市公司，它们是比音勒芬、雅戈尔、海澜之家、朗姿股份、乔治白、贵人鸟、九牧王、希努尔、红蜻蜓、美邦服饰、报喜鸟、红豆股份、浪莎股份、太平鸟、七匹狼、拉夏贝尔、地素时尚等。

你最喜欢的男装或许就是七匹狼的，你可能会带你的朋友逛逛太平鸟的专卖店，又或者你每年也会逛两次"男人的衣柜"（海澜之家的广告语）。

（3）住房、家用电器及家装建材领域，也存在一批知名的上市公司，它们是万科、保利地产、新城控股、格力电器、美的集团、青岛海尔、公牛集团、老板电器、浙江美大、苏泊尔、TCL、九阳股份、飞科电器、伟星新材、东方雨虹、海螺水泥、华新水泥、北新建材等。

这些公司你都听过或者经常遇见它们的产品，它们就在你身边。

如果你当年去购买万科的住房的时候，顺便翻看一下它的财务走势，然后买一打万科A的股票，那么现在它已经为你创造了超过1000倍的利润。

在你搬新家的时候，大概买了美的空调或者老板牌的油烟机，如果你当时顺便买一点它们的股票，那么你也可以赚很多。

（4）生活用品及家居消费品领域，同样存在一批知名上市公司，它们是富安娜、罗莱家纺（已更名为罗莱生活）、梦洁股份、潮宏基、老凤祥、萃华珠宝、周大生、索菲亚、皮阿诺、尚品宅配、金牌橱柜、志邦家居、顾家家居、曲美家居、欧派家居、好太太等。

这些公司的产品已经把我们的生活包围了。索菲亚的定制衣柜方便了很多搬新家的年轻人，在五年时间里公司走出20倍的行情；顾家家居上市不久，它的财务走势也很不错；好太太的智能晾衣架用起来很方便，还有它家的拖把也很好用。

（5）办公区域，作为上班族，你的办公区域里大概率会有晨光文具的产品、海康威视的监控设备。海康威视是你曾经要找的超级明星股，晨光文具表现也不错。

除此之外，当偶尔感冒的时候你可能会去趟医院，挂号缴费的时候你使用的机器可能就是卫宁健康的；或者你可能直接到连锁药房买两盒三九感冒灵（华润三九）和蒲地蓝消炎口服液（济川药业）对付一下。而你走入的这家连锁药房可能是益丰大药房或者老百姓大药房，这两家药房都是从湖南走出来的上市公司。

第11章
从商业角度看牛股

如果你是一名医药代表，那么你对甲磺酸阿帕替尼片、卡瑞利珠单抗、马来酸吡咯替尼、阿得贝利单抗、海曲泊帕乙醇胺、脯氨酸恒格列净等一定不陌生，它们是恒瑞医药的产品。

如果你是一名外科医生，那么你必然经常接触到各种麻醉剂、各种检测试纸、各种高值医疗器械等，你接触到大牛股的机会就更大了。

如果你是地产公司的项目经理，那么你遇见建筑行业大牛股的机会就很多。它们可能是房地产开发商，或者是建筑商，又或者是为工地提供建材的建材商。伟星新材、东方雨虹、海螺水泥等，均是建材行业的知名企业，在我国房地产大发展的背景下，它们都是曾经的大赢家。

如果你在连锁超市工作，那么你满眼都是上市公司，而且它们很多都是超级明星股。货架上的各种酒水饮料、调味品、方便食品、文具、灶具、鞋服，甚至婴儿的奶粉、纸尿裤等，它们几乎都是上市公司的产品。你甚至仅需要对比它们的产品在货架上的周转速度便可以清楚是否畅销。

以上只是列举身边的公司，仅有一小部分具有大牛股基因，多数公司已经成为后视镜里的过去式，我们需要对这些公司的财务特征进行比较分析，多数公司是要排除的，然后分析公司的品质和估值。

是不是找到好公司，你的投资就可以开始了？不是的。

好投资 = 好行业 + 好公司 + 好价格。投资之前，你需要回答三个问题。目标公司是赚钱机器吗？公司的生意有护城河吗？股价是否足够便宜？回答完这三个问题后，你的投资就可以开始了。

大牛股的基因

什么样的公司是好公司？或者说什么样的公司具有大牛股的基因？

我经常会说财务走势决定股价走势，净利润能够长期大幅增长的公司就是好公司。高净资产收益率是股价长期走牛的关键，背后的净利润增长率是关键中的关键。

一般情况下，长牛股的财务特征包括：高毛利、高净利、高净资产收益率、高增长率、良好的现金流和较低的财务负担。

从财务数据上看，大牛股的财务基因的核心就两个标准。首先是高净资产收益率，其次是毛利率较高且长期趋升。所以我们在选股的时候，要重点关注这两个指标。

从财务角度可以选出数据好看的公司，这不难。但是，好看的数据也许仅仅是因为行业处于快速成长期，此时参与者都有饭吃。一旦行业发展遇到了天花板或者行业政策发生了变化，那么可能多数公司都会凤凰变乌鸡。

所以，我们需要搞清楚，好看的数据背后的原因是什么，净利润的增长有没有持续性和确定性。

是公司自身的核心竞争力？还是良好的竞争格局？抑或行业政策催化了大牛股的生成？

从市场竞争格局看，我们需要重点关注供给和需求。没有什么问题是一条供需曲线解释不了的。

过去的投资，我们更多地是看超市的货架，白酒、酱油、榨菜、牛奶、火腿肠等龙头公司都不错，而现在，超市货架上的产品需求都得到了满足。那么，只好卷价格了。

未来的投资，我们需要更多地看药店和医院的货架。在老龄化、少子化的社会背景下，老年人口数量快速增长，三大慢病确诊量持续增加，而且因为三大慢病基本无法治愈，所以人类对于健康的需求和拉长生命的需求，永远无法得到满足，却是永远的追求。所以，最确定的投资目标是三大慢性病的核心医药。

长期供不应求的市场格局非常有利于公司发展，供给有限而需求长期增长的赛道容易产生大牛股。

如果一个市场只有一个公司独家提供产品，也就是垄断，那这可能就是我们要寻找的生意。

垄断的生意是最好的生意，市场由一家公司独享，独家供给，垄断经营者具有产品定价权，可以经常提价，但几乎不会降低销售量。

垄断一般集中在资源赛道和公用事业板块，但现实中，少数市场化的公司也会有垄断气质，茅台和片仔癀就如此。

茅台依靠产品力，依靠品牌占领消费者心智，逐渐成长为白酒领域独一无二的存在，具有相当的垄断话语权；片仔癀因为绝密的配方和关键原材料的许可使用而具有垄断优势。

最确定的增长就是垄断的生意。垄断的生意，就是赚钱机器。公司不受经济环境好坏的影响，不受政策的影响，不受企业管理者不当管理的影响，谁去管理都能赚钱。这大概就是巴菲特说的傻子都能经营好的公司吧。

巴菲特说，投资的关键在于确定一家目标公司的竞争优势，尤为重要的是，确定这种优势的持续期。被宽阔的、川流不息的护城河所保护的产品或服务能为投资者带来丰厚的回报。

所谓护城河，就是一家企业靠什么阻挡别人跟自己提供同样的产品或服务。

因为同样的产品或服务，必将产生供给侧的竞争，导致利润率被拉低，降低企业的获利能力。

按照晨星公司的总结，护城河来自五个方面，无形资产、转换成本、成本优势、网络效应、有效规模。通俗地说就是：

（1）有法律或管制不让其他人提供同样的产品或服务；有专利、技术或工艺使别人无法提供同样的产品或服务；有品牌对用户心智的提前占领，导致用户优先信任本公司产品或服务，哪怕竞争对手的产品事实上是一样的。

（2）由于先发优势，用户转用其他公司的产品或服务，很麻烦或代价很高。

（3）同样的产品或服务，本公司有能力做到更低成本。

（4）本公司的产品或服务，每增加一个使用者，都会给新老客户同时增加更大价值，导致用户不愿离去。

（5）本公司占领了一个狭小的市场，该市场可以使现有参与者小日子美美的，但如果增加一个竞争者，所有新老参与者通通没饭吃，由此，潜在参与者没动力来抢食。

如果一家企业有这样一项或多项特点，并预计这些特点未来会持续存在，那么，这家企业就可能持续获取超额回报，这家企业的股权可能就是值得我们关注的投资对象。

以上提到的内容，几乎涵盖了大牛股基因的方方面面，建议大家在选股时参照思考。

大牛股就在我们身边，所以我建议读者朋友们，作为普通投资者，可以先缩小自己的选股范围，先从自己身边熟悉的公司下手。

说简单点，身边的公司代表生命、生存、生活，它们必不可少，受政策影响比较小，需求比较稳定，行业前景容易预测。

身边的公司产品基本是零星地卖到消费者手中的，几乎都是现金结账，因此多数公司现金流很充沛。

现金流充沛，就没有造假动力，现金流充沛才能够轻松地扩大生产和市场，现金流充沛才能很好地回报股东。

综合来看，被需要（快速增长的需求），难以被替代（有护城河或者垄断），价格不受管制（可以提价，拉高毛利率），这就有大牛股的味道了。

经过多年的实践，我主要将精力集中在满足嘴巴和生命需求的公司上。重点考虑垄断和成瘾的产品，比如白酒里的茅台，药品里的片仔癀、同仁堂、东阿阿胶、达仁堂、华润三九等。

好公司是投资的前提，但还要有好的价格才能出手，以上提到的公司只是为了说明问题，大家还需要考虑价格问题。

巴菲特最糟糕的一笔投资

前面我们提到，善用排除法可以提高选股效率，并介绍了大牛股的基因，那么烂公司是什么样的呢？

不妨看看巴菲特踩过的坑，以及深刻的教训。从别人失败的教训中学习投资，可以减少试错成本。

芒格说：我只想知道将来我会死在什么地方，这样我就永远不会去那儿了。

巴菲特是有史以来最伟大的投资家，超过 70 年的复利价值，无人可敌。

他的投资原则和成功案例让后来者膜拜，值得我们深入研究，但巴菲特在投资生涯中也犯过不少错误。面对错误，巴菲特基本都会承认，并会自我嘲讽。

2010 年的一次公开采访中，巴菲特说：我这辈子最愚蠢的投资就是买下了伯克希尔·哈撒韦公司的控制权。

说到这里，你可能会觉得，不对呀，伯克希尔不是巴菲特至今一直在打理的投资旗舰吗，最近股价还创出了历史新高啊，怎么就成了巴菲特最愚蠢的一笔投资呢？

不要急，咱们从这笔投资的起源说起。

伯克希尔·哈撒韦公司由两家纺织厂合并而来。一家叫哈撒韦，另一家就是伯克希尔。

哈撒韦公司于 1888 年创立，伯克希尔于 1806 年创立，在遇到巴菲特之前，没有哪位股票投资者能够记得住它们的名字，更谈不上兴趣二字了。

两家公司于 1955 年合并成伯克希尔·哈撒韦，拥有 14 家工厂，12000 多名工人，年销售额达到 1.12 亿美元。

合并完成后，由西伯里·斯坦顿任总裁，马尔科姆·蔡司担任董事长。而在实际经营中，这位董事长不太过问公司的具体事务，主要是由这位西伯里总裁在打理公司，而且他相当的努力。

这位西伯里总裁对于投资回报率没有什么概念，只知道一味注入资金，企图让公司持续经营下去，但过低的纺织品价格却无法让他得到投资回报。

第 11 章
从商业角度看牛股

到 1961 年底，伯克希尔·哈撒韦只剩下 7 家工厂了，在之前的三年中，公司共注入 1100 万美元。但纺织业天生的属性决定了公司根本无法真正赚到钱。到了 1962 年，也就是伯克希尔·哈撒韦完成现代化改造的那一年，公司的运营损失竟然高达 220 万美元。

西伯里的弟弟奥的斯坚决反对哥哥进行再投资，两兄弟的隔阂也渗透到了公司的方方面面。

另外，西伯里决定扶持自己的儿子杰克·斯坦顿作为公司的接班人，而奥的斯和董事长蔡司均认为杰克的资历不够，他们就开始悄悄物色自己满意的新总裁人选。后来，奥的斯将自己的股权悉数卖给了巴菲特。

1962 年末，伯克希尔·哈撒韦股价跌破 8 美元，但公司的每股营运资本高达 16.5 美元，因此公司股价看上去像是一片价值洼地。

巴菲特发现公司关闭工厂的同时，会把卖工厂的收益用来回购公司的股票。当时巴菲特管理着一个 700 万美元的合伙公司，于是他通过合伙公司买进了一些股票，但巴菲特并没有想过接管公司。巴菲特打算买入股票，再择机卖回给他们，赚点儿差价就走。1963 年，巴菲特已经成了公司最大的股东，但是他一直隐瞒此事。

后来巴菲特参观了伯克希尔·哈撒韦公司。当得知公司财务总监杰克手里有一份公司四十多年的财务报表后，立即要求复印了一份。

杰克要求肯·蔡司（与公司董事长马尔科姆·蔡司没有联系，只是同姓而已）陪同巴菲特参观。前文我们提到西伯里的弟弟奥的斯和公司董事长蔡司均不看好西伯里的儿子杰克，并悄悄物色新的总裁人选，而这位年近 50 岁的化学专业的肯·蔡司就是他们悄悄看中的人选。

肯·蔡司陪同巴菲特参观了两天。据蔡司回忆，在两天的调研时间内，巴菲特问了很多问题，他说，"沃伦一直问个不停，关于营销的，关于机器的，关于我认为应该采取什么策略，公司该怎么发展，目前销售的是什么产品，主要的销售对象是谁……每个细节都被刨根问底。"

陪同参观的过程中，肯·蔡司直言公司存在的问题，巴菲特认为他找到了自己中意的人选。行程结束后，巴菲特说了一句富有暗示性的话："肯，我会联系你的。"

在带领巴菲特参观公司的时候，这位已经身居副总裁的肯·蔡司已经对公司不抱什么希望，甚至已经开始为自己的职业生涯找退路了。

1964 年，巴菲特已经持有公司很多的股票了。于是巴菲特与西伯里·斯坦顿先生坐到了谈判桌前。西伯里说，"公司刚卖了几座工厂，手头有些闲钱，我们愿意收购你手里的股票，你愿意以什么价格卖出你手里的股票呢？"

巴菲特说 11.5 美元，西伯里说你保证会接受 11.5 美元的价格吗？

巴菲特向西伯里保证他会接受 11.5 美元每股的价格。然后巴菲特认为自己完成了一笔不错的交易，成功锁定了收益，就满意地离开了。

几周之后巴菲特接到一封信，就是那份回购协议，巴菲特发现回购价格是 11.375 美元每股，而不是当初约定的 11.5 美元。巴菲特认为西伯里不讲信用，占了他 12.5 美分的便宜。如果这份协议当时给了 11.5 美元，巴菲特会欣然接受。

但是被占便宜让巴菲特非常恼火，你欺负老实人是吧，好啊，我不卖了，相反，我还要买买买。

我不但要买买买，我还要让你下课。就这样巴菲特开始大量买入伯克希尔的股票，并拿下了公司的控制权。

在一个春光明媚的日子，巴菲特约肯·蔡司见面了。34 岁的巴菲特直截了当地问这位 48 岁的肯·蔡司先生，我想让你担任伯克希尔·哈撒韦的总裁，你意下如何？

巴菲特吃下了奥的斯的股权后，已经持有公司 49% 的股权，平均成本 15 美元。

杰克因为没有带巴菲特参观工厂，他后悔了，但为时已晚。后来杰克见到了巴菲特，问巴菲特：你是如何取得成功的？

巴菲特说，他每年读几千份财务报表。

果然，成功都不是偶然的。

接着公司召开了董事会，肯·蔡司被任命为总裁，巴菲特担任公司董事会执行委员会主席。西伯里退出，伯克希尔·哈撒韦从这里重新开始。1965 年 5 月 10 日公司改组的当天，公司股价大涨到 18 美元。

董事会结束后，巴菲特和肯·蔡司促膝谈心。肯·蔡司想要知道新主人对公司的规划，巴菲特说，任何与纱线和织布机有关的事情都由肯·蔡司全权负责，但花钱的事情必须由他决定。

肯·蔡司虽然当选为新任总裁，但这已经是一个日薄西山的烂摊子了，合并时公司有 12000 名员工，而此时公司只有 2300 名员工了，工厂数量也由 14 家变成了 2 家。当时公司累计净亏损 1010 万美元，总资产减少了一半。

为了激励肯·蔡司，巴菲特签发了一笔贷款给他，肯·蔡司买入 1000 股伯克希尔·哈撒韦的股票。如果持有至今（股价 50 万美元每股），市值 5 亿美元。

第 11 章
从商业角度看牛股

但是无法查到肯·蔡司在以后的 20 年主政过程中是否有加仓或者卖出的举动。

当年巴菲特筹建合伙企业的过程中,出资的七大姑八大姨以及街坊邻居们,现今大概率也都是 5 亿美元、10 亿美元左右的身价。

随后的一段时间内,巴菲特向肯·蔡司讲述了一些有关投资回报的基本理论。巴菲特不追求规模,而是紧盯资本回报率。他说:我宁愿要一个投资规模仅为 1000 万美元而投资回报率高达 15% 的企业,也不愿经营一个规模大到 10 亿美元而投资回报率仅为 5% 的企业。我完全可以把这些钱投资到回报率更高的其他地方去。

肯·蔡司说,巴菲特对于把钱投资到"其他地方"非常上心。他要求肯·蔡司把存货量和管理费用尽可能压低,加快资金周转速度。

很显然,巴菲特一开始买入伯克希尔·哈撒韦的股票,仅仅是为了捡起地上的烟蒂,想要免费抽一口,赚点儿小钱,没承想,玩成了控股股东。

既然如此,一不做二不休,那就请专业人士管理公司吧,而自己就躲在背后一边寻找愿意接盘的冤大头,一边紧盯"资本配置"的工作。

没错,巴菲特的目标就是赚个差价,然后转身走人,或者干脆从纺织业中压榨出现金,再把资金投资到其他更加赚钱的地方。

在 1967 年,公司的纺织业务获得了一些现金流,巴菲特在当年进行了一次现金分红,但每股仅分红 0.1 美元,此后,巴菲特说他在宣告分配股利时肯定是在洗手间里,从此之后,伯克希尔·哈撒韦再也没有进行过现金分红。

1967 年,巴菲特发现了一家保险公司(国民赔偿保险公司),并以 860 万美元全资收购。

巴菲特说,纺织品行业需要不停地在厂房和设备上进行投资,因而需要消耗很多资金,而保险业却能不断地产生现金流。保费可以在前端收取,而债务可以以后再偿还。在收取保费和偿还债务之间,保险公司就可以投资股市,而这类资金就是保险浮存金。

巴菲特买入国民赔偿保险公司后,伯克希尔·哈撒韦就有了充裕的资金供巴菲特进行大手笔的运作。接下来的几年里,伯克希尔·哈撒韦并购了奥马哈太阳报公司,后来又买入了伊利诺伊国民银行和信托公司。

巴菲特在完成并购之后,无一例外,他都不会亲自经营目标公司,而是留用原来的总裁或者另外配置适合的经理人。而巴菲特要的是目标公司的现金流。

1970 年,伯克希尔·哈撒韦从纺织业中赚到的利润只有 4.5 万美元,却从保险业中赚取了 210 万美元,从银行业中赚了 260 万美元。而这两个行业在年初启动时所占用的资金量和纺织业大致是相当的。

随后一段时间，纺织业务时好时坏，1981年亏损270万美元，到了1985年，巴菲特终于把纺织业务彻底关闭。

关闭纺织业务后，巴菲特说："卖掉的设备（包括几个月前已处分掉的）堆满了位于贝德福德一个大约75万英尺的广场，且全部都还可以使用。设备的原始成本大约为1300万美元（包括1980—1984年追加投入的200万美元），账面价值为86.6万美元（经过计提折旧）。虽然没有人会笨到进行这样的投资，但要买一套全新的设备也要花费3000万至5000万美元。整个拍卖过程完成后，我们只收到163122美元，扣掉清算成本，最后一毛钱也没有剩下。我们在1981年购入的每台大约5000美元的现代织布机，开价50美元还没人要，最后以近乎下脚料的价格（每个26美元）才被卖掉，连支付搬运的费用都不够。"

就是这样一个脏兮兮的烟蒂，巴菲特在手里捏了20年，费了九牛二虎之力才得以脱手。开局是以远低于营运资本拿到手的公司，最终还是以远低于营运资本的价格出手了，并且消耗了大量的资金和时间。

后来巴菲特总结道："当声名显赫的管理者遇到声名狼藉的夕阳产业时，往往是后者的名气得到延续。"

他的副董事长芒格调侃说："把葡萄干与狗屎混到一起，收获的肯定是狗屎。"

在后来的致股东的信中，巴菲特说："与其把时间和精力花费在购买廉价的烂公司上，还不如以合理的价格购买优秀企业的股权……时间是好公司的朋友，是烂公司的敌人。"多么深刻的领悟。

后来巴菲特在2010年接受采访时说，"我在纺织业上投入那么多的资金，却毫无起色，如果一开始就转入保险业，伯克希尔今天的市值至少会翻倍。你可以想象一下，你面前这个蠢蛋竟然认为他可以盘活一个纺织业公司。"

这是价值2000亿美元的教训。时至今日，十多年过去了。伯克希尔·哈撒韦的市值又达到了一个新的高度，这个教训的价值也跟着继续创新高了，这是一个远超2000亿美元的教训。

巴菲特这笔"失败"的投资案例，至少告诉我们以下几个道理：

（1）如果你发现自己在一艘长期漏水的船上，那么造一艘新船要比补漏洞有效得多。纺织业需要大量资本开支，供给过剩，需求不旺，竞争激烈，要远离这样的生意。

（2）投资伟大的企业。优秀的投资目标能够产生大量现金流，而烂公司往往需要在设备和厂房上大量投资，消耗掉大多数现金。

（3）紧盯 ROE 指标。

（4）长期持有伯克希尔，能赚 5 个亿。一旦你遇到了伟大的企业，一定要坚定长期持有。50 年来伯克希尔的股价腰斩次数超过 3 次，但不影响长期创新高。

（5）巴菲特每年读几千份公司财务报表。我们不妨试试一年读 100 份报表。

选股及投资的动态调整

汤臣倍健是大健康赛道的公司，有人问汤臣倍健如何？可以投吗？

直接说答案，我是直接排除不看的。

汤臣倍健，也不是说有多差，投资主要就是对比。你认识了前 20 名优秀的目标公司，你就不想再看那个大概只能排名 50 往后的目标了。

看一下汤臣倍健的利润表现。

从图 11-1 可以看出，公司的利润表现是忽高忽低的，2019 年净利润为负数，2022 年是负增长，这样的利润走势，就足以将股价刺激到上蹿下跳，非常考验投资人的承受能力。

图 11-1　汤臣倍健 2012—2022 年净利润

2019 年利润负增长，然后股价下跌 50%，这是投资者很难忍受的。这一点说明公司对于自己利润的把控能力不够强。公司明年能够赚多少钱，它自己都说不清楚。作为它的股东，你就跟着心惊肉跳，体验非常不好。所以，就排除吧。

真正的好公司，它是可以提前"安排"好自己明年的财务报表数据的。

我知道 2019 年的负利润是因为发行股份并购澳大利亚一个公司导致的，我知道，但是其他投资者并不知道，别人会因为利润下跌而恐慌踩踏。

并购涉及各种信息披露以及被并购方的真真假假，投资者也搞不清楚内情。所以，我当时就果断排除了。毕竟眼底下是有其他业绩稳定增长的公司可以选择的。所以，就排除吧。

选股很重要，要想少而精，那就严格执行标准；要想稍微分散一些，那就放宽一些标准。

但前提是你都要读一读相关公司的年报、招股说明书和公告，知道这些公司正在干什么，意图是什么，等等。

如果标准严格一些，那么毛利率必须高，且长期趋升；净资产收益率必须长期高于20%，或者从15%开始逐渐提高到20%以上；公司最好没有负债；现金流量净额要高于当期净利润；利润要年年增长，不能有一年是负数或者负增长。

如果从"利润要年年增长，不能有一年是负数或者负增长"这个角度看的话，假设我们当年看白酒这个赛道，2013年前后塑化剂危机和限制"三公"消费，导致酒企利润下滑，所有龙头白酒的净利润都出现了负增长，唯独茅台在2013年、2014年的净利润还能保持正增长（见表11-1）。所以，严格来看，你回到当年选择白酒赛道投资标的时，唯有茅台值得一看，其他一律排除。

表11-1 茅台2012—2017年成长能力指标

指标	2017年	2016年	2015年	2014年	2013年	2012年
净利润（亿元）	270.79	167.18	155.03	153.50	151.37	133.08
同比增长率（%）	61.97	7.84	1.00	1.41	13.74	51.86

如果提高选股标准，往往只需要三秒钟就能排除一个备选公司了。唯有茅台在极端困难的环境下，利润实现了正增长，其他白酒企业的利润都过了三到四年才走出塑化剂危机的业绩坑。汤臣倍健的净利润是忽高忽低的，所以，就排除吧。

另外，如果我们从商业角度考虑的话，汤臣倍健的产品没有足够的差异化，它也无法证明自己就是保健效果最好的那一个，替代品很多。这样的话，公司的盈利增长就有不确定性。

还有一个考虑就是，个人精力有限，因为一个汤臣倍健去完整地阅读汤臣倍健同业以及上下游那么多企业的报表，我们做不到。

我选择在中药和创新药领域布局，且被选定的公司已经超出20个，这是因为我确定中药和创新药这两个细分赛道的核心公司的净利润具有长期增长的确定性，未来股价都是要大涨的，今天的医药赛道的发展阶段就是2000年以后的白酒行业。

在整个行业大扩容的背景下，整个赛道内能力靠前的公司都有饭吃，都能涨。就像当年的白酒行业一样，茅台跑成了百倍牛股，其他几个头部白酒都有几十倍、上百倍的涨幅。

然后，随着时间推移，我们还要根据报表数据以及年报情况对目标公司进行调整，该集中的集中，该排除的排除，该调整贪婪价格的也要跟着调整。

比如你当年投资了茅台、五粮液、泸州老窖、山西汾酒、酒鬼酒、今世缘等，你在持股的几年中，它们都会有一定的上涨，并且大概率会在持股过程中将筹码逐渐集中到茅台上。

这是在行业发展中你看到的稳定性、确定性等思考后的结果。

我现在的资金分散在多个医药股上，是因为现在确实不太能看出来谁最终能涨100倍，但我相信我持有的这些医药公司中，肯定有能涨100倍的，这100倍一定是净利润的持续大幅提高以及市场乐观情绪共振的结果。

在持股的前几年中，我们不断去跟踪目标公司，反正不管持有3个还是30个，我都是要把它们的报表读一遍的，首要目的是形成对比。

对比才知道自己处于什么位置。对比很重要，不对比就没法估值，不对比就不知道高矮胖瘦。说到底，估值就是对比分析。

以后还会在跟踪、对比、思考过程中，对医药股的投资做一些增减。我持有的多个医药公司，在老龄化催生的增量需求下，多数公司都有钱赚，大家的日子都会过得不错，多数公司都会涨，这就保证了投资组合不会亏钱。

即便有少数几个公司看走眼了，也不影响投资组合的收益。一旦有部分公司实现了100倍涨幅，个人的资产就能上一个大台阶。大家不要以为100倍有多么遥不可及，例如，山西汾酒17年涨235倍，茅台上市以来涨500多倍。

我重点关注的几个医药股也是可以的。未来医药领域一定有不少公司的市值会大于今天的茅台市值。

大健康赛道本身就是一个16万亿元规模的大行业，比白酒行业大得多。目标公司能否实现100倍，关键看利润怎么走。

第三篇
估值篇——如何评估公司价值

估值就是对比。

估值前必须深度理解目标公司,然后高矮胖瘦一目了然。

第 12 章
估值的核心观点、大前提与确定性

估值的大前提是能力圈，是目标公司盈利增长的确定性。绝大多数公司，要么一文不值，要么盈利艰难，难以给出合理的估值区间，直接排除比较稳妥。

股票估值的核心观点

第一，估值是相对的，需要对比研究，需要符合现实需求。

我们先不说股票，先来说说实体生意的定价。从商家角度看，当商家在给自己的产品定价时，需要将自己的产品放到行业里进行比较。

例如，你是一个新能源汽车生产厂家，那么你需要搞清楚比亚迪、特斯拉等行业龙头的产品优势何在，成本几何，定价几何，目标客户群，咱自己的优势何在。然后你才知道如何给自己定价。

再如，你是房地产开发商，同一个片区的房子，基本上价格差距不会太大，计算出平均价格，然后根据每个片区的特点进行微调。如果是头部开发商，服务优质，配套好，可以稍微调高一些价格。

又如，招聘定价，假设你是企业人力资源负责人或者老板。你要如何给应聘的人才定价？你需要知道这个人的履历，了解他的方方面面，这样水平的人在行业里普遍什么价格，在主要竞争对手那里是什么价格，在你们公司水平差不多的岗位是什么价格。你需要去了解他，去对比，去思考。然后与人才讨价还价。价格合适就签合同，不合适就错过。

另外，估值也是相对的。假设人类的平均寿命 80 岁，投资者能接受一个 10 年收回成本的生意；但如果人均寿命达到 200 岁，那么投资者就可以接受 20 年，甚至 40 年收回投资的生意。

估值都是相对的，需要对比研究，需要符合现实需求。

第二，必须将估值放到特定行业发展阶段与特定的时代背景里思考才有现实意义。

第 12 章
估值的核心观点、大前提与确定性

"选股篇"中,我提出,一定要站在特定的时代背景下选择投资赛道,同样地,给目标公司估值定价时,也要考虑时代背景和行业发展阶段。

2000 年后,我国房地产刚刚进入快速发展期,此刻投资于房地产股票无疑会成为大赢家。

在房地产快速发展的初期,市场对行业龙头公司赋予了极高的估值水平。20 多年过去了,行业成熟了,甚至进入了过剩阶段,此时市场对房地产公司赋予的估值基本都在个位数。与房地产快速发展相关的建材、水泥等行业也都进入了成熟期,甚至过剩了,估值水平均出现了回归。

以腾讯为代表的移动互联网行业也是如此,在行业刚刚崛起时,市场赋予了相关公司很高的估值水平,百倍市盈率也算平常,20 年后的今天,行业龙头的估值水平基本在 20 倍以内。

所以,估值不是一成不变的,也不能呆板地套用特定的估值公式,必须站在特定的时代背景和行业发展阶段下思考,具体问题具体分析。

第三,估值前必须确保目标公司财务数据货真价实。

同样是 10 亿元净利润,A 公司应收账款 8 亿元,B 公司几乎没有应收账款,很显然,两家公司的利润的质量存在较大差距,在估值时,估值倍数应该做出区分。

实践中,我一般是直接排除 A 公司的。

A 公司存在大量应收账款,很显然,A 公司的产品在产业链上没有竞争优势,消费者大概率也不买账。这样的数据长期持续下去的话,大概率要爆雷。对于随时可能会爆雷的公司,是无法给出合理估值的。

在我的投资体系中,在选股环节就已经通过财务数据进行了正向选择和逆向排除,留下来的基本都是数据非常靓丽的公司。提高选股标准,使用排除法很关键。

第四,必须大量阅读,深度理解目标公司。

不管是对公司定价,还是对房子定价,抑或招聘时对人才定薪,都需要进行对比研究,深度理解目标对象。

读年报,是看懂目标公司的必经之路,是估值的前提。如果没有阅读过年报,就不存在能力圈,那么估值就是盲人摸象。

巴菲特的日常工作主要是阅读年报。

在阅读年报的过程中,我们需要了解目标公司的基本情况、行业发展阶段、行业空间、产品竞争力、管理层的能力等。

读完目标公司的年报后，往往还需要读一读本行业其他几个龙头的年报，这样才能形成"高矮胖瘦"的认识。

为了更加客观地定价，我们甚至需要了解竞争对手的基本情况。经过对比，哪个公司更有价值，就重点琢磨哪个公司。比如在研究洋河股份时，经过对比发现茅台更有竞争优势，内在价值更高，那么就可以直接将茅台放到主要研究位置，而将洋河股份放在参照物的位置，或者干脆直接排除洋河股份。

如有必要，再读一读相似行业的年报，比如中药和白酒有很多类似之处，在研究中药时，就可以参考白酒曾经走过的路径，思考一下白酒的竞争环境，行业格局，白酒处于特定发展阶段时，市场给其多少倍的估值，等等。

读多了，思考多了，对比分析多了，形成交叉的行业认知后，大概率就能看明白目标公司处于什么段位了。

读年报不一定能做好每笔投资，但不读年报基本不可能有能力圈，亏损面极大。相比于不读年报的投资者来说，坚持大量阅读的投资者已经获得了巨大优势。

第五，估值的前提是目标公司盈利增长的确定性。

估值中，往往需要预测净利润、现金流等数值，离开了盈利增长的确定性，就无法谈估值。

对于那些基本面很差的公司，它的净利润可能忽高忽低，可能今年是高光时刻，过两年利润和现金流就大幅下滑了，这样的公司是无法估值的，所以只能排除。

第六，估值前必须把账算清楚。

买入股票前，把账算清楚，再决定是否参一股。我们拿港股的国药控股来算个账。

国药控股是医药分销领域的绝对龙头，国有控股。公司的滚动市盈率为7倍，市净率为0.9倍。这么优质的资产，竟然在按照净资产打折交易，便宜得不能再便宜了。

最近5年，公司经营活动产生的现金流量净额为636亿元，与公司市值相差无几。如果银行愿意借700亿元现金给你，公司也愿意将控制权卖给你，是不是很开心？

拿到控制权后，再经营五六年，就可以把银行债务全部清偿了，白得了一个印钞机。这生意划算吧？

投资，就是算账。

第12章
估值的核心观点、大前提与确定性

第七，估值必须尽可能地保守。

在估值方面，巴菲特是非常保守的，最大限度地保持安全边际，这也是股神70年不败神话的关键。

目标公司极端低估时买入，极端高估时卖出。而这极端低估和极端高估往往都出现在最恐惧或者最亢奋的行情里。所以就顺理成章地出现了"别人恐惧我贪婪，别人贪婪我恐惧"的投资大法。这也是巴菲特提高投资确定性的关键。

第八，一眼定胖瘦。

如果一个公司估值的高低，还需要拿计算器去算的话，说明你大概率没有看懂目标公司或者说估值还不够便宜。此时，最好什么都不要做。

巴菲特说，我不是死空头，也不是什么死多头，我只是死价投。看空和看多，对我来说，只发生在两个极端状态下。我判断的标准，就是一眼知胖瘦。特别贵的时候，我就看空；特别便宜的时候，我就看多。我对市场的分析和判断，就是这样简单粗暴。

我的理解是，目标公司极度低估时买，极度高估时卖。当目标公司的估值处于中间估值状态时就啥也不干，或者持有发呆，或者隔岸观望。这种投资思路下，投资者是完全不需要盯盘的。

比如茅台，大家知道市盈率在15倍以内是便宜的，确定性高，买入无忧。而当公司的市盈率在60倍以上那就太贵了，不确定性较大，最好卖出。而当公司的市盈率在20~50倍时，不做判断和决策。这样做，可能会错过，但肯定不会犯错。

估值的大前提

我常说：财务走势决定股价走势；高净资产收益率是股价长期走牛的关键，而背后的净利润增长率是关键的关键。

一个不错的公司，如果能拥有长期的、可持续的高ROE，那么这个公司就是我们要寻找的比较理想的投资标的。

所以，ROE是我们挑选优秀公司时的一个极其重要的财务指标，但仅用在选股环节。

完成财务数据选股后，我们还需要问自己，目标公司依靠什么实现了如此好的财务数据？它过去的财务数据非常好，以后的财务数据还可以更好吗？

这就需要我们进一步去分析目标公司的基本面，搞清楚公司的成长有没有持续性，有没有护城河。

具体来说，我们需要搞清楚公司所处行业的前景、政策、竞争格局、竞争对手情况，以及本公司竞争优势、管理层能力等。

然后，看懂目标公司，尽可能推算出目标公司未来三年的利润数值，才可能给出客观的估值。

投资的核心就两件事：一是看懂目标公司，保守地估值定价；二是等待市场先生报出一个合理的价格。

看懂目标公司的过程就是建立能力圈的过程，而要看懂目标公司必须做好基础工作。

我所说的基础工作主要是阅读目标公司的招股说明书，上市以来的年报、公告，竞争对手的招股说明书、年报和产业政策等内容。

阅读完基础资料后，就能对相关公司的竞争力、行业背景等情况有个基本认识，然后思考公司和行业的未来，进而给目标公司定价。

在阅读基础资料的过程中，重点是思考目标公司是否具有经济特许权，是否具有竞争优势以及竞争优势的持续性。

对于没有竞争优势的公司，或者竞争优势不可持续的公司，最好直接排除，否则会出现各种考验人性的场景。

巴菲特反复强调能力圈的重要性，而阅读是打造能力圈的关键。巴菲特的办公室里没有股票行情软件，他从不看盘，买入股票后，就算股票市场关闭10年，他也不会在乎。他盯着目标公司本身，而不是市场先生的情绪。

他把大量时间用于阅读，阅读上市公司的年报和招股说明书，阅读上市公司的公告等内容。

即便94岁了，他仍然坚持每天六个小时以上的阅读。

对于我们普通投资者来说，盯盘是最浪费时间、最愚蠢的事情，对投资毫无帮助。投资者盯盘的目的，无非是想要捕捉短线交易机会，而短期股价是无法预测的。

股价的短期波动主要受投资者情绪的影响，预测自己身边最亲的人的情绪尚且做不到，更何况预测整个市场参与者的情绪呢。

上市公司的年报是公开披露的，普通投资者均可以轻而易举地找到它。

我研究目标公司的途径主要就是以公开披露的年报、招股说明书以及上市公司公告为主。通过大量阅读，看懂目标公司，构建起能力圈，保守地给公司定价，进而提高投资的确定性。

说到底，估值的大前提是能力圈，是目标公司盈利增长的确定性。

第 12 章
估值的核心观点、大前提与确定性

追寻确定性

估值的前提是目标公司盈利增长的确定性，那么什么样的公司最具有盈利的确定性呢？

一句话，垄断或者具有经济特许权的公司往往最具有盈利的确定性。

垄断，意味着整个行业里只有一个玩家，在这样的市场环境中，公司就有定价权。意味着，在提高定价的同时，公司的销量还不会减少。定价高，公司的毛利率就高，赚得就多。

寻找到垄断的生意，可遇而不可求。退而求其次，一个行业中仅有少数几个玩家的寡头市场，这样的市场格局也不错。

关于投资的确定性，巴菲特与林园的观点最具有参考价值。

巴菲特曾经说过：

（1）研究我们过去对子公司和普通股的投资时，你会看到我们偏爱那些不太可能发生重大变化的公司和产业。

经验表明，盈利能力最好的公司经常是那些现在的经营方式与5年前甚至10年前几乎完全相同的公司。长期稳定的老字号公司依然拥有最好的盈利能力，未来不会有太多变数。

（2）一座城堡式的坚不可摧的经济特许权正是公司持续取得超额利润的关键所在。

一项经济特许权的形成，往往来自具有以下特征的产品或服务：①它是顾客需要或者希望得到的；②被顾客认定找不到很类似的替代品；③不受价格上的管制。

特许经营权的存在表示一个公司能够对所提供的产品或服务进行主动提价，从而获得更高的资本报酬率，公司经营领域具有排他性，确保未来垄断利润的长期独享。

（3）对于投资者来说，关键是要确定所选择公司的竞争优势，而且更重要的是确定这种优势的持续性。

（4）我们持续受惠于所持股公司的超凡出众的经理人，他们品德高尚，能力出众，始终为股东着想。

我们投资这些公司所取得的非凡的投资回报，恰恰反映了这些经理人非凡的个人品质。有人品担保，公司至少不会误入歧途。

（5）我们从来不看什么公司战略规划，我们关注而且非常深入分析的是公司资本分配决策的历史纪录。

（6）真正能够让你投资赚大钱的公司，大部分都有相对偏高的利润率，通常他们在业内有最高的利润率，高利润率保证公司有足够的现金流用于发展。

（7）对公司经营管理业绩的最佳衡量标准是能取得较高的净资产收益率，而不是每股收益的增加。

（8）我们在买入价格上坚持留有安全边际。如果我们计算出一只普通股的价值仅仅略高于它的价格，那么我们不会对买入产生兴趣。安全边际原则是投资成功的基石，相当于是直接买入国债。利用市场先生的错误是投资盈利的关键。

巴菲特的注意力集中在目标公司的盈余上，每天股市成交价对他完全不重要。按照巴菲特的说法，就算股票市场关闭10年，他也不会在乎。所以，他在股票选择上就是购入那些投资价值被低估的股票并长期持有，而不管股票市场如何波动。

在提高投资确定性方面，巴菲特强调目标公司的经济特许权和护城河，而林园强调目标公司的垄断性，他们的看法存在完全的相通性。

作为普通投资者，最好从大师们的经验中学习，尽可能少走弯路。

目标公司盈利的确定性是我们估值的必要前提。具体地说，寻找到垄断的或者具有经济特许权的公司是成功投资的关键一步，然后才有必要思考具有安全边际的价格。

第 13 章
主要估值方法

评估公司价值的方法很多，但没有可以直接套用的公式。主要思路是了解生意，去对比分析，然后一眼定胖瘦。

主流估值法

巴菲特说，如果去商学院讲投资课程，他只讲两块内容，一是如何评估公司的价值；二是如何看待股价波动。

可见评估公司的价值是多么的重要。估值把握得不好，即便你买入的是最有发展前景的公司组合与最热门的概念，也很容易赔钱。

估值把握得好，即便买入的都是非常传统、非常夕阳的企业，照样有机会赚钱。

格雷厄姆的大弟子施洛斯以及二弟子巴菲特等都是捡烟蒂的高手。

所谓捡烟蒂，就是买入那些股价严重低于净资产的股票，一般市净率在 0.5 以内。这些烟蒂股往往都是非常传统的企业。

当然，在不同的时代背景下，因为流动性和信息传播速度不同等原因，"股价严重低于净资产"的程度不可呆板地看待。

大萧条创造出来的变态级低估是罕见的。有些公司的市值一度低于公司的净营运资本，还有些公司的市值竟然一度低于公司账面净现金价值。这在任何一个市场都是罕见的。

施洛斯在 50 年的投资生涯中，践行老师的投资方法，但投资过程中他不得不持续放宽烟蒂股的估值标准。

因为，随着时间的推移，严格符合烟蒂股标准的、极度低估的投资机会是越来越少的。

施洛斯也很值得佩服，47 年的投资生涯，坚持捡烟蒂，年化收益率达到 20%。如此高的收益率，如此长时间的纪录，除了价值投资集大成者的巴菲特，无人可敌。

估值是一个非常复杂的体系,涉及的要素特别多,而且不同的公司、不同的行业、不同的时代背景下,估值的标准和方法是需要变通的。

市净率(PB)和市盈率(PE)是最重要且最常用的两个估值指标,也是国际通用的指标。

我们在买股票时,要么是买这个公司的资产(公司现有资产值多少钱),要么是买这个公司的盈利(公司赚取利润的能力)。市净率对应的是买资产,市盈率对应的是买盈利。股市里,你买任何股票都是基于这两点。如果超出这个范畴,那就是风险投资或者是投机。

市净率就是说,公司的资产在以多少倍的价格对外出售。

市盈率就是说,公司的盈利在以多少倍的价格对外出售。

我们先介绍一下市净率。

市净率是股价除以公司净资产的倍数。10元的股价,5元的净资产,对应的PB是2倍,也就是说公司的净资产在以2倍的价格向外出售。

传统行业、夕阳行业(如钢铁、水泥、煤炭、电解铝、银行等)一般被赋予的净资产倍数都比较低。

因为相关公司的净资产都是会贬值的,或者是不容易变现的资产。比如厂房、机器设备、锅炉、反应釜等,这些资产都是会生锈,会持续贬值的,买家不愿意为此付出较高的净资产倍数。

比较有代表性的,如钢铁龙头宝钢股份,它的市净率长时间都在1倍以内;煤炭龙头中国神华最近5年的市净率基本在0.8~2倍;陕西煤业最近5年的市净率基本在1.1~3倍;国有大行(工农中建)最近10年市净率普遍在1.5倍以内,多数时间段基本在1以内,最低时甚至在0.40倍以内。

与之对应的是茅台、伊利股份、片仔癀、同仁堂等具有非常高的品牌价值的消费品和医药公司,这类公司的净资产收益率和净利润现金含量都非常高,都是赚钱机器,所以投资者愿意接受比较高的净资产倍数。它们的市净率在正常情况下都不会低于5倍,大白马行情中20倍左右的市净率很常见,甚至更高。另外,一般情况下,对品牌价值较高的企业的估值基本不用市净率,而用市盈率。

接下来,看一下市盈率。

市盈率是股价与公司每股收益的比值或者也可以看成股票市值相对于净利润的倍数。30元的股价,2元的每股收益,市盈率是15倍,也就是说公司在以年盈利的15倍对外出售。

传统行业、成熟行业、低增长的行业，一般市盈率水平较低。银行、保险、水泥、钢铁、煤炭等，都是比较有代表性的低市盈率的行业。

比较有代表性的，宝钢股份最近10年市盈率基本在5~15倍；中国神华最近五年的市盈率基本在6~12倍；陕西煤业最近5年的市盈率基本在4.5~10倍；国有大银行（工农中建）最近10年的市盈率普遍在10倍以内，当前市盈率普遍在5倍以内（2023年）。

相反，比较能代表时代发展方向的、成长性好的、品牌响亮的行业和公司，市盈率水平均较高。

白酒龙头茅台，最近10年的市盈率基本在8~70倍（如果没有遇到类似于塑化剂和限"三公"等极端事件，不大可能低于20倍）；中药龙头片仔癀，最近10年的市盈率基本在28~160倍（疫情期间炒作核心资产时达到了160倍），多数时间在40~80倍。

锂电池、光伏行业在渗透率极低且高增长的背景下，市场赋予的市盈率也比较高，比较有代表性的隆基绿能最近几年的市盈率在13~55倍；刚刚兴起的人工智能行业市盈率就更高了，百倍千倍市盈率的公司不在少数（这种公司炒作成分较大，难以把握）。

市盈率不仅可以用于评价个股的估值，还可以用于评价股市整体估值。这些年上证指数在10倍至60倍PE之间宽幅震荡，而最近几年，上证市盈率持续回落，市盈率已经来到了12倍附近，处在宽幅震荡的下轨，就是说现在市场的整体估值偏低，即便是成熟的国际市场，市盈率来到这个位置也比较低了。

当整个市场的市盈率处于极低状态时，适合重仓买入优秀的行业龙头，并等待行情走好；当整个市场的市盈率水平极高时，就要考虑离场或者降低仓位了。

钢铁、水泥、煤炭、电解铝、银行等传统行业的公司市盈率和市净率往往较低，而那些具有品牌影响力的消费品公司的市盈率和市净率往往较高，这已经成为市场共识。我们用数据来说明一下为什么吧。

宝钢股份是传统企业的代表，我们直接看其固定资产和净利润的数据对比（见图13-1），看完大家就明白了。

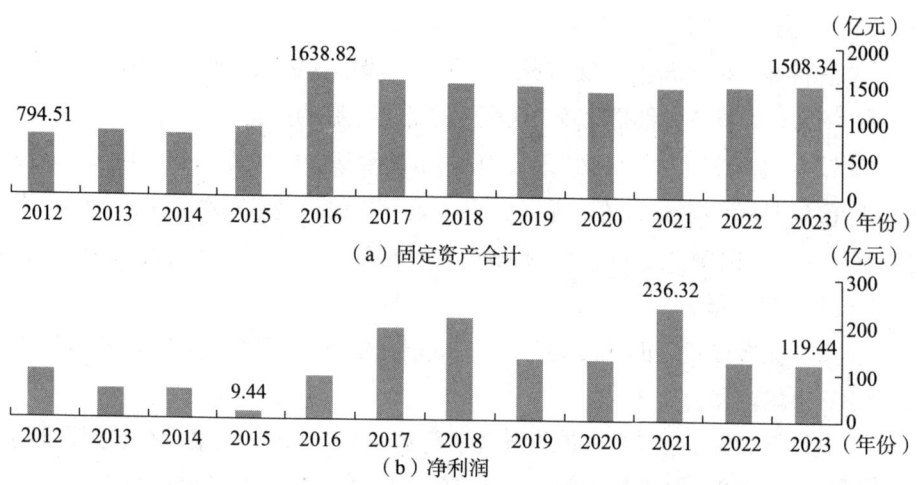

图 13-1 宝钢股份 2012—2023 年固定资产和净利润

从图 13-1 可以看出。这些年来宝钢股份 1400 亿元左右的固定资产投入却仅仅支撑了最多 236 亿元的净利润，而且多数年份宝钢股份的净利润是忽高忽低的，不好预测。

茅台是消费品公司的代表，我们还是看其固定资产和净利润数据（见图 13-2）。

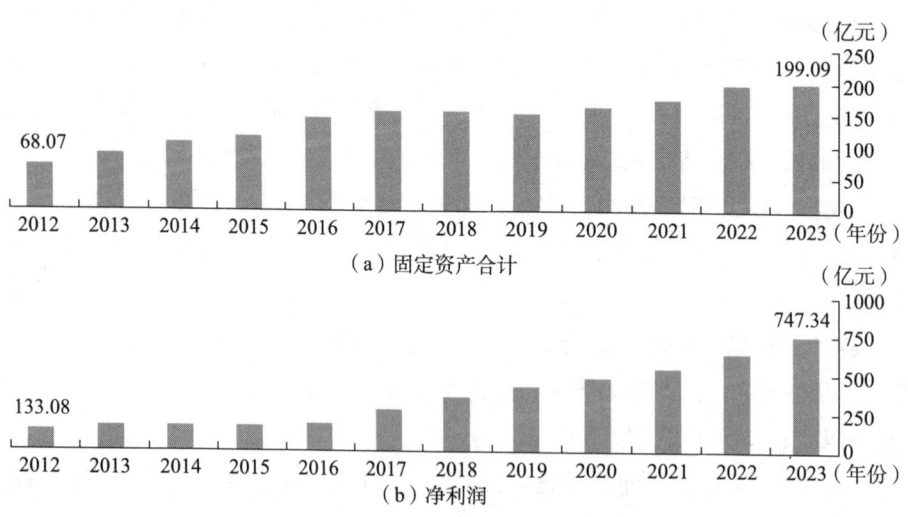

图 13-2 茅台 2012—2023 年固定资产和净利润

茅台的固定资产缓慢增长，而净利润却快速增长，用不到 200 亿元的固定资产，每年创造的净利润却远远超过 200 亿元。

把宝钢和茅台的数据放到一起对比，差距非常明显。

当然，这里仅仅是从投入和产出角度来看哪个生意更值钱。大家感兴趣的话也可以从每年的资本开支、自由现金流、净资产收益率等角度来评判一下生意的优劣。

净利润和现金流能够持续高增长，且不依赖于较高的资本开支的生意，它的内在价值比较高，这才是投资者比较喜欢的。

钢铁生意不仅需要较高的资本开支，每年还会生锈，会不断贬值；而白酒生意不需要多少资本开支，酒窖和基酒却越来越值钱。

概括地说：

（1）好生意，市盈率或者市净率高；烂生意，市盈率或者市净率就比较低。

（2）行业处于快速爆发的初期，市盈率或市净率均较高，而进入成熟期后估值将回归常态。

市盈率（PE）和市净率（PB）是衡量企业是否具有投资价值的最常用的两个指标。但在实践中也有明显的局限性。

比如某些创新药企业尚未实现盈利，甚至没有产生营业收入。这时候市盈率和市净率指标就无法使用了。

这时候就需要使用其他一些估值手段了，比如可比公司估值法。当然，这需要对目标公司、对行业有非常深刻的理解才有可能给出比较合适的估值，使用时比较复杂且难度较大。

一般情况下，不懂不投，投资就是选择，达不到选股最低标准的公司最好直接排除，看不懂的公司也直接排除。投资者不能什么钱都想赚。

对于估值，彼得·林奇说，关键是避免买入市盈率过高的股票。

遇到市盈率过高的股票，我们就要思考为什么市场给它如此高的估值。多数情况下，市盈率过高是市场的炒作，需要回避，而少数情况下可能是企业的拳头产品刚进入销售阶段，市场处于0~1的爆发初期。比如宁德时代的市盈率一度高达170倍（2021年初），而一旦公司的销售收入释放出来后，公司的市盈率就降下来了。时至今日（2023年末），宁德时代的市盈率降到了20倍附近，此刻看起来，就比较合理了。

所以，我们在使用市盈率时，要辩证地看问题，市盈率低不一定代表估值便宜，市盈率高不见得就高估。评估公司价值时要结合行业发展阶段、公司竞争优势和公司的成长性等。

在使用市盈率和市净率这两个指标评判企业价值的时候，我们需要关注它的估值区间,当估值来到历史最高或者历史最低附近时,往往是值得采取行动的时候,而估值在中间位置时,就不太具有行动的指导意义。

对于股票投资者来说,了解市盈率和市净率两种估值方法基本就够用了。当然,前提是必须能看懂目标公司,能够大概看到公司未来的发展。感兴趣的朋友可以自行搜索学习市销率、市现率等估值方法。

自由现金流折现法

市盈率、市净率、市销率、市现率等估值方法,被投资者统称为相对估值法,是相对于利润、资产、销售收入等的估值倍数。

与相对估值法对应的是绝对估值法,实践中,经常提到的绝对估值法主要有自由现金流折现法、股利折现法等。

自由现金流折现法是巴菲特唯一认可的估值方法,也是唯一能在逻辑上说得通的估值方法,大概是说一家公司值多少钱,要估算其生命周期内所有年份的自由现金流的折现值,然后将每年的数值加总即可。

巴菲特说的自由现金流,是指能自由分给股东的那部分现金,并且分掉之后,还不会影响企业的正常经营。

在1998年致股东的信中,巴菲特说:"我们将内在价值定义为一家企业在其剩余时间所能产生现金流量的折现值。任何人在计算内在价值时都会依赖自己的主观判断,而这个主观判断又会因未来预估现金流量与市场利率的变动而变动。尽管计算这一数据时做不到十分精确,但它却是一个非常重要的指标,也是评估某项生意或某项投资是否具有吸引力的唯一合理方法。"

另外,巴菲特在一份致股东的信中说过,五十多年前,约翰·伯尔·威廉姆斯在其著作《投资价值理论》中,已经提出了价值的计算公式——未来现金流折现法。**这种方法简单概括就是,股票、债券或非上市公司的价值,都等于其预计存在期限内现金流入和流出的差额,以一个适当的利率折现到今天后的加总值。**

特别需要提醒的是,股票和债券的价值计算公式是一样的。但即便如此,二者之间仍有一个重要且难以处理的区别。

债券的息票和明确的到期日,决定了未来现金流清晰可计算,而股票不是,投资者或分析师必须自己估计股票附带"息票"的数量和金额。

此外,管理层的能力和诚信对债券息票影响不大(确实有少量无能或不诚信的管理层,导致债券本息支付出现问题,但总体来说占比较小)。相比之下,股票"息票"可能会在很大程度上受到管理层能力和诚信的影响。

未来现金流折现法显示,价格和价值之间差异最大的目标公司,就是投资者应该买入或卖出的。这和未来是否有增长,利润是大起大落还是平稳状态,市盈率和市净率是高或者是低,都没有关系。

此外,尽管未来现金流折现法会让我们发现,大部分时候股票都比债券更值得投资。但这个结果并不是恒定的,当债券的价格更划算的时候,我们就应该去投债券。

上述内容就是巴菲特关于自由现金流折现估值法的介绍。

在巴菲特看来,唯一有价值的估值公式是现金流折现法,其他估值方法都是猜猜猜。

但芒格说过,从未见过巴菲特拿计算器推算公司的估值。

巴菲特之所以不会真的去套用公式推算公司的价值,原因在于现金流折现法根本就无法直接套用。

巴菲特更多的是通过对商业的深刻理解,一眼定估值。

例如茅台,20~40倍PE,可能我们也说不好到底是否值得投资,但如果茅台现在给到10倍PE,任谁都不需要思考就知道此时非常值得投资,或者茅台冲到了80倍PE,那直观感觉就是,太高估了。

教科书上的现金流折现法一般是分段计算的,将公司的增长分为多年的高增长(比如5年)和随后的永续增长。然后将两段现金流进行分别折现加总。最终的数值便是公司的价值V,然后对V进行打折,就是最终的买入价格。

问题在于:

(1)将公司的增长分为两段,第一段是5年左右的高增长(比如复合增长率30%),接下来是永续的低增长(比如5%的增长率),那么你当真能确定最近5年的复合增长率是30%,而未来的复合增长率是5%吗?另外,为什么是5年,而不是8年,或者10年?还有一个关键点在于绝大多数公司的寿命都很短,能苟活20年就阿弥陀佛了,根本就没有永续的增长属性。

(2)每年产生的自由现金流是如何确定的?公司的经营受到诸多因素影响,公司自身尚且无法确定每年产生多少现金流,投资者如何能确定每年的数值?

现实中有很多公司为了尽快占领市场份额,取得绝对领先优势,它们宁愿10年不盈利,甚至每年都将现金流烧光,比如京东、亚马逊、拼多多、美团等公司,它们处于创业阶段时均如此。试问这些现金流烧光甚至连续多年现金流烧成了负数的公司,你如何使用现金流折现法?

（3）折现率是5%或者3%，到底应该怎么确定？换到永续的模式里，一个点的差距往往就是天壤之别。

（4）公司的寿命怎么确定？多数公司的寿命都非常短暂，你确定你的目标公司具有永续价值吗？

（5）对最终的计算结果进行打折，用以保证安全边际。是五折、六折，还是八折？随意性太大。

所以，现金流折现模型无法直接套用。

但并不是说它对我们的投资毫无用处，相反，现金流折现模型对我们选股和估值是非常有启发的：

（1）现金流越充沛，公司越值钱。这要求我们在选股时，最好选择那种投入有限，但产出却无限大的公司。这类公司，每年都不太需要资本支出却能长期产生大量的现金流，每年赚到的钱都是纯粹的可供分配的现金。在白酒、酱油、中药等基于嘴巴和生命的赛道里，都可以选出一些这样的公司。

（2）现金流（净利润）增长越快，公司越值钱。这要求我们紧盯长周期的景气赛道，最好是永远的朝阳行业，最好是利润和现金流长期持续增长的公司。

有这样的行业和公司吗？

当然有。

人类对于生命的长度和质量的追求是无止境的，还有很多疾病困扰着人类，比如阿尔茨海默病、肿瘤、脱发、性功能下降、各种器官衰老等。在各种影响生命质量和长度的问题没有解决前，医药赛道就没有天花板。

（3）净利润持续增长的时间越长，公司越值钱。这就要求我们去寻找寿命尽可能长、尽可能接近永续增长的公司（嘴巴和药品都是基于人类生命的，寿命最长），最好是已经活过了百年历史的老字号公司，我们离开人世后，它们的股权还能世代相传。

（4）不管在选股环节，还是估值环节，重点关注目标公司未来盈利增长的确定性。

（5）垄断的生意是最好的，未来前景容易判断，现金流容易预测。最好的交易是大熊市里买垄断。

反过来说，周期性强的公司，无法估算现金流，排除；尚未实现盈利的初创期公司，很难看懂，且现金流无法估算，排除；净利润现金含量太低的公司，排除；行业不稳定，技术变革比较频繁的公司，排除；毛利率和净利率持续下降的公司，排除；净资产收益率太低的公司，排除；财务负担重的公司，排除；处于竞争激烈环境中的公司，排除。

最终剩下的必定是极少数财务数据非常亮丽，前景非常好的公司。这些剩下的公司，都是赚钱机器，它们不需要太多的资本支出，净利润几乎就等于自由现金流，这类公司是价值投资者最喜欢的。

在选股过程中，使用者采取的标准越是严格，最终剩下的潜在目标公司就越少。

由于认知不同，知识结构不同，每个人使用现金流折现法选出来的潜在目标公司会存在很大的不同。

大家有没有感觉到现金流折现法简直就是一个用来指导选股和估值的完美的思想体系呀？

确实足够完美，但也确实令人失望。大家期待的是能有一个可以直接套用的简单的估值公式，最好能一口气算出公司的合理价值。

巴菲特和芒格都说，没有。确实没有。

现金流折现模型是一个完美的估值模型，但在估值上不具有实操性，应该将其视为一种"选股+估值"的思维体系。

大家想一想，每个公司都有自己的特殊性，所处的发展阶段不一样，所处的细分市场不一样，周期性不一样，所处的时代背景不一样，行业竞争烈度不一样，管理层激励程度不一样，这么多个不一样，导致每个公司未来发展速度、盈利能力和创造的现金流以及生命长度等都存在巨大差距。

因此，简单地套用模型与公式去估算公司的价值，自然是不妥的。

需要注意的是，依据现金流折现模型选出来的公司更加优秀，往往适合长期投资，但它并不否定其他选股方法和估值体系实现盈利的可能性。

每个投资人的精力和资金都是有限的，不妨先将巴菲特唯一认可的估值方法用好，然后再考虑要不要让思想飞一会儿。

各种估值方式都有其自身的优势，又都有一定的缺点，现金流折现法被视为唯一能逻辑自洽的估值方法，竟然无法使用。那么，是不是说明咱们对目标公司的估值就束手无策了呢？

当然不是。

我的估值大法

在选股环节，我们先按照现金流折现法的思维框架完成选股，而进入估值环节的公司多半是基本面非常扎实、现金流非常充沛、利润增长具有确定性的公司，然后在估值方法上，使用市盈率和市净率给出模糊的定价，足矣。

我们知道**市盈率是收益率的倒数**，这一点应该没有疑问。可以这样理解，一个投资项目的年收益率是 5%，意味着 20 年回本，相当于 20 倍市盈率。

格雷厄姆曾经多次说过：**股票的买点为收益率高于无风险收益率的两倍。**

巴菲特也沿用了格雷厄姆的经验，他说：如果国债收益率为 2%，那么收益率低于 4% 的公司我们是不会投的。换句话说，市盈率超过 25 倍时我就不会买入。

当下（2023 年第四季度），我国无风险收益水平在 3.12%~4% 区间波动（长期国债收益率的大致区间）（见表 13-1），对应的市盈率就是 25~32 倍。

表 13-1　我国长期国债收益率

序号	代码	名称	利率（%）
1	019618	19 国债 08	4.00
2	101528	国债 1528	3.89
3	019689	22 国债 24	3.12
4	019536	16 国债 08	3.52
5	019547	16 国债 19	3.27

也就是说，在当前国内利率水平之下，**巴菲特能够接受的股票买点是 12.5~16 倍市盈率。**

这个估值水平买股票，有没有现实的可操作性呢？

1988—1989 年，巴菲特持续买入可口可乐股票，估值倍数为 15 倍市盈率以内。

巴菲特在 2016 年开始买入苹果，平均市盈率仅仅 16 倍左右。

巴菲特买入的银行股，往往只有 5 倍左右的市盈率，1 倍以内的市净率。

茅台在 2014 年初市盈率曾经达到 9 倍以内，2018 年 11 月曾经达到 22 倍附近。

当前（2023 年一季报），五粮液滚动市盈率在 23 倍左右，伊利股份滚动市盈率在 19 倍左右。

目前，国有大银行的市盈率基本在 5 倍以内，市净率基本在 0.5 倍左右；招商银行市盈率在 6 倍以内，市净率在 0.9 倍左右。

也就是说，在美股和 A 股按照格雷厄姆与巴菲特的标准来选股的话，是有实操性的。

可能会有投资者说，如果无风险收益率无限接近于零，那么我们岂不是要接受天价市盈率啦？

当然不能。

在之前的内容中说过，估值是相对的。假设人类的平均寿命80岁，投资者能接受一个10年收回投资的生意，但如果人均寿命达到200岁，那么投资者就可以接受20年，甚至40年收回投资的生意。

估值都是相对的，需要符合现实需求。现实的生意中，我们能够接受的是用20年、15年，甚至更短的时间收回投资。

另外，《股市长线法宝》一书给出的长期政府债券的收益率为3.6%。即便无风险收益率在短期内会有波动，从长期看，还是会回归到3.6%附近的水平。

我们在投资估值问题上，对于优秀的成长股要紧盯20倍以内，甚至15倍以内的滚动市盈率，对于成熟行业的公司（比如石油、煤炭、高速公路、银行等）紧盯5倍滚动市盈率。

但是我们也能够发现，在A股市场中，成长性非常好、非常优秀的公司，市盈率很少有低于20倍的时候。所以，一旦出现极端情况，比如恐慌导致的股灾，要果断抓住机会。

A股市场中，茅台市盈率曾经达到9倍以内，主要是因为塑化剂危机叠加限"三公"消费的双重利空打击。

对于茅台这样现金流充沛、成长性不错、寿命几乎无限长的公司，如果死盯着20倍估值上限，恐怕一生中唯一的买入机会就在塑化剂危机及限"三公"期间。

对于片仔癀这样基于生命健康、现金流充沛、垄断且寿命几乎无限长的公司，如果死盯着20倍估值上限，大概率也永远没有买入机会。

格雷厄姆在估值方面主要考虑的是烟蒂股投资思路，他完整地经历了美国大萧条时期，因此在估值方面非常保守，更加关注安全边际。

巴菲特是格雷厄姆的亲传弟子，巴菲特遇到芒格之前，严格践行老师的估值方法，获得了非常高的投资收益。

因此格雷厄姆和巴菲特对于估值倍数的要求，是非常保守、非常低的。时至今日，巴菲特的投资体系里有85%是格雷厄姆，15%是费雪，也就是说，他仍然是偏向于保守的。

我们从巴菲特的持股中也能看出这个苗头，巴菲特的持股中有大量银行、石油等股票，这些股票的成长性都不好，且市盈率和市净率倍数都很低。

如果我们严格践行巴菲特的估值思路的话，我们大量仓位就要被投放到比较传统的行业里去了，但这些行业不太能够代表我国经济的发展方向和时代背景，且又与现金流折现模型的选股思路有不一致的地方。

因此，在投资实践中我们不能完全照搬大师的投资思想，要根据自己的理解，并带有一些投资的思辨。

不同的经济体，不同的经济发展阶段，经济增速有较大差距，投资收益率也有较大差距。

不同的时代背景，不同的行业发展阶段，不同的行业发展空间，行业龙头的发展速度、现金流和投资收益率等也有较大差距。

因此，我们要基于格雷厄姆和巴菲特估值的思维框架，即股票的买点为收益率高于无风险收益率的2倍，紧盯15倍的滚动市盈率，然后根据现实情况对目标公司的估值倍数进行灵活调整。

在具体估值时，对于非常传统的、产能过剩的、产品差异化小的行业的目标公司，如银行、地产、石油、煤炭、钢铁、水泥等，市盈率要控制在5倍左右，市净率要控制在0.5倍左右。

对于茅台、片仔癀和同仁堂这样的公司，要盯着20倍的市盈率，然后向上或向下调节市盈率倍数。对于成长股，紧盯20倍市盈率这个门槛，市盈率高过20倍的就要掂量掂量。

具体要根据目标公司所处行业的前景、竞争格局、发展阶段、竞争对手情况、发展空间、政策走向等情况，调整目标公司的估值区间。

（1）高速发展的经济体的整体市场的市盈率倍数相对于美国、日本那样的缓慢增长的发达经济体，可以根据具体情况稍微上调一些。比如巴菲特在美国紧盯15倍以内的市盈率，我们经济体的增速高于美国，可以紧盯20倍以内的市盈率。

（2）目标公司的行业发展处于高增长期，且渗透率极低时，可以上调估值倍数。

（3）目标公司内在价值越高，越值得赋予较高的估值倍数。如片仔癀、同仁堂、东阿阿胶等中药公司，现金流极充沛，且处在老龄化背景下的长坡赛道，它们的市盈率一直都不便宜，也是有道理的。

（4）好生意，市盈率或者市净率可以适当调高；烂生意，市盈率或者市净率就比较低或者直接排除。

（5）目标公司所处的行业前景非常好，行业竞争格局非常有利，甚至垄断的，可以上调估值倍数。

实际估值过程中，通过大量阅读、深入理解公司和行业前景后，再根据过往估值水平以及未来业绩走向等调整估值区间。

如果目标公司未来业绩和增长空间没有太大变化，就可以在过去的估值区间内给出估值。股价靠近过往市盈率区间下轨的，可以考虑是否出手买入，股价靠近市盈率区间顶部时，可以考虑是否卖出。

比如，同仁堂过去10年滚动市盈率区间为31.6~57倍，最高也曾短暂到达过74倍。那么在同仁堂基本面没有变化的情况下，估值靠近或者跌破31.6倍PE时，或许就是不错的买入机会。

但这个时候，你对同仁堂的出价是远远高于20倍滚动市盈率的，因此还是要做好心理准备，要问自己，如果遇到极端恐慌性行情，公司估值被杀到30倍以内，甚至20倍附近时，是否能够坚定持股并敢于择机加码？

如果有这个心理准备，那就可以买入；否则就等20倍滚动市盈率再买。是接受可能的错过，还是先拥有并等待？需要综合考虑。

如果目标公司未来业绩和增长空间将要发生较大变化，比如目标公司在未来有新产品、新产能投放市场，或有技术突破等引发公司的业绩持续大幅增长，那么就可以适当上调估值区间。

通过选股、阅读年报等资料，深入理解目标公司，然后调整估值倍数，最终可以给出一个比较保守的市盈率倍数，或者股票价格区间。

宏观经济陷入悲观，外围局势紧张，且行情不明朗时，可以根据情况适当调低估值倍数，缩小贪婪价格区间。

当股价来到我们设置的保守的贪婪价格内部时，可以考虑是否出手买入。

这里面存在大量的估计和假设，对投资人的知识面有较高要求。只有大量阅读，形成交叉的行业认知，并经过横向对比分析后，才能给出一个"模糊的正确"。

总结起来看，我们在选股和估值时，以现金流折现模型的思想体系把握选股的方向，以市盈率和市净率作为估值的基本方法，紧盯20倍滚动市盈率，综合行业发展阶段、公司特质等适当调整估值区间，但这一切均以能力圈以及目标公司盈利增长的确定性为前提。

第四篇

案例篇——牛股值多少钱

在估值前必须先深度理解目标公司，思考公司未来的发展。

巴菲特说：只要是好生意，别的什么东西都不重要。只要把生意看懂了，就能赚大钱。看一个生意，你就一门心思琢磨它将来会怎么样，别太纠结是什么时候。

第 14 章
天坛生物——具有经济特许权的好生意

巴菲特说，我们喜欢的公司，一是我们**能够理解**，二是具有**良好的长期发展前景**，三是**管理层诚信且能干**，四是能以**合理的价格**买到。

最先强调的就是能够理解，能够看懂，实质上就是"能力圈"。能力圈是价值投资的四大支柱之一，非常重要。

巴菲特曾说：我喜欢我能看得懂的生意，先从能不能看懂开始，我用这一标准就把 90% 的公司过滤掉了。

读年报是建立能力圈的关键，不读年报就没有能力圈可言。

投资，关键是去理解公司，思考公司未来的发展，然后思考公司值多少钱，至于其他的，完全不重要。

只要公司有未来，只要公司的盈利增长具有确定性，其他的就都好办。

至于企业值多少钱，我的主要做法是，多阅读，多思考，多对比研究。不仅要阅读本公司的资料，还要阅读竞争对手的资料，然后形成对比分析。

不仅要对本行业有所了解，还要对相近行业要有所了解，才能形成横向和纵向对比。

当然，不能僵化地看问题，不同的时代背景下，不同的行业发展阶段，不同的流动性环境等都会导致估值存在较大差距。所以需要综合去看。

接下来，带大家梳理一下天坛生物的基本情况，核心内容均来自公开披露的年报及公告。

很多朋友不知道能从年报里读出哪些内容，也不知道如何读年报，我的看法是先拿起一份年报，读起来再说，读完了，就知道了。

天坛生物 2022 年的年报目录如图 14-1 所示，看一下就知道重点在哪里了。

第 14 章
天坛生物——具有经济特许权的好生意

2022年年度报告	
目录	
第一节	释义 3
第二节	公司简介和主要财务指标 4
第三节	管理层讨论与分析 8
第四节	公司治理 35
第五节	环境与社会责任 47
第六节	重要事项 54
第七节	股份变动及股东情况 67
第八节	优先股相关情况 72
第九节	债券相关情况 72
第十节	财务报告 73

图 14-1 天坛生物 2022 年年度报告目录

重点内容在前三节，需要仔细阅读，其他内容可以快速浏览。

因为本书主要是写给普通投资者的，普通投资者在信息获取方面难度较大，所以，对于目标公司的研究，主要从年报以及公开披露的公告入手。对于高大上的卖方研报，案例分析中基本不涉及。

本案例的主体内容来自天坛生物及其所属行业的几家头部公司的年报，为了让普通投资者多看到一些底层的东西，故而没有做过多删减和总结提炼。

感兴趣的朋友可以在读完本书后，去读一下文章中涉及的其他几家公司的年报，读完后，如果也可以写出这么一篇文章，那么投资就算入门了。

天坛生物基本情况

天坛生物的主营业务为血液制品的研发、生产和销售，所处的行业为血液制品行业。

血液由血浆、红细胞、白细胞及血小板等成分组成。血浆约占血液组成的 50%~55%。正常血浆为淡黄色透明液体，在血浆组成成分中，水分占 90%~92%，其他为蛋白质、无机盐、电解质、胆固醇等。作为众多救命药的生产原料，血浆具有人源性、不可替代性、稀缺性的特点。

血液制品主要有白蛋白、免疫球蛋白和凝血因子等三大类产品。

血液制品生产的原料全部来源于健康血浆,是关系国家医药卫生安全的战略物资,在重大传染病防治、突发公共卫生事件救援、战备保障和军事反恐中发挥着重要作用。同时也是治疗相关罕见重症疾病的救命药,是患者长期需要、赖以生存的生命线。

天坛生物的主要产品包括人血白蛋白、静注人免疫球蛋白(pH4)、人免疫球蛋白、乙型肝炎人免疫球蛋白、冻干静注乙型肝炎人免疫球蛋白(pH4)、破伤风人免疫球蛋白、狂犬病人免疫球蛋白、组织胺人免疫球蛋白、人凝血因子Ⅷ、人纤维蛋白原、人凝血酶原复合物等14个品种。

接下来,了解一下产品用途。

(1)人血白蛋白(含冻干剂型):系由健康人血浆,经低温乙醇蛋白分离法分离纯化,并经加温灭活病毒后制成。主要用于:①治疗失血、创伤和烧伤等引起的休克;②治疗脑水肿及损伤引起的颅压升高;③治疗肝硬化及肾病引起的水肿或腹水;④预防和治疗低蛋白血症;⑤治疗新生儿高胆红素血症;⑥用于心肺分流术、烧伤及血液透析的辅助治疗和成人呼吸窘迫综合征。

(2)静注人免疫球蛋白(pH4)(含冻干剂型):系由健康人血浆,经低温乙醇蛋白分离法分离纯化,去除抗补体活性并经病毒去除和灭活处理制成。主要用于治疗:①原发性免疫球蛋白G缺乏症,如X连锁低免疫球蛋白G血症、常见变异型免疫缺陷病、免疫球蛋白G亚类缺陷病等;②治疗继发性免疫球蛋白G缺陷病,如重症感染、新生儿败血症、婴幼儿毛细支气管炎等;③治疗自身免疫性疾病,如原发性血小板减少性紫癜、川崎病等。

(3)人免疫球蛋白:系由健康人血浆,经低温乙醇蛋白分离法分离纯化,并经病毒去除和灭活处理制成。主要用于预防麻疹。若与抗生素合并使用,可提高对某些严重细菌和病毒感染的疗效。

(4)乙型肝炎人免疫球蛋白(含冻干剂型):系由含高效价乙型肝炎表面抗体的健康人血浆,经低温乙醇蛋白分离法分离纯化,并经病毒去除和灭活处理制成。主要用于乙型肝炎的预防。适用于:乙型肝炎表面抗原(HBsAg)阳性的母亲所生婴儿的母婴阻断;意外感染的人群;与乙型肝炎患者和乙型肝炎病毒携带者密切接触者。

(5)冻干静注乙型肝炎人免疫球蛋白(pH4):系由含高效价乙型肝炎表面抗体的健康人血浆,经低温乙醇蛋白分离法分离纯化,去除抗补体活性并经病毒去除和灭活处理制成。该产品与拉米夫定联合使用,可预防乙型肝炎相关肝脏疾病的肝移植术后患者再感染乙型肝炎病毒。

（6）破伤风人免疫球蛋白：系由含高效价破伤风抗体的健康人血浆，经低温乙醇蛋白分离法分离纯化，并经病毒去除和灭活处理制成。主要用于预防和治疗破伤风，尤其适用于对破伤风抗毒素（TAT）有过敏反应者。

（7）狂犬病人免疫球蛋白：系由含高效价狂犬病抗体的健康人血浆，经低温乙醇蛋白分离法分离纯化，并经病毒去除和灭活处理制成。主要用于被狂犬或其他携带狂犬病毒动物咬伤、抓伤患者的被动免疫。

（8）组织胺人免疫球蛋白：系由健康人血浆，经低温乙醇蛋白分离法分离纯化，并经病毒去除和灭活处理的人免疫球蛋白与磷酸组织胺配制、冻干制成。主要用于预防和治疗支气管哮喘、过敏性皮肤病、荨麻疹等过敏性疾病。

（9）人凝血因子Ⅷ：系由健康人血浆，经分离、提纯，并经病毒去除和灭活处理、冻干制成。本品对缺乏人凝血因子Ⅷ所致的凝血机能障碍具有纠正作用，主要用于防治甲型血友病和获得性凝血因子Ⅷ缺乏而致的出血症状及这类病人的手术出血治疗。

（10）人纤维蛋白原：系由健康人血浆，经分离、提纯，并经病毒去除和灭活处理、冻干制成。主要用于防治先天性或获得性纤维蛋白原减少以及缺乏症人群导致的出血症状和凝血障碍。

（11）人凝血酶原复合物：系由健康人血浆，经分离、提纯，并经病毒去除和灭活处理、冻干制成。主要用于治疗先天性或获得性凝血因子Ⅱ、Ⅶ、Ⅸ、Ⅹ缺乏的乙型血友病和凝血因子Ⅱ、Ⅶ、Ⅸ、Ⅹ缺乏导致的出血症状。

财务数据简单看

公司营业收入持续增长，增速不够快；扣非净利润持续增长，总体增速比营业收入增速稍快（见图14-2和表14-1）。

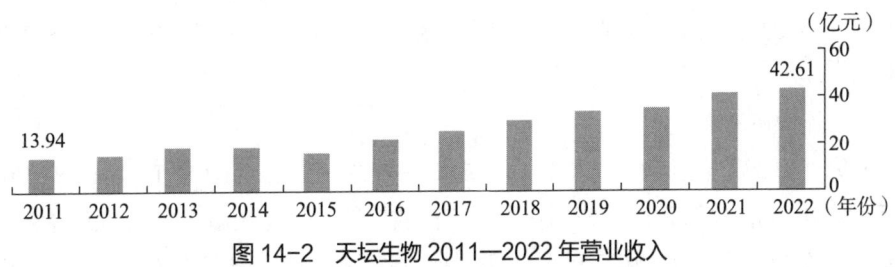

图14-2 天坛生物2011—2022年营业收入

表 14-1　天坛生物 2017—2022 年成长能力指标

指标	2022 年	2021 年	2020 年	2019 年	2018 年	2017 年
扣非净利润（亿元）	8.54	7.56	6.24	6.10	5.06	4.14
扣非净利润增长率（%）	12.93	21.12	2.36	20.63	22.19	69.20
营业收入（亿元）	42.61	41.12	34.46	32.82	29.31	24.83
营业收入增长率（%）	3.63	19.35	4.99	11.97	18.03	−17.45

天坛生物毛利率和净利率较高，长期保持稳定，且净利率高达 25% 以上（见表 14-2），100 元的销售收入产生 25 元以上的净利润，这样的生意做起来比较舒服。

表 14-2　天坛生物 2017—2022 年盈利能力指标

指标	2022 年	2021 年	2020 年	2019 年	2018 年	2017 年
净利率（%）	28.27	25.99	27.37	27.25	25.11	70.59
毛利率（%）	49.08	47.53	49.67	49.85	47.18	55.93
净资产收益率（%）	10.46	11.11	15.10	16.72	15.51	41.52

高净资产收益率是股价长期走牛的关键。2020 年及以前，公司的净资产收益率超过 15%，能达到选股的最低标准，而之后，净资产收益率持续下滑，主要原因在于公司 2021 年进行了增发融资，实际融资 33.31 亿元（见图 14-3）。

实际发行价格：28.1300 元	新股上市公告日：2021-04-26
实际发行数量：1.19 亿股	发行新股日：2021-04-23
实际募资净额：33.31 亿元	证监会核准公告日：2021-03-11

图 14-3　天坛生物 2021 年增发融资情况

这 33.31 亿元现金计入公司的净资产中，直接放大了净资产收益率的分母。如果将 33.31 亿元现金从净资产中扣除，那么，最近两年公司的净资产收益率均在 15% 以上。

只能说还不错吧。

另外，公司年报显示，2022 年固定资产 24.77 亿元，而在建工程 15.32 亿元（见表 14-3），也就是说，公司在大力度投放产能，还有大量在建工程即将投入使用，并产生销售收入和净利润。把这块考虑进去的话，公司的净资产收益率又将提高一大截。

第 14 章
天坛生物——具有经济特许权的好生意

表 14-3 天坛生物 2020—2022 年固定资产和在建工程情况

指标	2022 年	2021 年	2020 年
固定资产（亿元）	24.77	9.66	9.70
在建工程（亿元）	15.32	16.23	10.30

2023 年在建工程陆陆续续转固定资产后，有望使产能翻倍，促使利润大幅增长。

我们拍拍脑袋计算，新产能使净利润翻倍后，公司的净资产收益率大概率可以达到 30% 附近。（粗略计算，别太计较）

这就非常高了。

公司的资产负债率长期保持在 20% 以内（见表 14-4），很显然，公司没有财务负担。大概率不存在有息负债。

没有财务负担的生意做起来，就更舒服了。

表 14-4 天坛生物 2018—2022 年的资产负债率

指标	2022 年	2021 年	2020 年	2019 年	2018 年
资产负债率（%）	12.24	11.32	20.03	18.01	14.21

天坛生物的资产负债表中短期借款为零，长期借款 2.54 亿元，应付债券为零。少量借款，完全构不成财务负担。

看一下现金流情况。

应收账款 10.37 亿元，对应着 42.61 亿元的销售收入，能够接受。

在销售模式方面，公司明确说：公司在国内市场的销售模式主要是将产品通过配送商销往各级医疗机构和零售药店等终端客户。公司根据市场情况，参与各省、市、地级市的政府采购招标，在招标过程中，确定中标价格，确定区域指定配送商，由配送商承担区域配送职责。

下游是医疗机构、零售药店以及政府采购平台，这些机构相对比较强势，存在这些应收款是很正常的。

应付账款不到 1 亿元，这也很好理解。公司的主要原材料是健康人的血浆，献血是不需要付款的，即便付款，也是一手交钱一手扎针。

此外，公司账上有 41 亿元的货币资金，现金很充裕，可以搞很多事情。

最近几年，公司经营活动产生的现金流净额基本在 6 亿 ~11 亿元，而这个数值基本是超过净利润数值的（见表 14-5）。说明，公司拿到的净利润是真金白银。

表 14-5　天坛生物 2018—2022 年现金流量和净利润情况

指标	2022 年	2021 年	2020 年	2019 年	2018 年
经营活动产生的现金流（亿元）	11.26	9.80	7.02	6.42	6.78
净利润（亿元）	8.81	7.60	6.39	6.11	5.09

总体来看，公司的现金流还可以，没有财务负担。

合同负债 3.7 亿元，创历史最高纪录，很显然，公司的产品越来越抢手，供不应求越发明显。

感兴趣的朋友可以看一下另外几家血液制品上市公司，它们的合同负债都在 1 亿元以内，享受不到天坛生物这样的先收款后拿货的待遇。

此外，这里提到供不应求，咱们还可以看年报验证一下。

从销售量和库存量对比看，大家会发现，销售量超过生产量，库存产成品只够一个多月的销售量（见图 14-4）。可以说，有多少就能销售掉多少。

（2）产销量情况分析表

主要产品	单位	生产量	销售量	库存量	生产量比上年增减（%）	销售量比上年增减（%）	库存量比上年增减（%）
血液制品	万瓶	1273.05	1308.54	133.65	6.50	4.89	-20.98

图 14-4　天坛生物 2022 年年度报告产销量情况

因此，我们前文提到，单采血浆站的数量和质量（产能）是国内血液制品行业发展的核心瓶颈，产能就是利润。

竞争的关键，先看你能否持续增加单采血浆站。

看一下产能情况（见图 14-5）。

> 公司所属血液制品生产企业生产规模设计产能持续保持国内领先地位。同时，为实现可健康持续发展，进一步扩大生产规模，成都蓉生在成都天府国际生物城园区投资新建永安血液制品生产基地，上海血制在云南省滇中新区投资新建云南项目，兰州血制在兰州市国家高新技术开发区投资新建兰州项目，上述三个血液制品生产基地设计产能均为 1200 吨，产品包含白蛋白、球蛋白和因子类产品，目前永安厂区已开始投产，未来随着云南项目和兰州项目逐步建成投产，公司将拥有三个单厂投浆能力超千吨的血液制品生产基地，并发挥协同效应，不断提升血液制品业务

图 14-5　天坛生物 2022 年年度报告产能情况

年报里说了，公司的在营单采血浆站由 60 个一口气变成了 102 个（含筹建中的），几乎翻倍。

2022年全年采集血浆2035吨。同时，公司在建的3个血液制品生产基地设计产能均为1200吨，合计达到3600吨。

等于说，公司一边快速增加单采血浆站，一边快速建设生产基地，并且生产出来的产品还不愁卖。

财报里，在建工程数值几乎快要赶上现有的固定资产数值了。大概可以判断出，公司的产能至少是要一口气翻倍的（模糊的正确）。那么接下来，公司的净利润大概率也是要一口气翻倍的。

看一下研发情况。

2022年，研发投入2.8亿元，研发人员364人。

2021年，研发投入2.38亿元，研发人员233人。

公司在持续发展的过程中，研发人员数量有所增加，研发支出保持增长，比较重视技术，但也能看出，血液制品是一个比较稳定的行业，今天销售的产品与5年前，甚至10年前没有什么两样，这样的行业和生意，它的未来比较好预测。

巴菲特多次说过：你会看到我们偏爱那些**不太可能发生重大变化的公司和产业**。经验表明，盈利能力最好的公司经常是那些现在的经营方式与5年前甚至10年前几乎完全相同的公司。

小结：公司的营收和利润将保持高增长，净资产收益率会持续提高，现金流充沛，没有财务负担。

血液制品行业发展概况

全球血液制品行业的发展概况

最早的血液制品起源于20世纪40年代初，是应反法西斯战争前线抢救伤员的需要而诞生的，被视为重要战略物资。

在血液制品行业发展过程中，世界范围内陆续发生血液制品安全事件，各国政府遂逐渐加强了监管，加之企业的兼并重组，全球主要血液制品企业从20世纪70年代的102家减少到不足20家（不含中国），**其中美国5家，欧洲8家，且营收排名前五位企业的市场份额占比为80%~85%**，行业集中度凸显。

大型跨国企业由于起步早，技术、资金、渠道积累充分，血液制品的生产及新药研发均有明显的规模优势和先发优势。

我国血液制品行业在认可程度不断提升、产品品类逐渐完善、质量标准逐步提高的过程中,预计行业集中度也将持续提升,会产生具有国际影响力、积极履行社会责任的血液制品企业。

我国血液制品生产始于20世纪60年代,至今已有近60年的历史。20世纪60年代末至70年代,血浆蛋白的分离工艺开始由盐析法逐步过渡到低温乙醇法,分离技术也由离心法过渡到压滤法。

进入20世纪90年代,随着我国市场经济的发展,许多地方血站、各大军区下属血站及科研机构也开始生产血液制品,生产厂家总数达到70家左右。随着国家卫生部明令淘汰冻干人血浆的生产和禁止盐析法工艺的使用,大部分小型生产厂家被淘汰。

1998年,国家规定只有通过GMP认证的企业才能生产经营血液制品。

自2001年起,国家未再批准设立新的血液制品生产企业,我国实行血液制品生产企业总量控制,国家对血液制品行业严格监管,中国血液制品行业长期处于供不应求的状态,我国年采浆量仅约占全球采浆量的16%,产品种类最多的企业仅14种,目前我国血液制品市场规模超400亿元,相比欧美成熟市场我国血液制品行业未来成长空间巨大。

从总体发展趋势而言,血液制品作为国家重要战略性储备物资及重大疾病急救药品,受我国经济发展水平、人口老龄化、医疗体制改革、血液制品临床刚需增加、消费结构趋于合理、血浆综合利用能力提升、血液制品出口常态化及国家"十四五"规划期间加大产业扶持力度等因素影响,我国血液制品行业未来仍将持续高景气度,市场增长空间巨大,我国血液制品行业市场容量未来有望突破千亿元。

由于临床用药习惯和对血液制品的认知程度不同,国内外消费结构差异明显,我国血液制品产品消费结构以人血白蛋白为主,国际市场免疫球蛋白与凝血因子类产品应用最为广泛,未来随着国内免疫球蛋白类产品临床应用的普及,适应证的逐步拓展,凝血因子类的产品医保支付范围的扩大,免疫球蛋白和凝血因子类产品将成为行业未来增长的驱动力。从全球血液制品人均使用量和销售价格角度来看,欧美发达国家免疫球蛋白和凝血因子类产品的平均销售价格和人均使用量远远高于我国,未来随着我国医疗水平和人均可支配收入的持续提高,血液制品的销售价格和人均使用量也有望持续提高。

血液中有150余种蛋白及因子,国外大型企业使用层析法能够分离20多种产品,我国少数血液制品企业能够分离9~14种产品,大多数企业只能分离5种或5种以下产品,血液综合利用水平较低。未来,随着技术发展,我国血液制品品种数量有望持续增多，企业盈利能力不断提高。此外，近年国际血液制品整体供应趋紧，给国产替代和海外出口创造了历史机遇。总体来看，我国血液制品行业未来市场增长空间巨大。

截至目前，国内正常经营的血液制品生产企业不足30家，按企业集团合并计算后户数约17家，超过半数企业不具备新开设浆站资质。

近年来，我国已形成以天坛生物、泰邦生物、上海莱士、华兰生物等具有一定话语权的血液制品集团公司为行业龙头的新局面。2022年前四家公司采集血浆均在1000吨以上，合计采浆占国内血浆采集量的60%以上，头部效应明显。

由于政府在血液制品企业准入上设置了高门槛，具有投资建设和研发创新能力，且质量管控严格、血浆综合利用率高的集团化公司在未来的竞争优势将进一步扩大。

血液制品的行业特点

行业壁垒坚固，市场准入条件较高。在行业政策壁垒方面，国家在血液制品行业准入、原料血浆采集管理、生产经营等方面制定了一系列监管和限制措施，具有较高的原料稀缺性和政策壁垒。

1996年12月国务院发布的《血液制品管理条例》规定，健康人血浆的采集须通过单采血浆站进行，而单采血浆站需取得由省级政府卫生行政部门核发的《单采血浆许可证》才能进行采浆活动，且在一个采血区域内只能设置一个单采血浆站。

2012年，卫生部印发《关于单采血浆站管理有关事项的通知》（卫医政发〔2012〕5号），要求血液制品生产企业申请设置新的单采血浆站，其注册的血液制品应当不少于6个品种（承担国家计划免疫任务的血液制品生产企业不少于5个品种），且同时包含人血白蛋白、人免疫球蛋白和人凝血因子类制品。确定血液制品生产企业注册血液制品品种时，同种成分不同剂型和规格的血液制品应按一个品种计算，强化了原料血浆采集的源头管理。

2016年，卫生计生委发布《关于促进单采血浆站健康发展的意见》，严格新增单采血浆站设置审批，并向研发能力强、血浆综合利用率高、单采血浆站管理规范的血液制品生产企业倾斜，新设单采血浆站难度明显增加。

在技术和资金壁垒方面，作为一个技术密集型生物制药行业，全产业链条包括从单采血浆、血浆组分分离到最终无菌制剂生产等数十个环节，且随着血液制品的创新和升级换代，生产和质量稳定性的要求日益提高，并对产品研发、生产技术、质量控制和质量保证的技术水平、经验积累等综合能力提出了更高的要求。

血液制品行业存在比较高的技术壁垒。血液制品生产的主要成本来自原料血浆和产品研发，生产企业如想降低单位成本以提高竞争力就必须提高血浆的综合利用率。一方面，需具备强大研发能力，开发新产品，以提高单位血浆提取的产品数量；另一方面，需要不断进行生产工艺优化以提高产品的收率和质量。

血液制品行业是高投入行业，具有较高的资金壁垒。从单采血浆站设置、血浆采集、产品研发、临床试验、产品生产到产品实现销售，需要投入大量的资金、设备等资源，同时占用大量流动资金。血液制品生产使用的厂房、设施以及仓库等必须进行专业化设计，且必须符合国家有关规定，经验收合格后才能投入生产使用。此外，血液制品生产所需的专用设备较多，重要仪器设备价格昂贵。

在品牌和人才壁垒方面，血液制品是一种以健康人血浆为原料制成的特殊药品，其质量稳定性直接关系到患者的生命健康安全。在消费过程中，消费者往往会选择知名度高、质量效果好、品牌声誉好的产品，一旦形成用药习惯，会建立起对该品牌的高度信任。由于品牌树立必须经过漫长的市场考验，新品牌的竞争性介入较为困难。

血液制品行业也是人才密集型行业，从研究开发、临床试验、生产再到最终的产品销售，需要大量的高素质、高精尖的人才作为支撑，国际大型血液制品企业都有强有力的研发、生产和销售人才队伍，人才壁垒相对较高。

监管政策严格，行业持续健康发展。鉴于血液制品的特殊性和极高的安全性要求，国家强制要求血液制品的原料采集、检测、存储、运输、生产、销售等各环节都具有可回溯性的过程记录，实行全链条严格监管。我国的监管部门对行业采取严格的监管手段，并出台了一系列的监管措施，以保证行业健康有序发展。

血液制品生产企业必须达到《药品生产质量管理规范》规定的标准，经国家相关监管部门审查合格后，才可从事血液制品的生产活动。

2017年12月20日，国家食品药品监督管理总局发布了修订后的《生物制品批签发管理办法》，以加强生物制品监督管理，规范生物制品批签发行为，保证生物制品安全、有效。未通过批签发的产品，不得上市销售或者进口。

2019年12月1日，新修订的《中华人民共和国药品管理法》开始施行，规定在一定条件下，允许网络销售处方药，但疫苗、血液制品、麻醉药品、精神药品、医疗用毒性药品、放射性药品、药品类易制毒化学品等国家实行特殊管理的药品不得在网络上销售；允许药品上市许可人委托其他企业进行药品生产和经营工作，但血液制品、麻醉药品、精神药品、医疗用毒性药品、药品类易制毒化学品不得委托生产。

2020年6月30日，国家药品监督管理局发布《〈药品生产质量管理规范（2010年修订）〉血液制品附录修订稿的公告》（2020年第77号），提升了对血液制品企业生产管理负责人、质量管理负责人和质量授权人的资质要求；要求企业定期开展实验室能力评估，确保实验结果准确、可靠和检验过程信息记录的真实、准确、完整和可追溯；要求企业对所有投料生产的原料血浆，必须留样至相应产品有效期届满后1年；要求原料血浆留样量应当满足规定病毒的核酸、病毒标志物检测及复测等的用量要求，原料血浆留样使用的容器应当满足留样期间样品保存、信息标识等的需要。

2021年9月2日，国家卫生健康委办公厅发布了《献血浆者须知（2021年版）》，进一步加强单采血浆站管理，保障献血浆者身体健康，保证原料血浆质量。

2021年12月10日，国家卫生健康委发布了《单采血浆站基本标准（2021年版）》，进一步加强单采血浆站管理，提升单采血浆站质量标准及要求，确保血浆质量和献血浆者安全。

2022年3月2日，国家卫生健康委发布了《单采血浆站质量管理规范（2022年版）》，进一步规范单采血浆站全面质量管理，提升单采血浆站血浆采集供应全过程质量标准及要求，保障血浆质量和献血浆者安全。并结合血浆实验室检测相关工作要求，制定了《单采血浆站实验室质量管理规范（2022年版）》。

2022年6月28日，国家卫生健康委组织制定了《单采血浆站技术操作规程（2022年版）》，进一步适应单采血浆站技术发展要求、规范技术操作流程、细化质量控制要求、提高原料血浆采集技术规范化水平。

我国对进口血液制品同样采取严格的管制措施，1985年开始国家禁止除人血白蛋白以外的血液制品的进口，2002年起禁止从疯牛病疫区进口人血白蛋白。为了缓解人凝血因子Ⅷ供应紧张的局面和满足血友病患者的用药需求，从2007年11月开始允许进口重组类人凝血因子产品。除此之外，截至目前，未开放其他血液制品的进口。

通过以上内容，我们可以了解到：

（1）血液制品对于国家安全，具有长期的战略价值，行业的发展和安全必须严格地控制在自己手里。

（2）血液制品行业是一个竞争不充分的行业，是一个严格监管的行业，行业门槛非常高，产业将不断走向集中。国际上已经形成了几个寡头垄断的局面，而国内，已形成以天坛生物、泰邦生物、上海莱士、华兰生物等为龙头的新局面。

接下来，我们只要把这几个企业研究明白就可以了，当然，还有一个博雅生物也是值得关注的。博雅生物刚被华润拿下不久，华润系擅长整合并购，销售网络也是国内数一数二的。派林生物被国资接手后，也可以作为参照物对比关注。

（3）国家严格单采血浆站设置审批，并向研发能力强、血浆综合利用率高、单采血浆站管理规范的血液制品生产企业倾斜，新设单采血浆站难度明显增加。对于现有的企业来说，能够不断获批新设血浆站，将在竞争中获得更多优势。

（4）血液制品行业企业数量不再增加，而市场需求却是不断提高的，产品将长期保持供不应求的状态。

（5）对于血液制品企业来说，最重要的两项工作分别是：①增加浆站数量，获取更多的原材料；②加大研发力度，提高血液的产品收率。

天坛生物与行业主要企业对比分析

血液制品长期供不应求，国家严格新增单采血浆站设置审批，并向研发能力强、血浆综合利用率高、单采血浆站管理规范的血液制品生产企业倾斜，新增单采血浆站难度明显增加。

原料的特殊性和稀缺性在较大程度上决定了血液制品行业的发展逻辑，单采血浆站的数量和质量是国内血液制品行业发展的核心瓶颈。对于现有的企业来说，能够不断获批新设血浆站，将在竞争中获得更明显的竞争优势。

国家已经不再新批血液制品企业，现有企业处于一个相对封闭的竞争环境中，大概就是目前的17家企业集团之间的竞争，在这17个"玩家"中，有超过半数企业不具备新开设浆站资质，发展规模和实力止步不前，久而久之，落后的企业选择"卖身"也是明智之举。

目前已形成以天坛生物、泰邦生物、上海莱士、华兰生物、派林生物、博雅生物等为龙头的竞争格局。随着时间的推移，集中度将会进一步提高，市场格局将会逐渐固化。

接下来，我们对比一下头部几家企业的浆站数量和产品收率等指标（见表14-6）。

表 14-6　国内血液制品企业浆站数量和产品收率等指标

项目	华兰生物	博雅生物	派林生物	上海莱士	天坛生物	泰邦生物
2022 年底浆站数量	32 家	14 家	38 家	41 家	60 家在营	—
全年采浆量	1100 吨	439 吨	将近 1000 吨	1400 吨	2035 吨,占行业采浆量 20%	—
2022 年新设浆站	5 家	1 家	—	新设 1,注销 1	22 家	—
截至年报披露日浆站数量	—	—	—	42 家	102 家,其中 70 家在营,32 家筹建中	—
产品收率	11 个品种,34 个规格	9 个品种	10 个品种	12 个品种	14 个品种,72 个生产文号	10 个种类,20 多个品规
当前固定资产	20.38 亿元	6.31 亿元	8.46 亿元	11.82 亿元	25.26 亿元	—
当前在建工程	2.44 亿元	0.77 亿元	4.28 亿元	0.95 亿元	16.76 亿元	—
销售能力	民营股东,一般	华润系销售能力数一数二	地方国资大股东,一般	基立福是大股东,国际血液制品龙头	国药系销售能力全国最强	—

泰邦生物没有在 A 股上市,且股东实力没有明显优势,暂不讨论。

经过对比 A 股上市的 5 家公司,大家可以发现:

(1)天坛生物的在营血浆站数量最多,新批和筹建的血浆站数量最多,血浆站数量增长最快,公司发展不会受到原料端限制。

(2)天坛生物在血浆提纯水平和综合利用水平上也有明显的领先优势。

(3)在建工程与固定资产的比值方面,天坛生物最大,说明产能扩张最快,主要是前文提到的 3 个合计 3600 吨产能的血液制品生产基地,在产品供不应求的背景下,产能就是利润。在建工程比值方面,派林生物排名第二。

(4)天坛生物的股东背景是国药集团,最终实际控制人是国务院国资委,股东实力强大,且国药系的销售网络和销售能力首屈一指。既然公司的股东是国家,且产品永远被需要,所以,企业的生命具有永续性。

综合来看,天坛生物是最值得关注的血液制品企业。当然,不排除其他领先企业通过人才引进以及并购等方式在血浆站数量和产品收率方面超过天坛生物,但可能性不大。

天坛生物行业地位及核心竞争力所在

2022 年经营情况概览。全年实现营业收入 42.6 亿元，同比增长 3.63%；实现净利润 12 亿元，同比增长 12.73%；实现归属于上市公司股东的净利润 8.8 亿元，同比增长 15.92%。

持续推进血源拓展，采浆量突破 2000 吨。2022 年，公司多措并举应对挑战，促进采浆量提升：一是强化绩效考核和加强浆站管理人员队伍建设；二是组织各浆站加大发展和稳定工作力度，持续推进品牌宣传和转型发展，促进采浆业务提升。年内，公司采浆量首次突破 2000 吨，所属 60 家在营单采血浆站采集血浆 2035 吨，同比增长 11%。

公司依托央企股东品牌影响力和公司综合竞争优势等，公司浆站拓展工作加速推进，在贵州、甘肃、吉林、湖北等地新设 22 家浆站。同时，公司积极推动筹建浆站建设及执业申请相关工作，截至 2022 年年度报告披露日，公司在营浆站已达 70 家，筹建中浆站 32 家。

千吨级项目顺利投产，全面提升产品供应能力。2022 年内，公司全面完成投浆目标和产品入库计划，并根据市场需求适时增加产品交库，保障公司血液制品的销售及市场供应。

公司持续加强生产现场精益化管理，持续提升产品收率及综合收益，所属在产 5 家血液制品公司平均产品收率水平处于行业领先地位；公司优化产品生产周期，生产效率有效提升；公司所属成都蓉生千吨级项目——永安项目顺利投产，有效提升公司整体产能。

持续强化质量管理，产品质量保持稳定。2022 年，公司顺利通过各级监管部门质量检查，质量管理体系有效运行，产品质量保持稳定，所属各血液制品公司产品自检和批签发合格率均为 100%。

始终坚持创新引领，新产品研发取得新进展。2022 年，公司重点提升新产品工艺技术和质量水平，确保了公司重组凝血因子类和免疫球蛋白类新产品在国内同行业的领先地位。

公司完成临床研究的 4 个项目，即成都蓉生注射用重组人凝血因子Ⅷ、静注人免疫球蛋白（pH4）（层析工艺，10% 浓度）、人纤维蛋白原和兰州血制人凝血酶原复合物提交上市注册申请，并均通过药品注册核查（药学）和GMP符合性二合一检查；4项临床试验项目，即成都蓉生皮下注射人免疫球蛋白、静注巨细胞病毒人免疫球蛋白（pH4）、注射用重组人凝血因子Ⅶa及上海血制人纤维蛋白原进展顺利，其中，注射用重组人凝血因子Ⅶa已完成Ⅰ期临床试验。报告期内，公司获得授权专利13项，其中发明专利3项，实用新型专利10项。

积极拓展海外市场，新增海外目标市场。2022年，公司实现了巴西市场的销售，努力打造具有全球影响力的血液制品企业。公司加快推进重点产品的海外注册工作，涵盖静注人免疫球蛋白、乙型肝炎人免疫球蛋白和狂犬病人免疫球蛋白等多个品种。同时，公司加强国际化经营团队建设；根据公司研发进程，有序开展拟上市产品国际注册准备；发挥产能布局优势，加强海外业务多品牌业务组合；对已有市场加强供应协调和服务支持，稳固市场地位。

加快数字化工厂建设，有效提升产能布局。成都蓉生永安厂区完成人血白蛋白、静注人免疫球蛋白、人凝血酶原复合物等产品生产场地变更等工作并于2022年8月开始投产，实现了公司首个高度集成数字化工厂的顺利投产；成都蓉生重组因子车间项目完成建设；上海血制云南项目完成建设，并顺利投入试生产；兰州血制兰州项目完成基础施工和主车间一层结构封顶；贵州血制人凝血酶原复合物中试车间改造项目完成建设；武汉血制血浆蛋白综合利用中试车间项目完成部分安装工程。

2022年，公司加速血源数字化建设，血源数字化管理平台和浆站云平台完成系统测试和上线。

终端覆盖持续领先，合理布局新产品上市。2022年，公司聚焦儿科、神经、血液、重症等科室，开展持续的专业学术推广，加强重点区域核心医院的进入和推广；做好新产品上市衔接及市场准入筹备工作，同时提前培训营销团队和合作伙伴团队，继续加大终端扩展力度，提高市场占有率。

2022年，公司覆盖销售终端总数达33703家，同比增长5.72%。其中，药店覆盖13410家，同比增长4.69%；二级以上医疗机构覆盖3100家，同比增长5.77%。

投资并购实现突破，提升公司竞争优势。2022年，公司积极布局陕西省血液制品业务，以收购及增资方式收购西安血制63.6962%的股权，收购完成后，公司积极推进西安血制恢复生产经营和所属两家浆站换发采浆许可证等相关工作，目前已经完成生产车间维护升级、设备采购、质量体系建设等主要工作，所属富平浆站、白水浆站已于2023年2月取得换发后采浆许可证，顺利实现采浆。

2022年，公司以主业发展为导向，加强投资管理工作，先后完成多个浆站的新设、增资等事项，为血源规模进一步扩大奠定基础；积极推动贵州血制增资及上海血制存续分立项目，助力公司内生发展。

加强人才队伍建设，支撑高质量发展。2022年，加强干部人才队伍建设，以满足公司经营发展需要。柔性引进中国科学院院士1名和3名专家，助力新产品研发；签约土耳其籍专家2人，为海外GMP认证和产品海外注册提供技术咨询服务。通过竞聘或者调整完成公司15位中层管理人员的任命；选配血液制品公司高管人员6人；选用96家浆站管理人员348人次。2022年，为满足血源快速发展的管理人员需求，全力开展浆站管理人员选用工作，以问题为导向，开展2次单采血浆公司管理人员培训，浆站各级管理人员和后备人才共计660余人次参加；组织开展5次面向全社会的浆站管理人员招聘工作；公司荣获"国药集团人才工作先进集体"称号，《后备人才队伍建设》材料入选国药集团人才工作优秀案例集。

天坛生物的行业地位

天坛生物是国内最早开始从事血液制品工业化生产的企业之一，血液制品生产历史可追溯至1966年，目前共计拥有人血白蛋白、人免疫球蛋白、人凝血因子等三大类、14个品种、72个血液制品生产文号，生产的血液制品在中国血液制品市场中占有较大市场份额，拥有质量、规模和品牌等综合优势。

经过多年的努力，公司已建立了科学有效的运营管理机制，在血源管理、人才队伍、技术研发、生产质量等方面积累了较为丰富的经验和资源储备。

公司下辖成都蓉生、兰州血制、上海血制、武汉血制、贵州血制、西安血制6家血液制品企业，生产规模持续保持国内领先地位。

公司及各所属企业依托国药集团与各地战略合作背景，积极争取各级政府及卫生健康行政主管部门支持。

截至2022年末，公司在营60家单采血浆站，实现采集血浆2035吨，约占行业总采浆量的20%，所属单采血浆站数量及采浆规模均持续保持国内领先。

截至2022年年报发布时，公司拥有单采血浆站（含分站）总数达102家，浆站分布扩大至全国16个省、自治区、直辖市，其中，在营的单采血浆站（含分站）70家，筹建浆站32家。近年来，公司持续加大基础性、建设性投入，为公司未来发展奠定坚实基础。

公司拥有百余名科研人员，专业从事血液制品和基因重组产品的研究开发。

公司对标国内外同行业先进企业，紧跟国际血液制品消费发展趋势和技术发展趋势，具有明确的新品种开发和新技术发展规划，在重组人凝血因子类和人免疫球蛋白类产品研发领域保持国内同行业领先地位的同时，密切保持对行业前沿创新的跟踪并进行前瞻性技术和品种的储备。

公司集中优势资源，加快重点品种的产业化进程，并通过内部技术共享合理布局下属子公司的科研品种，采用集中研发、分散注册的科研模式缩短研发时间，加速推进新产品研发和产业化进程，以科研创新推动公司高质量发展。

公司坚定不移推进终端医院网络建设，扩大进入终端的数量和比例，根据医院的学术影响力对医院进行分类，加强重点区域核心医院的进入和推广工作。2022年末，覆盖销售终端总数达33703家，同比增长5.72%，其中药店覆盖13410家，同比增长4.69%；二级以上医疗机构覆盖3100家，同比增长5.77%；进入标杆医院37家、重点开发医院37家，已基本覆盖除港澳台地区外的各省份主要的重点终端，终端数量持续居国内领先地位。

公司所属血液制品生产企业生产规模设计产能持续保持国内领先地位。同时，为实现可持续发展，进一步扩大生产规模，成都蓉生在成都天府国际生物城园区投资新建永安血液制品生产基地，上海血制在云南省滇中新区投资新建云南项目，兰州血制在兰州市国家高新技术开发区投资新建兰州项目。上述3个血液制品生产基地设计产能均为1200吨（合计3600吨），产品包含白蛋白、球蛋白和因子类产品，目前永安厂区已开始投产，未来随着云南项目和兰州项目逐步建成投产，公司将拥有3个单厂投浆能力超千吨的血液制品生产基地，并发挥协同效应，不断提升血液制品业务的经营质量和效益，打造国内领先、具有国际影响力、受到社会尊重的血液制品企业。

天坛生物的核心竞争力

生产规模优势。公司主营业务规模处于国内领先地位，公司拥有14个血液制品品种，生产规模、销售收入均处于国内领先地位，规模优势明显。

研发管线优势。公司对标国际一流血液制品企业，紧跟行业相关前沿技术发展动态，持续完善研发管线布局，建立了涵盖血液制品和基因重组产品较为完善的研发管线，是目前国内血液制品行业中唯一布局了重组人凝血因子类产品并进入上市注册申请阶段的企业。

为保证新产品的研发进度，提升质量水平，公司成立了研发中心统筹开展公司科研工作，配备了专业化的研发和管理团队，搭建了完善的研发质量管理体系，对新产品开发、质量控制、注册申报和临床试验运营进行全链条标准化统筹管理。

公司围绕血友病等罕见病、免疫缺陷、重症、感染等领域形成多品种研发管线，重点布局高浓度人免疫球蛋白、特异性人免疫球蛋白、血源性凝血因子、重组凝血因子、微蛋白制剂等新产品，并在重组人凝血因子类和人免疫球蛋白类产品的研发领域保持国内同行业的领先地位。

血源管理优势。 公司及所属血液制品公司依托国药集团与各地战略合作背景，积极争取各级政府及卫生健康行政主管部门支持，截至2022年年报发布日，公司拥有单采血浆站（含分站）总数达102家，其中在营单采血浆站（含分站）数量达70家，浆站分布扩大至全国16个省、自治区、直辖市。2022年全年，公司所属60家营业浆站实现血浆采集2035吨，占行业总采浆量达20%，浆站数量和血浆采集规模均持续保持国内领先。

央企股东优势。 公司实际控制人国药集团是由国务院国资委直接管理的中国规模最大、产业链最全、综合实力最强的医药健康产业集团，以预防、治疗和诊断护理等健康相关产品的分销、零售、研发及生产为主业。

国药集团2022年连续第十年登上世界500强企业榜单，居第80位，制药企业第1位。公司控股股东中国生物最早由隶属卫生部的北京、长春、成都、兰州、上海、武汉6个生物制品研发所联合组建而成，为我国产品最全、规模最大，集科研、生产、销售于一体的综合性生物制药企业集团之一。天坛生物具备依托国药集团和中国生物强大股东资源的独特优势，实现快速发展。

管理团队优势。 公司董事会和经营层均深谙血液制品业务，多位成员是血液制品行业的资深专家，在各行业协会及委员会担任重要职务，公司董事长杨汇川先生任中国输血协会副理事长，中国医药设备工程协会副会长、轮值会长，第八届至第十二届国家药典委委员；公司董事、总经理付道兴先生任四川省输血协会第六届理事会副理事长、中国输血协会血液制品工作委员会副主任委员、中国输血协会理事、中华预防医学会生物制品分会第七届委员会常务委员；公司常务副总经理周东波先生任中国输血协会血液制品工作委员会委员；公司副总经理何彦林先生任中华预防医学会血液安全专委会第一届委员会委员、中华预防医学会生物制品分会第七届委员会委员、中国输血协会血液制品工作委员会委员、中国微生物学会生物制品专业委员会，甘肃输血协会副理事长。

公司及所属血液制品公司均配备了聚焦血液制品业务的经营管理团队，熟悉血液制品业务，管理经验丰富，建立了科学有效的运营管理机制，有利于通过管理提升和技术共享等手段提升公司的运营效率。

产品品牌优势。公司是中国最早形成血液制品工业化生产的企业之一，长期以来"蓉生"牌系列血液制品在中国血液制品市场占有较大的份额，具有质量、安全性和品牌等综合优势，曾被卫生部誉为"血液制品典范"，赢得了极高的市场美誉度；上海血制"上生"品牌是上海市著名商标，在长江三角洲和珠江三角洲一带具有较强品牌影响力，在全国享有盛誉，上海血制人血白蛋白、静丙产品被多次评为名优产品；武汉血制"武生"产品在中南地区、湖北、湖南、广东、广西等省份有较高认可度，在全国有良好声誉；兰州血制"兰生"品牌在西北地区，河南、广东、广西等省份具有较高认可度；贵州血制"卫士"牌静丙、白蛋白多次被评为名牌产品，在华东、华南和华中等地区有较高的认知度。

销售渠道优势。公司坚定不移推进终端医院网络建设，扩大进入终端的数量和比例，加强重点区域核心医院的进入和推广工作。公司已基本覆盖除港澳台地区以外的各省份主要的重点终端。

天坛生物管理层情况

企业发展，关键在人。把人的问题解决了，企业发展就有动力了。

（1）公司高管年龄合理，薪酬水平还不错，不是老国有企业那种大锅饭。董事长56岁，薪酬未知，来自控股股东中国生物技术公司。公司董事、总经理59岁，年薪288.86万元（见表14-7）。

表14-7 天坛生物2022年年度报告高管持股及薪酬情况

姓名	职务	性别	年龄（岁）	任期起始日期	任期终止日期	年初持股数（股）	年末持股数（股）	年度内股份增减变动量	2024年2月末持股数	增减变动原因	报告期内从公司获得的税前报酬总额（万元）	是否在公司关联方获取报酬
杨汇川	董事长	男	56	2023-05-25	2026-05-24	0	39,000	39,000	39,000	二级市场增持	0	是
胡立刚	董事	男	49	2023-05-25	2026-05-24	0	18,800	18,800	18,800	二级市场增持	0	是
孙京林	董事	男	46	2023-05-25	2026-05-24	0	0	0	0	—	0	是

续表

姓名	职务	性别	年龄（岁）	任期起始日期	任期终止日期	年初持股数（股）	年末持股数（股）	年度内股份增减变动量	2024年2月末持股数	增减变动原因	报告期内从公司获得的税前报酬总额（万元）	是否在公司关联方获取报酬
付道兴	董事、总经理	男	59	2023-05-25	2026-05-24	0	10,300	10,300	21,100	二级市场增持	288.86	否
刘亚娜	董事、副总经理	女	48	2023-05-25	2026-05-24	0	0	0	28,600	二级市场增持	228.87	否
何彦林	董事、副总经理	男	56	2023-12-08	2026-05-24	0	0	0	18,300	二级市场增持	190.62	否
顾奋玲	独立董事	女	60	2023-05-25	2026-05-24	0	0	0	0	—	24	否
方燕	独立董事	女	55	2023-05-25	2026-05-24	0	0	0	0	—	24	否
张木	独立董事	男	60	2023-05-25	2026-05-24	0	0	0	0	—	14	否
陈键	监事会主席	男	52	2023-05-25	2026-05-24	0	0	0	0	—	0	是
程坦	监事	男	45	2023-05-25	2026-05-24	0	0	0	0	—	0	是
王建明	职工监事	男	52	2023-05-25	2026-05-24	0	0	0	9,200	二级市场增持	83.73	否
张翼	副总经理、首席合规官	男	53	2023-05-25	2026-05-24	40,571	89,771	49,200	89,771	二级市场增持	180.87	否
王虹青	财务总监	男	42	2023-11-21	2026-05-24	0	0	0	0	—	3.92	否
慈翔	董事会秘书	女	44	2023-05-25	2026-05-24	0	20,000	20,000	20,000	二级市场增持	170.70	否
朱京津	监事会主席（离任）	男	61	2020-06-23	2023-05-25	0	0	0	0	—	0	是

续表

姓名	职务	性别	年龄（岁）	任期起始日期	任期终止日期	年初持股数（股）	年末持股数（股）	年度内股份增减变动量	2024年2月末持股数	增减变动原因	报告期内从公司获得的税前报酬总额（万元）	是否在公司关联方获取报酬
王宏广	独立董事（离任）	男	61	2020-06-23	2023-05-25	0	0	0	0	—	10	否
李向荣	董事（离任）	男	53	2020-06-23	2023-05-25	0	0	0	0	—	0	是
周东波	董事、常务副总经理（离任）	男	50	2023-05-25	2023-11-16	0	8,000	8,000	30,500	二级市场增持	227.87	否
合计	—	—	—	—	—	40,571	185,871	145,300	275,271	—	1,447.44	—

（2）高管普遍持股，有动力将公司的业绩干上去。净利润持续增长，股价才有长期大幅上涨的动力。

从公告可以看出来，公司高管的持股是最近半年从二级市场直接购买的，买入价格区间大致为24.7~29.15元。24.7元可以作为普通投资者买入公司股票的价格参考。

（3）从管理层简介可以看出，管理层均为科班出身，管理水平和社会地位是很高的，都是业内老人和有影响力的人物。这些高管在为公司获取浆站资源方面，有着天然的优势。

（4）公司员工数量持续增长，技术人员数量也在持续增长。

公司管理层内心期待增长，对未来有信心，所以才会不断增加人手。

目前，公司尚未推行员工持股，主要是因为血液制品的生意太好做了，具有国药股东背景的天坛生物的生意就更好做了。所以，不太需要用持股来激发管理层的工作积极性。

当然，如果未来行业竞争变得激烈了，那么公司就可以顺势推出股权激励，实现个人利益与公司利益的绑定。

公司控股股东为国药集团，国有持股超过50%，国家政权具有持续性，股东实力强大，产品不可替代，一直被需要，具有永续经营的特征。

可以说，我们不在了，公司的产品还是被需要的，公司还是被需要的。

天坛生物的估值

投资看点

（1）行业壁垒高，已经不再准入新的企业，供给有限，而需求增长较快，将长期保持供不应求状态。对于现有企业来说，相当于手握特许经营权。

（2）公司的产品基于人类的生命，被需要，难以被替代，生意模式简单易懂，经营具有永续性。

（3）公司背靠国家股东，国药系背景强大，资源丰富，获取浆站能力、销售能力和并购能力首屈一指。

（4）盈利持续稳健增长，现金流较充沛。产能即将快速释放，预计净利润会在未来几年保持较快增长，不断拉高净资产收益率和现金流。

（5）管理团队优秀，产品研发能力行业领先；高管普遍持股，具有将利润推起来的主观动力。

综上，这是一项具有经济特许权的生意，公司竞争优势明显，护城河较深，确定高增长将持续多年，公司的生命长度足够长，内在价值将会快速提高。

估值环节

巴菲特说，如果去商学院讲投资课的话，他只讲两块内容，一是如何评估公司的价值，二是如何看待股价的波动。

估值环节主要就是在思考这两个问题。

估值的前提是目标公司盈利增长的确定性。如果公司未来能否赚钱都不确定，那么就没有估值的基础和前提，这样的公司应该直接排除。

我们在选股环节中大量使用排除法的意义就在这里。财务数据不达标的公司要排除，而阅读公司基础资料并理解公司的过程也要带着怀疑的眼光。

从我的经验看，绝大多数的公司都没有盈利增长的确定性，也就是说，没有估值的基础，或者说，就是猜猜猜。

天坛生物，可以说是天时、地利、人和，具有盈利增长的确定性，可以进入估值环节。当公司三个分别为1200吨的在建工程全部投入使用后，净利润会有一个高速增长的过程，甚至可能一口气翻倍，然后保持在一个相对较高的增幅上持续几年。

第 14 章
天坛生物——具有经济特许权的好生意

按照巴菲特的估值态度，天坛生物的估值建议紧盯 20 倍滚动市盈率。考虑到天坛生物的竞争优势比较强以及行业护城河较深，估值最多可以放宽到 25 倍市盈率。如果市盈率超过 25 倍，那就呆坐不动。

在实践中，我们按照最保守的估值态度买入股票（比如 25 倍市盈率时买入了天坛生物）后，仍然可能会遇到继续下跌的情况。这要怎么办呢？

需要说明的是，这种情况在巴菲特过去 70 年的投资中，经常遇到。巴菲特有很多笔成功的投资均遇到过类似的"挫折"。对于我们普通投资者来说，也少不了这样的情况。

面对这种情况，巴菲特说，如果不能在你的股票下跌 50% 时而面不改色，那就不要做股票投资。

巴菲特在 2022 年股东大会时说，每次买入股票的时候，我们总是希望能再多跌一段时间，这样我们就可以买到更多。就算我们买到位了，把资金用完了，我们还是希望我们买的股票继续跌。继续跌，公司可以接着回购，这样我们的持股比例会随之上升。

在被套后，我们要做的就是等待，在等待的过程中持续关注公司的基本面，并问自己公司的基本面出问题了吗？

如果基本面没问题，那就安心持有，并力争在未来一两年时间内持续净买入，加大投资仓位。

目前，天坛生物的滚动市盈率是 40.5 倍，市值 470 亿元，收盘价 29 元，还需要耐心等待一个打折促销的理由。

话说到此，对天坛生物的估值就完成了。也就是说案例研究也该打住了。

但是阅读了十万字左右，写了近两万字，如此耗费精力，多数投资者都会心有不甘。

那就再聊一些可变通的投资看法吧，仅供参考。

大家可以发现，过去 5 年，公司的滚动市盈率区间在 35.8~106 倍。

是死盯着 20~25 倍的保守估值，以至于可能会永远无缘天坛生物；还是根据自己的理解向上调节公司的估值预期，接受 35.8 倍滚动市盈率呢？

这确实需要投资者具有一些投资的思辨。如果重点关注的公司中有其他估值更低更合适的买入机会，那放弃天坛生物也不用感到可惜。如果行情的发展已经导致没有更便宜的目标公司，那不妨灵活一些。

在 A 股市场中，成长性非常好、业绩增长非常确定的公司，它的市盈率很少有低于 25 倍的情况。

综合天坛生物的寡头属性、核心竞争力、市场空间、大股东地位、供不应求的行业特征等情况，它的成长性和确定性都不比茅台、片仔癀、同仁堂差。

对于茅台、片仔癀、同仁堂这样现金流极充沛，具有垄断属性和消费属性且寿命几乎无限长的公司，即便在2024年初的股灾期间也没有低于30倍PE的时候，如果紧盯25倍的估值上限，那么大概率在下一轮大熊市来临之前，再也不会有买入的机会了。

在"估值篇"中，我提出，如果目标公司未来业绩和增长空间将要发生较大变化，比如目标公司在未来有新产品、新产能投放市场，或者有技术突破等引发公司的业绩持续大幅增长，那么就可以适当上调估值区间。

天坛生物的产品长期供不应求，产能就是利润，加上公司三个1200吨的产能正在陆续投放，未来几年业绩会持续大幅增长，而这些信息会支撑公司的股价长期高估。

综合来看，当下的天坛生物，要么等待25倍以内的估值，要么将估值最宽放到36倍左右的滚动市盈率。

36倍市盈率对应的是25.7元的目标价。如果未来一段时间市场出现恐慌崩盘，将股价杀到25.7元左右，可以考虑少量参与。

前面我们提到，公司高管在二级市场的买入价为24.7~29.15元，一般情况下，管理层更懂公司，底价24.7元可以作为投资参考。但也不排除极端行情下，股价跌破24.7元的可能性。

以36倍PE（25.7元）买入天坛生物是有前提的。也就是说，持有过程中，如果遇到恐慌情绪导致股价打折促销，并向25倍PE靠近时，你敢于择机加大买入力度，那就可以放宽要求，否则还是老老实实等着吧。不能再进一步变通了。

以上就是"如何评估公司的价值"以及"如何看待股价波动"的全部内容。

需要申明的是，本章重点在于通过一个完整的案例，讲解评估公司价值的过程。此方法是通用的、可复制的，而且随着投资者经验的积累，距离"模糊的正确"会越来越近。案例中涉及的很多预测性的判断均为主观估计，极大可能被打脸，请读者朋友慎用数据。

第 15 章
达仁堂——手握定价权的百倍牛股

达仁堂是一家心脑血管领域的知名公司，以该公司 2023 年年报为基础，让我们完整地认识一下这个中华老字号中药企业的全貌。

公司全称为津药达仁堂集团股份有限公司，脱胎于北京同仁堂乐家老药铺，在乐达仁先生创办达仁堂之前，乐家已经有 11 代人历时三百多年经营中药的经历。

公司比较知名的产品有速效救心丸、通脉养心丸、清肺消炎丸、清咽滴丸、紫龙金片、安宫牛黄丸等。

公司有 122 个独家生产品种，仅在心脑血管领域就有 8 个独家产品。

从财务选股的角度看达仁堂

财务数据是会说话的，它反映的是公司内心的真实想法，我们来看看达仁堂的数据在说什么，以及公司的内心是否足够强大。

达仁堂于 2001 年 6 月在上交所上市，发行市盈率 40.32 倍，实际募资 4 亿元。2015 年 7 月有过一次增发，募资 8.14 亿元。两次融资合计 12.14 亿元。

自上市以来公司累计分红 19 次，累计分红金额为 25.45 亿元。如把 2024 年即将进行的 9.86 亿元现金分红考虑在内，那么合计分红已经达到 35.31 亿元。

很多投资者没有财务功底，但又担忧会被企业的假数据忽悠了，不妨通过分红和融资情况来看一下公司是否有造假的动机。

公司实际分给股东的资金已经超过它从股市里拿走的钱，它赚的钱是真钱，这样的企业是没有造假动机的。

相反，如果一个企业上市二十多年了，分红金额仍然无法超过它从股市里拿走的钱，那么也就没有必要看下去了。

从选股的角度看，这也是排除烂公司的一个方法。

接下来看一下公司的核心财务指标和数据。

我们先看公司的核心财务指标，净资产收益率（见表 15-1）。

表 15-1　达仁堂 2018—2023 年净资产收益率指标

指标	2023 年	2022 年	2021 年	2020 年	2019 年	2018 年
净资产收益率（%）	15.06	13.15	12.64	11.83	12.16	11.93

巴菲特说，如果只能用一个指标选股的话，他会使用净资产收益率。

净资产收益率是公司经营结果的核心指标，在我看来，高净资产收益率是公司股价长期大幅上涨的关键，而背后的净利润增长率是关键中的关键。

可以看出来，从 2018 年至今，公司的净资产收益率总体是提高的，直到 2023 年，公司的净资产收益率才被推高到 15% 以上。

如果核心指标不是趋升的，并且长期达不到 15% 的话，大概率就只好排除本公司了。

虽然公司的净资产收益率基本能够达到选股要求，但是我们也会发现，公司的净资产收益率提升的速度太慢了，原因就在于公司的净利润增速不够快（见表15-2 和图 15-1）。

表 15-2　达仁堂 2018—2023 年成长能力指标

指标	2023 年	2022 年	2021 年	2020 年	2019 年	2018 年
净利润（亿元）	9.87	8.62	7.69	6.62	6.26	5.62
净利润增长率（%）	14.49	12.05	16.24	5.78	11.37	17.98
扣非净利润（亿元）	9.52	7.69	7.40	6.33	5.97	5.45
扣非净利润增长率（%）	23.80	3.94	16.88	6.12	9.53	32.90
营业收入（亿元）	82.22	82.49	69.08	66.04	69.94	63.59
营业收入增长率（%）	-0.33	19.42	4.60	-5.58	9.99	11.77

最近 6 年，公司的营业收入总体处于增长状态，但增长速度非常慢，其间还有过两次小幅负增长，但公司的净利润增速比营业收入快一些，年复合增长率目测也就 14% 左右。

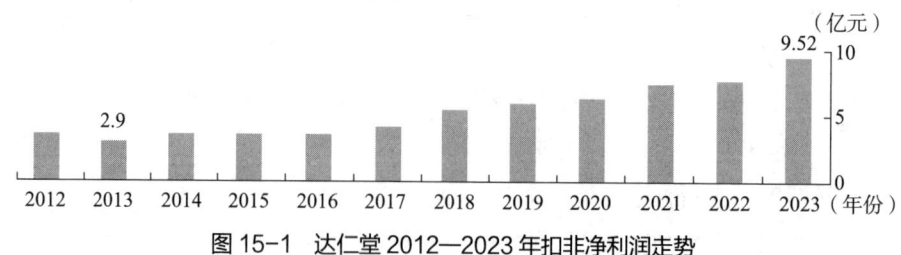

图 15-1　达仁堂 2012—2023 年扣非净利润走势

公司净利润总体呈年年增长趋势，但还不够快。

在接下来对达仁堂的研究中，我们需要搞清楚未来达仁堂的净利润是否具有确定性的增长以及能否保持较快的增长。

要带着这个问题理解和研究公司。

在达仁堂的年报中有这么一段表述：国家统计局数据，2023年全国规模以上医药制造业企业实现营业收入25205.7亿元，比2022年下降3.7%；利润总额3473.0亿元，比2022年下降15.1%。

2023年，医药行业整体利润负增长，而达仁堂的扣非净利润能够实现23.80%的增速，本身就能说明公司的经营是非常成功的。

从医药工业各子行业营业收入和利润的增速对比可以看出，唯独中药的利润是正增长的（见表15-3）。

表15-3　2023年医药工业各子行业营业收入、利润增速

科目	营业收入增速（%）	利润增速（%）
化学原料药	-5.9	-13.2
化学制剂	-0.5	-3.4
中药饮片	14.6	22.9
中成药	6.5	6.4
生物制品	-15.6	-43.3
卫生材料及医药用品	-25.8	-51.5
药用辅料及包装材料	1.3	-9.0
医疗仪器设备及器械	-5.8	-21.3
制药专用设备	3.2	-18.0
合计	-4.0	-16.2

注：来自达仁堂2023年年度报告。

所以说，在人口老龄化背景下，聚焦中药（相对于化药、创新药）的确定性最高，聚焦中药细分领域的三大慢性病就更错不了了。

再看一下公司的毛利率（见表15-4）。

表15-4　达仁堂2015—2023年的毛利率

指标	2023年	2022年	2021年	2020年	2019年	2018年	2017年	2016年	2015年
毛利率（%）	44.01	39.93	39.91	39.01	42.14	41.45	38.83	32.39	29.52

毛利率反映的是公司的产品定价能力以及行业的竞争激烈程度。手握定价权的企业在长期发展中，确定性较高。

2015—2019年，公司的毛利率总体是趋升的，在这期间，公司的毛利率提高了12.62个百分点。

2020年，疫情影响了公司的产品销售结构，导致公司的毛利率有所下降，但2020—2023年，公司的毛利率总体也是趋升的。2023年，公司的毛利率彻底走出了疫情的影响，提高到了近10年的最高点44.01%。

最近10年，达仁堂的毛利率总体是趋升的，说明行业竞争不激烈，或者说虽然有竞争，但公司具有竞争优势，具有产品定价权。

也就是说，最近几年中药材的持续涨价以及国家的医药集采并未影响到公司的定价权，也未影响到公司产品销售价格的总体稳定性。

对一个集采免疫的公司，对一个具有定价权的公司，对一个老龄化背景下行业需求量爆发的公司来说，它的净利润具有长期增长的确定性，大概率就是潜在的大牛股。

公司的资产负债率35%，短期借款8180万元，长期借款2.41亿元。负债率很低，没有财务负担。公司账面货币资金21.25亿元，如果公司愿意可以随时将负债清偿掉。没有财务负担的生意，做起来是比较舒服的。

公司的存货管理比较到位。近5年，公司营业收入持续增长，但公司的存货账面值基本为14亿~16亿元（见表15-5）。

表15-5 达仁堂2019—2023年的存货

指标	2023年	2022年	2021年	2020年	2019年
存货（亿元）	15.67	14.29	15.25	14.88	15.95

公司存货周转率保持在一个较高的位置，2023年达到3.07，4个月就可以完成一次存货的周转，对于中药产品来说，非常好了。

应收账款22.25亿元，对应当前82亿元的销售收入，有点儿偏高了，主要是因为公司营业收入中有45%的医药商业收入，这块难免产生应收账款。公司经营活动产生的现金流量净额稍微差些，需要在销售信用和财务上再努力一把。

公司的应付账款为11.26亿元，应收减应付，差额近11亿元，这块是在产业链上被下游客户占用的资金。公司确实需要琢磨一下如何解决这块的资金使用效率问题。

公司2023年提出的现金分红方案是将2023年的净利润几乎全部分给股东，

向全体股东每 10 股派发现金红利 12.80 元，股息率 4.3%（见表 15-6）。说明公司对未来的盈利和现金流有绝对的信心。要不然必须多留一些钱以备不时之需。

表 15-6　达仁堂 2023 年年度报告现金分红方案

单位：元　币种：人民币

每 10 股送红股数（股）	0
每 10 股派息数（元）(含税)	12.80
每 10 股转增数（股）	0
现金分红金额（含税）	985,802,593.28
分红年度合并报表中归属于上市公司普通股股东的净利润	986,707,377.83
占合并报表中归属于上市公司普通股股东的净利润的比率（%）	99.91
以现金方式回购股份计入现金分红的金额	0
合计分红金额（含税）	985,802,593.28
合计分红金额占合并报表中归属于上市公司普通股股东的净利润的比率（%）	99.91

近些年，公司的固定资产保持稳定，在 12 亿元以内，在建工程缓慢增长，金额低于 4 亿元（见表 15-7），说明公司最近这些年的营业收入和净利润的增长不太需要依靠大量的资本开支。或者说，少量的资本开支就可以长期产生较大的经济利润。

表 15-7　达仁堂 2019—2023 年固定资产和在建工程

指标	2023 年	2022 年	2021 年	2020 年	2019 年
固定资产（亿元）	10.48	11.28	11.52	11.72	11.61
在建工程（亿元）	3.86	3.34	3.32	2.85	2.03

从公司的现金流量表上看，达仁堂近几年每年用于购建固定资产的投资都未超过 2.06 亿元（见表 15-8）。

表 15-8　达仁堂 2019—2023 年购建固定资产、无形资产和其他长期资产支付的现金

指标	2023 年	2022 年	2021 年	2020 年	2019 年
购建固定资产、无形资产和其他长期资产支付的现金（亿元）	1.41	1.08	1.57	1.89	2.06

中药龙头企业都有一个共同点，那就是投入一定，而产出无限大。这样的生意都是赚钱机器。

片仔癀、同仁堂、达仁堂、东阿阿胶等中药龙头企业,都有这样的财务特征。

芒格曾说:"世界上有两种生意,第一种可以每年赚12%的收益,到年底股东可以拿走所有利润;第二种也可以每年赚12%,但是你不得不将赚来的钱重新投资,然后你指着所有的厂房设备对股东们说,'这就是我为公司赚到的利润'。我恨第二种生意。"

这里阐述的两种截然不同的生意模式,第一种生意,投入一定,而产出无限大,净利润的增长不依赖持续的资本开支,赚到的钱都可以分配给股东;第二种生意,净利润的增长依赖大量的资本开支,企业把利润用于再投资,留给股东的钱就少得可怜。

而达仁堂 2023 年的全部利润几乎全部分给了股东。很难得,也很自信。

不仅资本开支很少,达仁堂的成长也不太依赖大量的研发支出。其他中药龙头也是如此。

2023 年,公司的研发费用为 1.85 亿元,研发人员为 101 人。2022 年研发人员为 100 人,2021 年研发人员为 98 人。

研发人员数量缓慢增长,给投资者的直观感觉是公司的研发人员太少,研发支出太低。

但换个思路想,这恰恰是中药生意的魅力所在,仅需要少量的研发支出就可以保持营收和净利润的长期增长。这样的生意模式非常好,它的自由现金流充沛,内在价值就高。

类似于白酒企业,茅台 2021—2023 年的研发费用分别为 6200 万元、1.35 亿元、1.57 亿元,研发支出很低,却支撑了 2023 年的 1505 亿元营业收入和 747 亿元的净利润。

药品创新研发,特别是新药研发具有高投入、长周期和高风险的特征,新药研发及其上市后的推广也会受到行业政策、市场环境等客观因素的影响,存在新药研发失败、新药不能如期上市、上市后成长慢等各种潜在风险。

中药企业恰恰规避了研发支出的各种潜在风险。

虽然没有在研发上大力度砸钱,但老字号中药企业经过百年传承,往往都手握庞大的产品储备,把手中现有产品发扬光大是当务之急,达仁堂如此,同仁堂如此,东阿阿胶也是如此。

据了解,同仁堂、达仁堂和东阿阿胶都还有很多休眠品种和战略储备品种,这些都是未来可以积极开发利用的,都是潜在的"隐藏的资产"。

截至 2023 年,达仁堂拥有 22 种剂型,共 599 个药品批准文号,其中 1 个国家机密品种（速效救心丸），1个国家秘密品种（京万红软膏），5个中药保护品种（舒脑欣滴丸、治咳川贝枇杷滴丸、牙痛停滴丸、通脉养心丸、紫龙金片），122个独家生产品种，75个品种及601种中药饮片收载于《国家基本药物目录》，国家医保品种223个。

很显然，达仁堂的产品数量很多，即便不研发新品种，日子过得也红红火火。

达仁堂独家生产品种就达到了122个，仅在心脑血管领域就有8个独家产品。这些都是老祖宗留下来的宝贝，都是没有被记录在资产负债表上的"经济商誉"。

所谓经济商誉，就是我们寻找的"护城河"，从达仁堂的情况看，公司的品牌和独家生产的品种就是构成护城河的关键。

独家品种是缺少竞品的，是达仁堂与其他药企的差异化所在。在定价时就可以拥有更大的自主权。

这也是为什么在集采和中药材涨价背景下，达仁堂的毛利率还可以提高到近10年的最高点的原因。

数据就看到这里吧。

从达仁堂的财务数据可以看出，公司有一个强大的自信的内心，产品具有定价权，有一条深深的护城河保护着公司的生意，未来净利润持续增长的确定性很高。

但公司的净资产收益率还不够高，净利润增速还不够快，还需要更加努力把老字号的品牌故事讲好。

达仁堂基本情况介绍及2023年经营概况

了解公司基本情况以及过去一年公司都做了哪些工作，有利于加深对公司的理解，便于评估公司的价值，这是投资前必不可少的一环。

这部分内容主要来自公司2023年年报，阅读过年报的朋友可以直接跳过。

公司的核心业务介绍

达仁堂拥有一批以速效救心丸为代表的家喻户晓的中成药产品。公司旗下拥有达仁堂、隆顺榕、乐仁堂、京万红、松柏和癣祺6个中国驰名商标，拥有14个非物质文化遗产代表性项目，其中达仁堂清宫寿桃丸传统制作技艺、京万红软膏组方制作技艺、隆顺榕卫药制作技艺、安宫牛黄丸制作技艺、达仁堂牛黄清心丸制作技艺5个为国家级项目。

公司拥有达仁堂、隆顺榕、乐仁堂和京万红等中华老字号品牌，奠定了公司深厚的品牌底蕴。在产品端，达仁堂拥有非常丰富的产品品类，公司拥有599个药品批准文号，覆盖13大领域，产品贯穿预防、保健、治疗、康复、长寿等健康管理全生命周期。

公司聚焦"三核九翼"产品战略。

第一核是以速效救心丸（国家机密产品）为代表的"中国心"系列心脑健康产品线，在心脑血管领域共有8个独家产品，42个药品文号，依托速效救心丸强大的品牌力和产品力，深耕心脑健康市场，打造第一产品矩阵；

第二核是以京万红软膏为代表的"中国皮肤"系列产品，公司拥有以难愈性创面修复产品京万红软膏（国家秘密产品）为代表的外用皮肤类药品文号8个，深耕中药皮肤健康市场，并展望成人功能护肤的"美丽"市场；

第三核是以牛黄清心丸、清宫寿桃丸为代表的"中国脑"计划系列产品，在抗衰老，改善记忆，阿尔茨海默病治疗等方面具有独特功效。

"九翼"分别为聚焦呼吸、消化、风湿骨痛、妇儿、肿瘤等9个方面的特色品类。以"健康""美丽"两大核心主品战略为导向，将持续丰富产品品类，持续提升产品力、服务力，做大做强"三核九翼"，持续创造价值。

在市场端，公司产品具有较强覆盖率，速效救心丸和京万红软膏已覆盖50万家药店，10万家医疗终端；清咽滴丸、清肺消炎丸、清喉利咽颗粒、胃肠安丸等产品覆盖率持续显著提升；牛黄清心丸、安宫牛黄丸、清宫寿桃丸正在实现有效渗透；牙痛停滴丸、乌鸡白凤片等产品在电商渠道增加曝光率，知名度进一步提升，电商业务首年销售收入突破4000万元；符合广阔市场要求的普药特色产品在第三终端诊所得到医生认可，清喉利咽颗粒同比翻倍，增量超300万盒；痹祺胶囊等多个以医疗端为主的产品竞争力稳步提升，新增10个品种进入20个国家和省市级指南、共识，带动学术成果转化。

主营业务分析

2023年，公司实现归属于上市公司股东的净利润9.87亿元，同比增长14.49%，其中归属于上市公司股东的扣除非经常性损益的净利润9.52亿元，同比增长23.80%；集团加权平均净资产收益率突破15%。

2023年，公司医药工业收入49.30亿元，同比保持两位数增长，再创新高。公司全年营业收入82.22亿元，从表面看，同比负增长0.33%，但公司盈利的关键在于医药工业产品，利润贡献占比超过94%，保持两位数增长，说明营收端没问题。

公司系统推进"三核九翼"战略，持续深耕主品，效果显著。销售额过亿元的品种达到10个，其中速效救心丸销售额首次突破20亿元，清咽滴丸、安宫牛黄丸、京万红软膏、清肺消炎丸进入2亿元品种梯队。

品牌赋能，聚焦市场，深耕市场有战绩。2023年达仁堂品牌声浪不断走强，公司入选中国中药协会"2023年中药创新品牌企业"榜单，成为首批"中国品牌·典范100"企业，获得"2023年中国医药工业最具投资价值企业"和"放心消费示范企业"等荣誉。

（1）速效救心丸"中国心·健康行"项目顺利推进，征集病例16650例，携手中国心血管健康联盟共同开展"中国心·健康行"地市级胸痛中心项目，全面覆盖河北、山东等8省市。2场"速效救心丸全程应用于胸痛中心ACS患者的临床效果评价"专家论证会成功召开，速效救心丸纳入天津120急救车药品目录，成功入选《中国老年高血压管理指南2023》，不断夯实学术基础。零售板块强化渠道管控，加大终端赋能力度，与头部连锁合作，有序启动"慢病管理'心'赋能计划"，终端覆盖和动销有效提升。

（2）清咽滴丸销售额连续两年翻番，公司战略启动"爱嗓中国计划"，开启"工商媒"三方联动，增加产品曝光率，集中发力终端覆盖，核心连锁上柜率达70%，通过学术引领、专业培训等举措多层次赋能终端动销，2023年4月实现覆盖22省965家连锁，零售同比增长190%。

2023年9月，启动50粒装上线电商平台销售，当月成交量排名阿里巴巴平台咽喉品类第一名。有序推进22个省份挂网，基层终端覆盖同比增长72%。

（3）聚焦"达仁堂"主品牌，公司启动品牌焕新工作，多层次、分类别有序推进：打造全新视觉形象品牌，完成产品包装全面焕新升级，塑造品牌传递第一声量；在学术品牌方面，年内公司参加全国性学术会议37场，省级学术会议168场，依托产品学术力，向医生学者构筑达仁堂创新国药领跑者专业品牌；在行业品牌宣传上，拥抱商业终端客户，通过盛会展览、论坛发声等多种形式树立达仁堂大国品牌形象，公司在乌镇健康大会举办"国药之光，星耀达仁"价值峰会，战略发布《2023国民咽喉健康白皮书》"中国心战略"和"中国嗓战略"，达仁堂品牌惊艳亮相米思会、西普会、药交会、进博会、链博会、中华老字号博览会、中医药生态大会等行业顶尖盛会；在市场品牌宣传上，达仁堂与人民网、新华社、天津海河传媒、分众传媒等多家媒体合作，以多种形式铸就达仁堂以产品力为内涵的全国性品牌力；在资本市场品牌宣传上，通过投资者走进达仁堂、业绩说明会等多种形式，方便投资者实地感知达仁堂品牌。

创新引领，全面赋能，强化企业核心竞争力。 2023年，公司围绕主品开展传承挖掘，积极拓展创新药研究，推进经典名方梳理。构建经典名方、中药新药、中药滴丸剂型、透皮制剂等技术平台和创新研发主攻方向，全年开展药学研究4项，药理研究21项，临床研究15项，药经1项，技改技革125项。

（1）在大品种二次开发方面，联合创面修复学科带头人付小兵院士，围绕糖尿病足等慢性难愈合创面修复，开展京万红软膏二次开发，探索增加适应证和相关中药2类新药开发工作；于2023乌镇健康大会成功发布"清咽滴丸抗病毒相关作用研究"成果，相关成果已获国家发明专利受理；紫龙金片参与的国家重点研发计划顺利结项，通过开展多中心、双盲的随机对照研究，发现在晚期非小细胞肺癌（气血两虚证）维持治疗过程中，紫龙金片能延长患者的无进展生存时间。

益肺清化膏临床研究项目被纳入中国中医科学院广安门医院牵头的"十四五"国家重点研发计划"中医药现代化"专项"非小细胞肺癌中西医结合防治关键技术与诊疗方案研究"的重要子课题。"基于miR-193a-3p/ALKBH5通路抑制过度自噬探讨速效救心丸减轻心肌缺血再灌注损伤的机制"发表在国际权威杂志 *Phytomedicine*，影响因子7.9分，米兰大学Pacelab（起搏实验室）将通脉养心丸电生理研究成果发表在国际知名期刊、中科院Top级刊物 *ELife*，影响因子7.7分。

（2）在经典名方方面，聚焦"三核九翼"，从适应证、临床应用、处方药味、剂型等维度对已发布的324首经典名方进行筛选，拟定第一批开展研究的10首经典名方，涉及心脑血管、呼吸、消化、风湿骨痛等领域。

（3）在产品力提升方面，围绕速效救心丸ACS院前急救、长期服用、高原反应等方向开展临床研究，联合天津中医药大学张伯礼院士团队，挖掘速效救心丸高频服用人群特征、症状及应用场景，获取速效救心丸在疗程服用、长期服用方面安全有效证据；有序开展痹祺胶囊"中西医结合治疗不同证型盘源性腰痛的有效性及安全性随机对照临床研究"和清肺消炎丸濒危药材替代等研究工作。公司有针对性地开展药材资源、工艺优化、质量提升、作用机制、临床循证等研究项目，持续提升产品力。

（4）在人才保障方面，优化研发组织架构，形成三级研发体系：研究院负责1类新药研发；技术中心负责2、3、4类新药及大健康品研发；工业企业负责技改技革。进一步提升研发效率，增强组织敏捷性。

2022—2023年，公司共引进新员工570人，成功引进16位学术背景深厚，具有丰富实践经验的科研领域人才，均为双一流或重点药科院校硕博人才，公司博士后工作站成功引入1名博士进站，并与天津市中医药大学联合培养。

总部引进6位经验丰富、视野开阔的高层管理人员，工业板块引入6位职业经理人，营销板块引进11位职业经理人、27位省区及大区经理和428名销售人员，为市场拓展提供有力保障。数字和IT团队引进19位领域内专家，多数来自华为、字节跳动、安永咨询等知名公司。

坚持"1+5"战略，凝聚势能，寻求国际化发展。 达仁堂，以创新国药领跑者为战略定位，着力实施"1+5"战略：

"1"是坚持品牌引领，全面加强品牌建设，围绕老字号品牌建设守正创新，以品牌资源引领发展。

"5"是指中医药5个产业方向，一是做大做强绿色中药。二是强化精品饮片业务，整合中药饮片资源，拓展GAP基地建设。2023年，公司建设川芎、金银花、五味子种植基地4000亩，均获得"三无一全"品牌品种证书，其间进一步推动"云天上"中药材产业协同发展。三是"达仁堂大药房"精品国药连锁建设。2023年，公司旗下天津古文化街健康生活馆焕新出发，大兴机场店盛大开业。四是探索以"药道地，精医道"的医养结合为中医特色的达仁堂中医诊疗品牌，天津河北达仁堂医院有限公司成为天津市第一批名医堂挂牌单位，已邀请6支名医团队入驻，覆盖中医内、外、妇、儿四大科室，能够为患者提供高水平中医药健康服务，同时，互联网医院已进入证照审批阶段。五是布局大健康产业，整合公司旗下品牌和产品资源，布局药食同源的大健康品类和功能性品类业务，2023年公司获准两件保健食品批文，推出系列药食同源大健康新品。

"+"是指以"达仁堂"为主品牌引领公司发展，赋能中医药相关产业。

2023年，公司在国际市场销售收入突破4000万元，同比增长25%。依托津药达仁堂新加坡发展有限公司推动产品出海，筹备海外店，推动速效救心丸、乌鸡白凤丸、六味地黄丸、长城牌新明目上清片、长城牌新清肺抑火片、精制银翘解毒片首次通过HALAL认证，为拓展东南亚等穆斯林地区市场打下基础，年内新增单天然安宫牛黄丸（香港）、通脉养心丸（香港）、牛黄解毒片（马来西亚）3个品种获批中药注册；新增特制清心丸（马来西亚）、安宫牛黄丸（澳门）2个品种上市销售；上调牛黄清心丸等6个品规出口价格；实现痧药丸等5个品种扭亏。

公司手握大量独家产品，掌握产品定价权，可以根据市场供需自主上调价格，非常难能可贵。另外，公司的产品可以出海，扎根巨大的全球市场，未来发展空间可想而知。

公司研发的总体情况

中药龙头企业研发支出金额均较低，达仁堂也是如此，但公司一点也没闲着。

2023年达仁堂紧跟国家中药创新发展的新形势，聚焦心脑血管，以速效救心丸为龙头，打造天津医药心脑血管第一品牌；聚焦皮肤创面修复，以京万红软膏为主品种，打造创面修复第一品牌，积极布局功能性护肤赛道；聚焦精品国药健康养生，以百年老字号"达仁堂"承载精品国药，布局健康养生赛道。

公司持续开展新品研发、重点品种二次开发，挖掘品种临床使用价值，2023年完成科研投入1.85亿元。围绕临床再评价、工艺改进、新适应证、药效机制及物质基础研究、真实世界研究等多个方面，全力推动呼吸类产品、消化类、风湿骨痛类、妇儿类、肿瘤类、泌尿类产品的系统二次开发，发展中药大品种。

公司以"自研+外引"为主要业务发展模式，"中药+健康品"相互借力、协同发展，为打造具有完整产业链的中国最有价值绿色中药企业提供技术支撑。

（1）心脑血管领域主要产品包括达仁堂"中国心"系列品种速效救心丸、通脉养心丸、舒脑欣滴丸、参附强心丸等。

速效救心丸为达仁堂龙头产品，2023年围绕速效救心丸等"中国心"产品，与天津中医药大学、现代中医药海河实验室开展战略合作，联合天津中医药大学张伯礼院士、北京大学第一医院霍勇教授等团队开展科研攻关项目20余项。

公司建立了"中国心血管健康联盟——胸痛中心合作"，为胸痛治疗提供更高品质中药；公司还启动了"速效救心丸全程应用于ACS患者的临床研究（院前急救部分）"，为帮助提升基层救治效率，降低不良事件的发生率，完善心脑血管疾病防治体系建设贡献企业的力量。

公司积极参与"医疗驻藏人人健康项目"，联合北京大学第一医院张岩教授开展"短期进藏人员急性高原病发生率及影响因素研究"，研究发现速效救心丸用于预防急性高原反应效果优于红景天等其他药物，为国家急性高原反应防治提供中医药解决方案。

公司挖掘速效救心丸高频服用人群的特征、症状及应用场景，获取速效救心丸疗程服用、长期服用的安全有效的证据，塑造医生群体、公众群体对于速效救心丸"可急救、可预防、可疗程服用"的应用认知。

通脉养心丸为达仁堂独家品种，是唯一说明书中既治心律失常又治冠心病的中成药产品。2023年达仁堂围绕产品降低服用量开展工作，启动了不同工艺路线制备及药效筛选研究，同时开展了通脉养心口服液的产品优化研究。后续达仁堂将围绕"老年微血管病变、慢性窦性心律失常"等领域，与张伯礼院士团队开展深入合作，力争取得天津市"大品种二次开发2.0"项目支持。2023年，达仁堂"通脉养心丸产品优化研究"项目获得天津市科技进步三等奖。

（2）创面修复领域的主要产品包括京万红软膏、顽癣敌软膏等。京万红软膏为达仁堂独家品种，临床用于治疗"疮疡肿痛，创面溃烂"。本产品与创面修复学科带头人付小兵院士联合开展大品种二次开发研究，2023年双方围绕糖尿病足等慢性难愈合创面修复开展深入研究，并探索相关领域增加适应证，探索开发相关中药二类新药。

（3）精品国药领域的主要产品包括清宫寿桃丸、海马补肾丸、安宫牛黄丸等。清宫寿桃丸为达仁堂独家品种，具有"补肾生精，益元强壮"之功效。近年来，达仁堂联合陈可冀院士和田金洲院士团队围绕清宫寿桃丸在抗衰老、抗AD方面做了多项临床研究，证实了清宫寿桃丸对轻度认知损害的影响，并成为《中国阿尔茨海默病痴呆诊疗指南（2020年版）》推荐用药。2023年，与田金洲院士团队继续围绕清宫寿桃丸治疗阿尔茨海默病及抗衰老的干预机制开展深入研究。

海马补肾丸为达仁堂独家品种，具有"滋阴补肾，强壮健脑"之功效。2023年达仁堂联合天津药物研究院，采用网络药理学研究方法，解析药物干预痛风高尿酸血症期的信号通路，构建海马补肾丸"化合物—靶点—信号通路—药理作用—高尿酸血症"关联网络，发现海马补肾丸可作用于痛风高尿酸血症期的信号通路，可能对痛风具有潜在的治疗作用。后续将进一步开展相关机制及临床循证研究。

（4）呼吸系统领域的主要产品包括清咽滴丸、清肺消炎丸、桑菊感冒颗粒等。

清咽滴丸为达仁堂独家品种，2022年产品成功入选国务院联防联控机制综合组发布的《新冠病毒感染者居家治疗指南》，为国家疫情防控工作做出了积极贡献。2023年达仁堂通过张伯礼院士及钟南山院士等专家技术团队支持，围绕清咽滴丸抗病毒领域继续开展深入研究，并于2023乌镇健康大会成功发布"清咽滴丸抗病毒相关作用研究"成果，相关成果已获国家发明专利受理。下一步，清咽滴丸将继续围绕抗流感病毒、急性咽炎、干咳、质量提升等领域开展循证研究，建立产品护城河。

清肺消炎丸为达仁堂独家品种，临床用于治疗上呼吸道感染、急性支气管炎、慢性支气管炎急性发作等。受处方中珍稀药材影响，产品产能受限，难以满足日益增长的市场需求。为解决濒危药材限制，达仁堂已开展相关药材替代研究，目前已完成全部病例入组，正在进行临床数据统计，该研究成果预计将缓解企业濒危药材限制，降低生产成本。

（5）风湿骨痛领域主要产品包括痹祺胶囊、止痛紫金丸、风湿关节炎丸等。

痹祺胶囊为达仁堂独家品种，在中成药治疗类风湿性关节炎领域已具备一定市场规模。目前产品已入选《中成药超说明书使用循证评价》，现有学术证据支持痹祺胶囊针对神经根型颈椎病、椎动脉型颈椎病、交感型颈椎病疗效确切，为进一步拓展产品在腰椎间疼痛领域的市场应用，达仁堂联合天津医院等5家参研中心开展了"中西医结合治疗不同证型盘源性腰痛的有效性及安全性随机对照临床研究"，2023年已完成50%病例入组。联合天津药物研究院等研究机构开展的"中药安全性和风险评估基础与应用示范研究"等项目获得2023年天津市科技进步二等奖，中国产学研合作创新与促进优秀奖。

（6）抗肿瘤领域的主要产品包括紫龙金片、益肺清化膏等。

紫龙金片为达仁堂独家品种，是首个研究到分子水平的中药抗癌药，临床用于治疗原发性肺癌化疗者。紫龙金片参与的2018年国家重点研发计划"十种中成药大品种和经典名方上市后治疗重大疾病的循证评价及其效应机制的示范研究（2018YFC1707400）"已于2023年顺利结项，项目通过开展多中心、双盲的随机对照研究，发现在晚期非小细胞肺癌（气血两虚证）维持治疗过程中，紫龙金片能延长患者的无进展生存时间；联合首都医科大学附属北京中医医院、天津医科大学总医院等30余家中心开展的"紫龙金片治疗非小细胞肺癌患者的真实世界临床评价研究"已入组6000余例患者，阶段研究结果发现紫龙金片可延长非小细胞肺癌患者平均生存期9.5个月，明确了产品的临床效果和安全性。

益肺清化膏是达仁堂独家剂型产品，临床用于晚期肺癌患者辅助治疗。2023年，达仁堂联合中国中医科学院广安门医院等6家研究单位开展的"益肺清化膏临床研究项目"成功入选"十四五"国家重点研发计划"中医药现代化"专项"非小细胞肺癌中西医结合防治关键技术与诊疗方案研究"，围绕益肺清化膏治疗非小细胞肺癌术后患者预防复发与转移开展研究，形成中医药基于功能康复提升非小细胞肺癌术后疗效诊疗方案及指南。

（7）在大健康领域，2023年"达仁堂牌阿胶牡蛎骨碎补片"和"达仁堂牌蜂胶红曲丹参片"2个保健食品获批。健康酒、创新性功能食品、大健康中药材及饮片等产品启动立项研究。

行业发展概况

公司所处行业情况

医药行业长期需求呈现稳中有增的趋势,据《中华人民共和国 2023 年国民经济和社会发展统计公报》数据,2023 年全国人均医药保健消费 2460 元,占全国人均消费支出 9.2%,比上年增加 0.6 个百分点,医疗保健支出呈现增长态势。

中成药集采加速落地,中药材价格高位震荡,行业展现发展韧性,按中国医药企业管理协会数据,2023 年中成药行业营收增速 6.5%,利润增速为 6.4%。

伴随中药注册分类及审评审批制度改革,我国中药创新药评审明显提速,2023 年 CDE 共受理中药注册申请 1163 件,其中 IND 75 件,NDA 26 件,ANDA 1 件,行业拥抱创新机遇。

2024 年开年,国务院办公厅印发《关于发展银发经济增进老年人福祉的意见》,指出"加强综合医院、中医医院老年医学科建设,提高老年病防治水平,推动老年健康领域科研成果转化"以及"扩大中医药在养生保健领域的应用,发展老年病、慢性病防治等中医药服务,推动研发中医康复器具"。

《"十四五"健康老龄化规划》指出,到 2025 年,65 岁及以上老年人中医药健康管理率要从 2020 年的 68.4% 提高到 75% 以上,老龄化将驱动养老及老年病管理产业发展。满足老年人诊疗保健需求,发展银发经济,增进长者福祉是行业未来一段时间的重要发展主线。

影响行业发展的政策趋势

国人对健康需求不断提升,是医药行业长期稳定发展的基础,国家已经将中医药发展提升到国家战略高度,进行顶层设计,为行业发展提供了优良的政策环境。

医药行业受政策影响较为显著,近年来,集采扩围、分类注册、反腐深入等政策进一步推动行业强化合规和创新发展。

国家顶层设计。2022 年 3 月,国务院发布《"十四五"中医药发展规划》(以下简称《规划》),这是继《中医药发展战略规划纲要(2016—2030)》和《中共中央 国务院关于促进中医药传承发展创新的意见》后,国家对中医药行业进行顶层设计的又一份纲领性文件。

国家陆续发布《基层中医药服务能力提升工程"十四五"行动计划》《健康中国行动中医药健康促进专项活动实施方案》等一系列促进中医药行业发展的政策，国家药监局和药品审评中心陆续发布了中药新药注册、经典名方、配方颗粒、中药材生产质量管理等一系列法规，中医药行业政策趋势向好。

中成药集采扩大化。 2022年，中成药集采从单个省市试点逐步推广到跨省联盟，从中成药推广至中药饮片。

2022年9月，全国中成药联合采购办公室成立，标志着全国性中成药集采正式开始。2023年初，国家医保局在《关于做好2023年医药集中采购和价格管理工作的通知》中指出"重点指导湖北牵头扩大中成药省际联盟采购品种和区域范围"，中成药集采加速落地。

2024年1月，国家医保局公布《关于促进同通用名同厂牌药品省际间价格公平诚信、透明均衡的通知》，指导医药采购机构聚焦"四同药品"，集采政策与挂网价格联动，DRG/DIP，3家过评熔断机制等多项政策呈现组合联动局面。

从集采规则看，中成药集采价格降幅不是唯一打分依据，需综合考虑产品质量安全、企业创新力、供应能力等多项因素。从平均降幅看，中成药独家品种降幅相对温和。

中成药集采提速扩面，逐步实现常态化和制度化是必然，这给中成药市场带来一定的不确定性，同时这也将加速淘汰落后企业，催化产业提质升级。

行业格局和趋势

政策引领高质量发展。 从中长期来看，国家"十四五"规划和2035年远景目标强调"坚持中西医并重和优势互补，大力发展中医药事业"，为中医药的发展指明了方向。

进入"十四五"，国家进一步明确中央预算内投资将向中医药振兴发展等医疗卫生领域的重大工程倾斜，并将在全国布局建设30个左右国家中医疫病防治基地，支持30个左右国家中医药传承创新中心建设，《规划》是中医药发展的中期顶层设计。

人口结构催化需求提升。 国家统计局数据显示，2022年我国65岁以上老年人口已经达到2.1亿人，占总人口比例超过16%，根据联合国预测数据，中国65岁及以上人口占比（老龄化率）持续提高，在2030年后将进一步加速。

健康消费需求持续升级。 随着国民可支配收入提升、对美好生活的向往和对高品质生活需求的增长，健康养生的观念已经成为跨年龄段共识。健康需求向未病先治及康养调理延伸。发挥中医药在治未病中的重要作用，全方位全周期保障人民健康成为业界共识和群众期待。

中药品牌价值持续提升。行业领先的制药企业一般在其所处细分领域的竞争力较强，独家品种，老字号品牌和独特的生产工艺有一定优势，拥有品牌背书的企业，其产品质量和疗效更令百姓放心，因而有一定竞争优势。

中药新药研发持续升温。随着中药注册分类及审评审批制度改革，我国中药创新药评审明显提速，《中药注册管理专门规定》的发布进一步推动中药创新药研发热度持续上升。根据国家药品监督管理局《2023年度药品审评报告》数据，2023年，共受理中药注册申请1163件。按审评序列统计，IND为75件，同比增长31.58%；NDA为26件，同比增长85.71%；补充申请1054件，同比增长206.40%；ANDA（同名同方药上市许可申请）为1件，进口再注册为7件，与2022年持平。

新模式和新业态影响深远。根据中康CMH数据，2023年我国医药零售市场的药品销售规模达5015亿元，同比增长3.3%，其中实体药店（含O2O）2023年药品规模同比小幅增长1.0%，电商B2C增速高达21.0%，渠道占比提升1.9%，渠道重要性进一步凸显。

居家社区医疗服务、医养康养一体化、精准医疗、移动医疗、远程医疗等新业态不断涌现。信息技术为医药行业的转型发展提供了技术支撑，大数据技术已成为医药行业提升服务能力的重要手段，互联网应用的普及，促使企业向为客户提供综合服务及整体解决方案的业务方向转型。

达仁堂的估值

投资看点

（1）老字号的品牌给消费者天然的信任感，占领消费者心智；

（2）公司生意模式容易理解，投入一定，产出无限大；

（3）老龄化背景下，三大慢病需求正处于爆发阶段，公司有大量优质单品，成长空间较大；

（4）公司对高管有股权激励，管理层有动力将公司利润推上去；

（5）公司拥有产品定价权，有一条深深的护城河保护着公司，未来净利润增长的确定性很高。

一句话，公司生意模式好理解，具有良好的长期发展前景，护城河较深，高增长才开始。

估值环节

估值的前提是目标公司盈利增长的确定性。如果公司盈利与否都不确定，那估值就是瞎猜。

达仁堂过去业绩走势很稳健，扣非净利润连续10年保持正增长，具有盈利增长的确定性，可以进入估值环节。

按照巴菲特的估值态度，达仁堂给到20倍的估值比较保守。

如果能遇到恐慌性行情并将股价打下来，那就是非常好的建仓机会。正可谓，别人恐惧，我贪婪。

有没有可行性呢？

写作本案例时，公司的滚动市盈率23.4倍。最近10年，达仁堂滚动市盈率最高60倍左右（2015年6月），最低15.3倍左右（2020年3月）。

2024年初的大跌期间，2月5日，最低滚动市盈率回到19.4倍左右。在2024年2月2日，我已经有过加仓动作。

接下来就耐心等待，加油攒钱，等待下一次打折促销的机会。作为净买入者，期待打折促销，期待市场先生给我15倍市盈率的买入机会，但无法预测，随缘。

时间站在好公司这一边，时间拉长了，净利润自然就提高了，最终会推着公司的股价走出低谷。

大家在估值和定价时，既要紧盯20倍市盈率，还要参考公司所处的行业背景、市场环境等情况，可以适当微调估值，不可一概而论。

请记住，一切的前提是能力圈。

第 16 章
同仁堂，百年老字号，赚钱机器

同仁堂公司介绍

公司概况

同仁堂品牌始创于 1669 年（清康熙八年），至今已有 350 多年历史，自 1723 年（清雍正元年）开始向清廷供奉御药。

1992 年中国北京同仁堂集团公司组建，并于 2001 年改制为国有独资公司，1997 年同仁堂股份在上交所上市，2000 年同仁堂科技在港交所上市，2013 年同仁堂国药在港交所上市。

作为北京老牌国企，中国北京同仁堂（集团）有限责任公司直接控股公司 52.45% 股权（见图 16-1）。另外，同仁堂也直接或间接控股集团旗下的两家港股上市公司（同仁堂科技、同仁堂国药）。

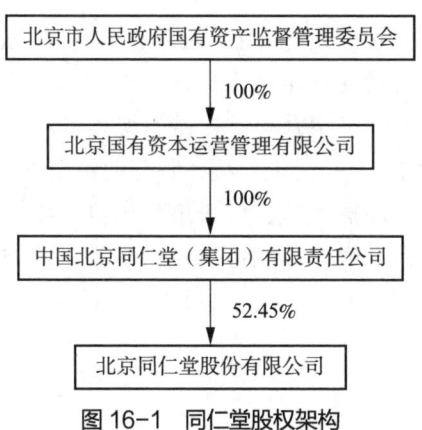

图 16-1 同仁堂股权架构

2023 年 12 月，胡润研究院发布《2023 胡润中国最具历史文化底蕴品牌榜》，该榜单调研范围涵盖内地具有 60 年以上历史的为消费者提供产品或服务的品牌，综合考察品牌历史、价值和文化内涵三个维度，以每个品牌的总分（满分100分）进行排名。片仔癀、同仁堂、茅台位列前三，凸显其自身的品牌价值。

同仁堂集团是首批中华老字号企业。几百年的改朝换代，几百年的战火纷飞也没能将公司从历史中抹去，说明公司被需要，难以被替代，不管谁来掌管国家机器，都会把同仁堂当宝贝。

同仁堂股份的主营业务为中成药的生产与销售，拥有包括中药材种植、中药材加工、中成药研发生产、医药物流配送、药品批发和零售在内的完整产业链条。

公司作为传统中成药生产与销售的老字号，品牌历史悠久，品种储备丰富，常年生产的中成药品规逾400个，产品剂型丰富，覆盖内科、外科、妇科、儿科等类别，以安宫牛黄丸、同仁牛黄清心丸、同仁大活络丸、六味地黄丸、金匮肾气丸为代表的产品以及众多经典药品家喻户晓。

安宫牛黄丸是同仁堂的超级大单品，源于清代吴鞠通的《温病条辨》，与紫雪丹、至宝丹并称为"凉开（温病）三宝"，并被奉为三宝之首。

吴鞠通指出三宝中安宫牛黄丸最凉，长于清热解毒，适用于邪热偏盛而身热较重者。

安宫牛黄丸是我国传统药物中最负盛名的急救名方，素有"救急症于即时，挽垂危于顷刻"的美誉。

自新冠疫情发生以来，卫生健康委组织专家对诊疗方案进行了多次修订，形成了多版《新型冠状病毒感染的肺炎诊疗方案》，安宫牛黄丸多次入选，足见其功效及口碑。

从细分领域看，公司主要产品包括心脑血管、补益、清热、妇科等类别。心脑血管类代表品种包括安宫牛黄系列、同仁牛黄清心系列、同仁大活络系列、愈风宁心滴丸、偏瘫复原丸等；补益类代表品种包括六味地黄系列、金匮肾气系列、阿胶系列、五子衍宗系列、归芍地黄系列、柏子养心系列等；清热类代表品种包括感冒清热系列、牛黄解毒系列、牛黄清胃系列、连翘败毒丸系列等；妇科类代表品种包括同仁乌鸡白凤系列、坤宝丸、调经促孕丸等（见表16-1）。

表 16-1　同仁堂主要产品

细分行业	主要治疗领域	药（产）品名称	注册分类	适应证或功能主治	是否处方药	是否属于中药保护品种（如涉及）	发明专利起止期限（如适用）	是否属于报告期内推出的新药（产）品	是否纳入国家基药目录	是否纳入国家医保目录	是否纳入省级医保目录
中成药	心脑血管类	安宫牛黄系列	中药	清热解毒，镇惊开窍。用于热病，邪入心包，高热惊厥，神昏谵语；中风昏迷及脑炎、脑膜炎、中毒性脑病、脑出血、败血症见上述证候者	是	否	—	否	是	是	否
		同仁牛黄清心系列	中药	益气养血，镇静安神，化痰熄风。用于气血不足，痰热上扰引起：胸中郁热，惊悸虚烦，头目眩晕，中风不语，口眼歪斜，半身不遂，言语不清，神志昏迷，痰涎壅盛	是	否	—	否	否	否	否
	补益类	五子衍宗系列	中药	补肾益精。用于肾虚精亏所致的阳痿不育、遗精早泄、腰痛、尿后余沥	否	否	—	否	否	否	否
		六味地黄系列	中药	滋阴补肾。用于肾阴亏损，头晕耳鸣，腰膝酸软，骨蒸潮热，盗汗遗精	否	否	—	否	是	是	否
		金匮肾气系列	中药	温补肾阳，化气行水。用于肾虚水肿，腰膝酸软，小便不利，畏寒肢冷	是	否	—	否	是	是	否

资料来源：同仁堂 2023 年年度报告。

2023 年经营概况

2023 年，公司全年实现营业收入 178.6 亿元，同比增长 16.19%，归属于上市公司股东的净利润 16.69 亿元，同比增长 16.92%。

其中医药工业收入 111 亿元，毛利率 46.97%；医药商业收入 102 亿元，毛利率 31.11%（见表 16-2）。

表 16-2　同仁堂主营业分行业情况

主营业务分行业情况						
分行业	营业收入（万元）	营业成本（万元）	毛利率（%）	营业收入比上年增减（%）	营业成本比上年增减（%）	毛利率比上年增减（%）
医药工业主营收入	1,107,943.55	587,594.57	46.97	12.60	16.96	减少1.98个百分点
医药商业主营收入	1,024,641.53	705,837.07	31.11	20.82	20.53	增加0.16个百分点

资料来源：同仁堂2023年年度报告。

从产品销售结构看，2023年，公司营业收入前五名的主要品种为安宫牛黄系列、同仁牛黄清心系列、五子衍宗系列、六味地黄系列、金匮肾气系列。合计销售额49.5亿元（见表16-3）。

表 16-3　同仁堂前五名产品销售情况

主营业务分产品情况						
分产品	营业收入（万元）	营业成本（万元）	毛利率（%）	营业收入比上年增减（%）	营业成本比上年增减（%）	毛利率比上年增减（%）
前五名系列	495,256.28	223,754.18	54.82	9.97	25.01	减少5.44个百分点

资料来源：同仁堂2023年年度报告。

在销售渠道方面，公司产品主要通过零售药店销往终端，通过医疗市场销售的产品份额总体较小。产品销售不依赖院内市场，集采免疫，这是为什么集采背景下，公司毛利率不受影响的原因所在。

目前，同仁堂商业在全国主要地区共设立同仁堂零售药店1001家。零售药店中，有630家设立了中医医疗诊所，占零售药店总数的62.94%；有783家取得"医疗保险定点零售药店"资格，占公司零售药店总数的78.22%。

近几年，公司的主要原材料天然牛黄等持续涨价，为了应对涨价压力，公司不得不提前备货，以至于2023年公司存货持续提升，而经营现金流则有所下降。

除去非常稀缺的天然牛黄外，其他药材的价格波动对毛利率的影响不大。公司及下属子公司拥有多家药材种植基地，为日常生产所需重点原材料提供保障，也有效应对了中药材市场的价格波动。

公司自有药材种植基地供应的人参、山茱萸、甘草、黄芪等中药材位于采购量前列。公司拥有专业化中药原材料采购队伍，同时也不断加强专业人才培养与梯队建设，加强对重点药材市场的调研考察、实时关注中药材市场价格走势，为公司决策提供依据。

研发情况

虽然贵为中药行业龙头，但同仁堂的研发投入和研发人员数量占比都非常低（见表16-4）。

表16-4 同仁堂2019—2023年研发情况

指标	2023年	2022年	2021年	2020年	2019年
研发投入（亿元）	3.83	3.66	3.2	2.58	2.41
占营业收入比率（%）	2.14	2.38	2.19	2.01	1.82
研发人员数量（人）	508	502	510	499	501
占员工总人数比率（%）	3.03	2.78	2.68	2.66	2.72

资料来源：同仁堂2019—2023年年度报告。

从另一个角度看，这反而是中药龙头的魅力所在，公司仅需要少量的研发投入便可以支撑大量的营收和现金流。这样的生意模式非常好。

中药企业恰恰规避了研发支出的各种潜在风险。虽然研发支出金额较低，但公司也没有闲着。从研发方面的工作看，公司一直非常注重研发项目的推进，持续为老字号注入新动能。

2023年，同仁堂围绕经营主业，加大科研项目立项力度，开展经典名方、清脑宣窍滴丸研发工作，对同仁牛黄清心丸等重点品种进行二次开发，完善大品种基础资料；开展潜力品种探索性研究，挖掘品种价值；完成川牛膝等内控标准研究，进行生产质量问题攻关；提前布局解决濒危珍稀药材资源问题（见表16-5）。

表16-5 同仁堂研发项目情况

研发项目	研发投入金额（万元）	研发投入费用化金额（万元）	研发投入资本化金额（万元）	研发投入占营业收入比例（%）	本期金额较上年同期变动比例（%）	情况说明
柏子养心丸等品种安全性评价研究	1,446.12	1,446.12	—	0.08	—	2023年启动项目
复方小活络丸、愈风宁心滴丸等品种临床研究	1,220.03	1,220.03	—	0.07	—	2023年启动项目

续表

研发项目	研发投入金额（万元）	研发投入费用化金额（万元）	研发投入资本化金额（万元）	研发投入占营业收入比例（%）	本期金额较上年同期变动比例（%）	情况说明
大山楂丸等品种药效学研究	883.42	883.42	——	0.05	——	2023年启动项目
国公酒的药效学研究	675.16	675.16	——	0.04	——	2023年启动项目
五子衍宗丸临床研究	600.09	600.09	——	0.03	55.77	

资料来源：同仁堂2023年年度报告。

公司的核心竞争力所在

同仁堂作为中医药老字号企业，经过长期的发展积淀，已具备自身独特的竞争优势。

品牌优势。同仁堂品牌作为我国传统中医药代表，品牌底蕴丰厚、历久弥坚，同仁堂产品以"配方独特、选料上乘、工艺精湛、疗效显著"而闻名国内外，在中医药行业和消费者心目中具有极高的行业号召力和社会认同度，得天独厚的品牌实力和美誉度将助力公司充分释放老字号的品牌影响力和市场竞争力。

品种优势。公司拥有以安宫牛黄丸、同仁牛黄清心丸、同仁大活络丸、六味地黄丸、金匮肾气丸等为代表的产品以及众多经典药品，常年生产的中成药超过400个品规，覆盖心脑血管、补益、清热、妇科、儿科等多领域，丰富的产品资源形成对品牌发展和稳健经营的有力支撑。

几百年来，公司活得越来越好，主要还是公司的产品被需要、难以被替代。无论政权如何更迭，无论什么时代，同仁堂都会被当作宝贝。

未来，在人均收入提升、人口老龄化加快、行业政策支持等因素共同驱动下，老字号同仁堂将拥有更为广阔的市场空间。

财务数据简单看

净利润稳健增长

同仁堂公司的净利润增速还不够快，其间也有过负增长的情况（2018年底"蜂蜜门"事件导致2019年业绩负增长）。好在公司总是能够走出低谷，从长期看，公司的扣非净利润保持稳定增长，内在价值逐渐提升（见表16-6和图16-2）。

表16-6　同仁堂2018—2023年成长能力指标

指标	2023年	2022年	2021年	2020年	2019年	2018年
扣非净利润（亿元）	16.57	13.99	12.09	10.12	9.24	10.01
扣非净利润同比增长率（%）	18.45	15.67	19.52	9.49	−7.74	0.22
营业总收入（亿元）	178.61	153.72	146.03	128.26	132.77	142.09
营业总收入同比增长率（%）	16.19	5.27	13.86	−3.40	−6.56	6.23

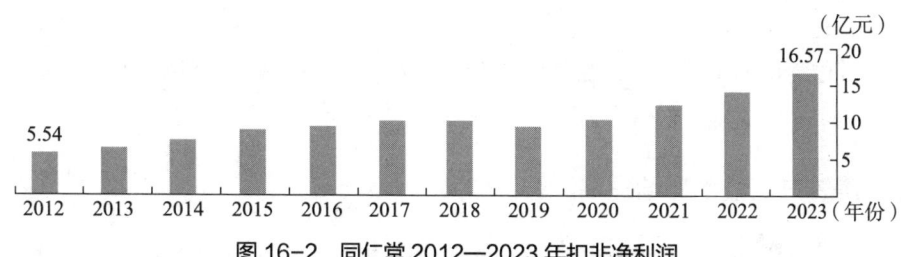

图16-2　同仁堂2012—2023年扣非净利润

毛利率趋升

比较难能可贵的是公司的毛利率长期趋升，从2013年的42.87%缓慢提升到了2023年的47.29%。即便"蜂蜜门"事件爆发，也未影响2018年和2019年的毛利率（见表16-7）。

表16-7　同仁堂2017—2023年销售毛利率

指标	2023年	2022年	2021年	2020年	2019年	2018年	2017年
毛利率（%）	47.29	48.80	47.62	47.04	46.76	46.75	46.24
净资产收益率（%）	13.42	12.71	11.99	10.82	10.34	12.83	12.55

选股时，大家一定要盯着毛利率，毛利率趋升的公司比较令人放心。医药企业既要面临集采，还要应对中药材涨价的压力，所以，毛利率的波动极为关键。

公司年报表示：公司产品主要通过零售药店销往终端，通过医疗市场销售的产品份额总体较小。

因此，集采对于公司的影响可以忽略。

面对中药材涨价的问题，公司也通过战略储备和提价得到了很好的消化。

米内网数据显示，安宫牛黄丸是中国城市实体药店终端心脑血管中成药第一大品种，2019年超过20亿元，2021年突破30亿元大关。

同仁堂股份以及同仁堂科技的安宫牛黄丸 2019 年合计销售额为 18 亿元，同比增长 35%，在众多竞争企业中，两家药企合计市场份额高达 74.5%。

近 20 年来同仁堂三次公开调整安宫牛黄丸的售价。其中 2012 年同仁堂将安宫牛黄丸售价从 350 元涨至 560 元，价格涨幅 60%。到了 2019 年 12 月再次提价，从 560 元涨至 780 元，涨价幅度约为 40%。2022 年 12 月，同仁堂再次对安宫牛黄丸进行了提价，销售价格从 780 元涨至 860 元，价格涨幅约为 10%。

创新药和仿制药都在集采中瑟瑟发抖，大幅降价，很多公司的毛利率均受到了明显的影响，而中药同仁堂的核心产品则不断涨价，以至于公司的毛利率平稳趋升，这非常难得。

同仁堂作为中药龙头，拥有较强的定价权，预计未来仍有持续的提价空间。

对于企业来说，定价权就是护城河。

净资产收益率持续提高

随着公司净利润持续增长，公司的净资产收益率也在不断提高，但表面看不到 15%，似乎有些偏低，实际上公司的净资产收益率高达 35.5% 左右。

公司账面上有大量现金，而这些现金几乎完全不参与创造"净资产收益率"，当我们扣除这部分现金时（或者说公司将现金大部分用于分红或者回购股票），公司的净资产收益率就会远远超过 20%。

2023 年末，公司账面总现金 121.32 亿元，根据公司的经营现金流情况及市场地位，公司可以零现金运营，或者最多每年保留 20 亿元左右的现金在账上，足够了。如果出现较大的现金支出需求，也可以通过低息银行贷款解决，而且大概率不需要担保，毕竟公司背后是北京国资委，所有银行都不会担心公司的信用问题。也就是说，要扣除 100 亿元现金后，再计算公司的净资产收益率才比较合理。

2023 年，公司净利润 16.69 亿元，净资产 47 亿元（2023 年的归母所有者权益 130.58 亿元减去 100 亿元）。粗略计算，公司真实的净资产收益率达到 54% 左右。在对公司进行估值的时候，也要适当扣除多余的账面现金 100 亿元。

这么高的净资产收益率，在整个 A 股市场上，也是屈指可数的。简直就是个赚钱机器。

最优的负债率水平

长期借款、短期借款及一年内到期的借款合计 17.4 亿元，没有什么财务负担。货币资金高达 121 亿元，可以随时清偿掉所有借款。

公司负债率超过 30%，主要是账面有大量经营性负债。应付账款 45.02 亿元，这是公司合理占用的下游客户的资金，免费使用，说明公司在产业链上地位相对强势。

现金流很充沛

年销售额高达 178 亿元，但应收账款仅有 12.94 亿元。

做生意，比较头疼的就是赊销，如果大量销售收入变成了"狗肉账"，那生意就太艰难了。

从净现比的角度看，近些年，每个报表日公司经营活动产生的现金流量净额均大于当期扣非净利润（见图 16-3）。

现金流确实非常非常充沛。这也是公司账面能够沉淀大量现金的原因。

从经营活动产生的现金流量这个角度看，2023 年经营现金流有所下降，主要是随产量增长及原材料价格上涨，本期进行关键原材料战略储备支付的现金增加。

另外，公司合同负债逐年增长，2023 年末达到 6.69 亿元。

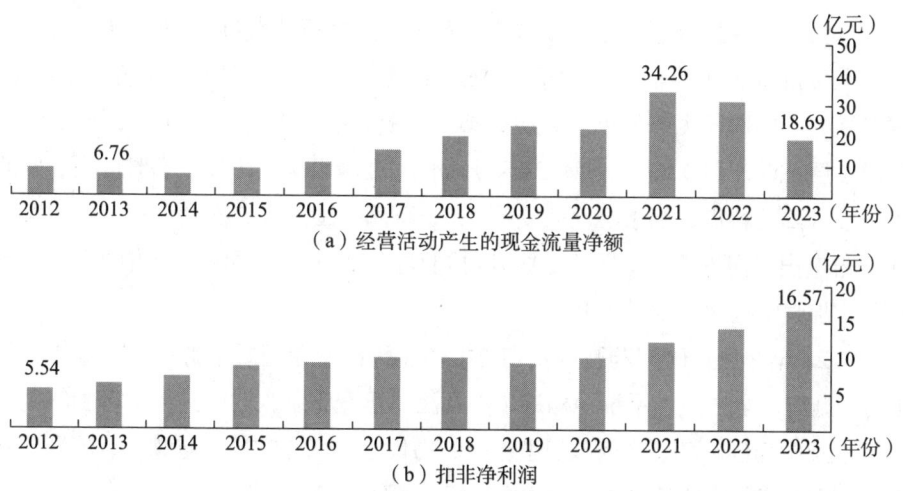

图 16-3　同仁堂 2012—2023 年经营活动产生的现金流量净额和扣非净利润

因为现金流充沛，所以公司长期坚持大比例现金分红，且现金分红比例常年高于 30%。

投入一定，产出无限大

公司的固定资产常年维持在 38 亿元左右，在建工程非常少（见表 16-8）。

表 16-8　同仁堂 2019—2023 年固定资产和在建工程

指标	2023 年	2022 年	2021 年	2020 年	2019 年
固定资产（亿元）	38.08	38.09	39.38	40.81	38.58
在建工程（亿元）	1.29	1.36	0.84	1.28	0.51

销售产生的现金流很少需要用于资本开支。这就是我们常说的，投入一定，而产出无限大。这样的生意就是赚钱机器。

财务数据总结起来，公司净利润稳健增长，毛利率趋升，净资产收益率非常高，现金流很好，应对外部环境变化的能力较强，是个赚钱机器。

长坡厚雪的中医药赛道

中医药行业政策趋势

近年来，国家对中医药改革发展高度重视，中医药行业受到国家产业政策的重点支持，国家陆续出台了多项政策，鼓励中医药行业发展与创新。《规划》为中医药发展明确了目标；《中医药振兴发展重大工程实施方案》是落实党中央、国务院关于中医药振兴发展重大决策部署的重点工作和重要保障；《医药工业高质量发展行动计划（2023—2025 年）》提出"要着眼医药研发创新难度大、周期长、投入高的特点，给予全链条支持"；十四届全国人大二次会议审议的政府工作报告提出"促进医保、医疗、医药协同发展和治理"，要求"促进中医药传承创新，加强中医优势专科建设"。

2023 年 2 月，国家药监局发布《中药注册管理专门规定》，自 2023 年 7 月 1 日起施行，全方位、系统地构建了中药注册管理体系，对中药人用经验的合理应用以及中药创新药、中药改良型新药、古代经典名方中药复方制剂、同名同方药等注册分类的研制原则和技术要求进行了明确。

2023 年 4 月，国家中医药局、中央宣传部等八部门联合制定的《"十四五"中医药文化弘扬工程实施方案》正式公布，提出"加大中医药文化活动和产品供给"等十二项重点任务，推动部署"十四五"期间中医药文化建设工作，旨在大力弘扬中医药文化，更好满足人民群众对中医药的健康需求和精神需求。

同时，加强行业监管的相关政策措施也在持续推进：2023年1月，国家药监局发布《关于进一步加强中药科学监管促进中药传承创新发展的若干措施》，提出从加强中药材质量管理，强化中药饮片、中药配方颗粒监管，优化医疗机构中药制剂管理，完善中药审评审批机制，重视中药上市后管理，提升中药标准管理水平，加大中药安全监管力度，推进中药监管全球化合作等八大方面，向纵深推进中国式现代化药品监管实践和具有中国特色的中药科学监管体系建设。

2023年6月，国家药监局发布《〈中药材生产质量管理规范〉监督实施示范建设方案》，为推动中药材规范化生产，从源头提升中药质量，国家药监局决定由安徽、广东等省药品监管部门作为任务承担单位推进示范建设工作，开展中药材GAP监督实施示范建设工作。

总体来看，我国中医药事业正在进入新的历史发展时期，政策持续发力促进中医药高质量发展进入崭新阶段，中医药在治未病、重大疾病治疗和康复、传染病防治和卫生应急等健康中国建设中将发挥更大作用，同仁堂的产品和服务将迎来更广阔的市场空间和发展机遇。

对于行业和赛道的整体看法

中药是一个既宽又长的赛道。同仁堂有老字号的大单品，且都是消费属性的产品，不受集采影响，长期处于涨价通道。

中国的伟大复兴是可以看到的，在消费品领域，能够代表中国文化的主要是白酒和中药，白酒产销量在2016年就已经见顶，处于持续缩量状态，少数几个龙头白酒企业的利润增长还有持续性，二三线白酒企业越来越难做了。

而中药则不同，刚刚走上增量的赛道，未来30年是老龄化的30年，未来30年是中药随着中国国力提升走向世界的30年。

中医和中药为中华文明的千年传承保驾护航。未来，中国将会依靠综合国力和5000年文明征服世界，这5000年文明中，最有代表性的就是中医和中药，中医不仅是中国的，也是全人类的。目前中医已经进入全球196个国家和地区。未来随着中国国力的提升，随着中医药在各种疫情中的突出表现，中医会越来越风靡。

未来30年，中药将是最确定的投资赛道

过去20年，白酒赛道跑出了一批大牛股；未来30年，中药赛道将会复制白酒走过的长牛之路。

为何以前白酒赛道出牛股?

自从2001年上市以来,茅台最大涨幅超过500倍。在茅台的带领下,白酒赛道出现多个百倍大牛股。

白酒,尤其龙头白酒都是赚钱机器。茅台有着复杂独特的工艺流程、强大的品牌力量、90%以上的毛利率、上瘾的消费属性、千年文化积淀的社交习惯、超强的终端把控能力及市场定价能力。

这样的特质,保证了公司盈利长期大幅增长。净利润长期大幅增长,是推动白酒股走牛的关键原因。

未来,头部白酒企业仍然有不错的投资机会,只是空间小了。

未来30年,中药赛道将会复制白酒走过的长牛之路。治疗糖尿病、高血压、心脏病这三种病的公司股票,尤其值得重点关注。

我的判断依据如下:

第一,除了医药行业,其他行业普遍产能过剩。当初处于风口的光伏、新能源汽车也因为供给大量增加,产能走向了过剩。过剩后,就会开启价格战,一大批风口上的"猪"将会跌落。

第二,三大慢性疾病无法有效治愈,患者将终身服药。糖尿病、高血压、心脏病,一旦患上就治不好,只能终身服药缓解症状。三大慢性病产生了整个医药行业七成的营业额,值得重点关注。

第三,深度老龄化到来了。1960年后的婴儿潮,每年出生人口高于2400万人,1963年更是达到2975万人,是截至目前中国人口出生率最高、新生儿最多的一年。当前,1963年出生的老人们刚过60周岁,开始切换到退休养老的人生轨道。

据预测,到2050年前后,中国60岁以上老年人口规模将近5亿人。未来,健康产业将是中国最大的产业。

第四,美国人均医药消费占GDP的17%,中国仅占6%不到。世界前100强公司中,医药公司就占了四成。

反观中国超大市值公司都是银行、能源、电信运营商等垄断企业,医药公司总体还很小。今天中国最大的医药公司与世界500强公司相比,差距很大。中药龙头同仁堂的市值与礼来的市值相比更是相差100倍以上。

第五,政策力挺。2009年,国务院颁布实施《关于扶持和促进中医药事业发展的若干意见》,逐步形成了相对完善的中医药政策体系。

2019年10月,国务院出台《促进中医药传承与创新发展的意见》,明确了中医药传承创新发展的目标方向和具体举措。2020年9月，《中药注册分类及申报资料要求》进行重大更新，中药创新药被单列为第一大类，中医药传承创新发展步伐加速。

2020年12月25日，国家药监局发布《关于促进中药传承创新发展的实施意见》。随后，四部委联合印发《关于加强新时代中医药人才工作的意见》。

此外，国家先后出台《关于加快中医药特色发展若干政策措施的通知》《关于医保支持中医药传承创新发展的指导意见》等若干文件，从政策端到审批端再到支付端，都实现了政策红利加码。

除此之外，建立中医药理论、人用经验、临床试验相结合的中药特色审评证据体系，也为中药新药研发带来了新的历史发展机遇。除了国家层面中药相关利好政策频出，各省份亦相继出台配套政策，中药行业迎来黄金发展期。

2022年，《规划》是首个以国务院名义印发的中医药5年规划，在中医药供给和资源总量、质量标准建设、医保准入、中医药创新、中医药国际化等方面做出具体的发展要求。

《规划》提出，持续加强县办中医医疗机构建设，基本实现县办中医医疗机构全覆盖。加强基层医疗卫生机构中医药科室建设，力争实现全部社区卫生服务中心和乡镇卫生院设置中医馆、配备中医医师，100%的社区卫生服务站和80%以上的村卫生室能够提供中医药服务。实施名医堂工程，打造一批名医团队运营的精品中医机构。鼓励有资质的中医专业技术人员特别是名老中医开办中医诊所。

第六，在消费品领域，能代表中国文化的一个是白酒，另一个就是中药。白酒是成瘾性消费，社交属性强。而中药代表的是生命，更加刚需。白酒和中药将会随着综合国力的提升而走向世界，又一片巨大的消费市场打开。

第七，新冠疫情中，中医药的表现有目共睹，影响力已经深入人心。

第八，中药可以规避集采。集采背景下，各类仿制药、创新药降幅普遍超过80%，相关上市公司的业绩大幅下滑，因而股价也大幅下跌。而老字号中药龙头被需要、难以被替代、独家产品，而且供给有限。几个独特的中药品种，少有竞争。

过去白酒龙头走过了百倍之路，中药行业的竞争格局更好，未来发展空间更大。具有核心竞争力的老字号中药龙头，首先就是同仁堂，其次包括片仔癀、东阿阿胶、达仁堂、云南白药等公司。

问道价值

投资看点、估值和投资策略

投资看点

（1）人口老龄化背景下，中药行业需求正在快速爆发；

（2）公司拥有大量优质单品，还有较多的储备产品待挖掘，被需要，难以被替代，且长期涨价，潜力极大；

（3）百年沉淀下来的品牌优势，占领消费者心智；

（4）财务数据强劲，现金流极充沛，简直就是赚钱机器；

（5）实际控制人为北京市政府，抵御政策不确定性的能力强，优质股权适合传承。

综合以上看法，公司盈利增长的确定性很强。

最新的估值看法

同仁堂具有盈利增长的确定性，可以进入估值环节。

按照巴菲特的估值态度，估值应该紧盯20倍滚动市盈率。考虑到同仁堂盈利增长的确定性极高，现金流极充沛，内在价值极高，所以，估值可以适当上调，最高可以将估值放宽到25倍。如果超过25倍，那就呆坐不动，一直拿着现金等。

我在2024年2月5日的崩盘行情中，出手买入了同仁堂，当时的市值为560亿元左右，对应滚动市盈率33.3倍，而实际上真实市盈率是27.6倍左右。

公司账上有大量闲置现金，这部分现金是不参与创造股东价值的，在计算估值时，要将这100亿元现金扣除。

在恐慌性行情中，假设老王全资把公司买下来，那么他需要出560亿元现金（2024年2月5日前后的市值），然后，老王可以将账面100亿元现金全部拿走，公司可以在零现金的情况下正常运行，需要现金时，会有大量银行愿意给公司发放低息贷款，且不需要任何担保。如果需要担保，那就请总公司同仁堂集团担保一下即可。

在计算真实市盈率时，用市值560亿元减去100亿元账面现金，然后除以今年预估净利润16.68亿元（1月31日公司给出了年度利润预增公告），当时的真实市盈率相当于27.6倍左右。

之所以放宽对估值的要求，主要是公司业绩不及预期已经导致了股价大幅杀跌，估值已经接近 25 倍，并且遇到了十年一遇的崩盘行情，我判断救市力量已经开始行动。

投资中，最好不要轻易放松对估值的要求。如果放宽了要求，可能就会面临各种被考验的情形，那么大家就要问自己，如果遇到极端恐慌性行情，公司估值被杀到 25 倍、20 倍，甚至更低时，是否有信心继续持股并敢于择机加码？

如果有这个心理准备，那就可以放宽估值要求，否则就耐心地等待 25 倍甚至 20 倍以内的滚动市盈率吧。

投资策略

同仁堂的财务数据是很有意思的，几乎每年它的业绩都有一个季度是负增长的，但全年的净利润又是正增长的。

大家可以看一下公司近 10 年的扣非净利润走势（见图 16-4）。

图 16-4　同仁堂 2012—2023 年扣非净利润走势

再来看看最近几年单个季度的净利润情况。2018 年第三季度业绩负增长 4.16%；2019 年第四季度业绩负增长 52.44%；2020 年第二季度业绩负增长 22.50%；2021 年第四季度公司净利润负增长 2.86%；2022 年第三季度的净利润负增长 12.33%，然后股价吃了一个跌停。

但 2022 年全年净利润是增长 16.17% 的，且利润创出了历史新高，所以，公司股价回调后不久继续创新高。

2023 年前三季度公司净利润增长 38.67%，第四季度果然又出现了负增长，增幅 -34.47%，以至于全年净利润增长下滑到了 16.92%。在 2024 年 1 月 30 日，公司披露了 2023 年业绩预告，投资者即刻推算出公司第四季度净利润是大幅负增长的，这直接导致了 1 月 30 日后的股价大幅跳水。

刚才我们提到，同仁堂业绩总体长期保持年度增长，但这期间总是有单个季度会出现同比负增长。这样的数据特征很有利用的空间。

大家再看一眼年度扣非净利润走势（见图16-4）。

年度业绩总体保持增长，导致股价长期创新高；单个季度的业绩负增长，导致股价随后杀跌，会送来短期买入或加仓的机会。

这就是同仁堂。

掌握了这个规律，同仁堂的投资就有的放矢了。

我经常说，好公司杀跌买。

杀跌怎么来？要么是依靠大熊市的帮衬，要么就指望公司再出现一个季度的业绩不及预期吧。

我在2024年2月2日和2月5日连续加仓同仁堂。低迷的市场情绪往往是逆势买入的好时机（见图16-5）。

图16-5 作者加仓同仁堂

但投资中，总会遇到各种极端情绪，很难保证股价不会出现大幅波动。如果持有过程中出现恐慌性杀跌行情，以致股价可能继续挖坑，那么你是否敢于择机再次加仓？如果加仓没有心理压力，那就可以积极去做。否则，就耐心等待或者主动错过吧。

投资是一个完整的、系统性的思考过程，同仁堂只是作为大家考虑估值时的案例，切不可跟风买入。请朋友们多考虑一二。

第 17 章
片仔癀系列分析

我跟踪片仔癀时间跨度比较长,关于片仔癀的分析文章分三个阶段。

第一阶段:国宝名药片仔癀,看一眼就知道是我想要的 [①]

为什么一眼就看中了片仔癀

先用一句话来回答:有牛股基因。

这里率先谈的是选股问题。从短期看,股价是由市场情绪主导的,无法把握,但从长期看,一定是价值决定价格,或者说财务走势决定股价走势。

选股的标准一定要相对固定,不能因为市场情绪的波动而导致自己的选股标准飘忽不定。

我习惯看财务走势选股,这样的话,选股标准就比较固定,不会因为行情的波动而跑偏。把财务走势连贯起来看,一看五六个年度,甚至更长,这样可以比较容易地排除那些假货。毕竟造假一两年容易,十年八年就难了。

先看简要的财务指标,选择一些指标达到基本要求的股票,进入自选股,然后阅读相关公司的年报,看懂了,看好了,才进入估值环节。

废话不多说,咱们来看片仔癀的财务指标(见表17-1)。

表 17-1 片仔癀 2015 年至 2019 年 9 月主要财务指标

指标	2019 年前三季度	2018 年	2017 年	2016 年	2015 年
净利润(亿元)	11.09	11.43	8.07	5.36	4.67
净利润同比增长率(%)	20.56	41.62	50.53	14.88	6.35
营业总收入(亿元)	43.42	47.66	37.14	23.09	18.86
营业总收入同比增长率(%)	21.07	28.33	60.85	22.45	29.70
净资产收益率(%)	19.69	24.98	21.16	16.20	15.43

[①] 本章写于片仔癀 2019 年三季报披露后。

公司最近三个年度的净利润增幅较大,2017年净利润增幅超过50%。较快的净利润增幅将公司的净资产收益率推高到20%以上。

巴菲特说,如果选股,只能用一个指标,他会选择使用净资产收益率,那我们照做就可以了。

净资产收益率是公司经营结果的最终体现,公司管理层的牛皮吹得再响,如果没能将净资产收益率拉高,就都是忽悠。

如果公司的高净资产收益率是由高杠杆实现的,那么还是令人担忧的。毕竟杠杆是存在风险的。

片仔癀的资产负债率20%多一点,可以推断,公司很少使用杠杆,很少或者不存在有息负债。公司是靠较高的销售净利率和较高的总资产周转率实现了较高的净资产收益率。

咱们可以看看销售净利率(见表17-2)。

表17-2 片仔癀2015年至2019年9月年盈利能力指标

指标	2019年前三季度	2018年	2017年	2016年	2015年
销售净利率(%)	26.68	23.68	21.01	21.95	24.57
销售毛利率(%)	47.35	42.42	43.26	48.95	47.01

25%以上的销售净利率,100元的销售收入,就能实现20多元的净利润。这个生意就是赚钱机器。

公司的销售净利率还是缓慢提升的。非常漂亮。

如果公司的销售都变成一堆应收账款了,那盈利的质量就很差了,"狗肉账"很难消化的。

片仔癀的净利润现金含量还是比较高的。当然,这里还是需要结合销售收入和收现情况对比看看的(见表17-3)。

表17-3 片仔癀2015年至2019年9月的销售收现情况

指标	2019年前三季度	2018年	2017年	2016年	2015年
营业总收入(亿元)	43.42	47.66	37.14	23.09	18.86
销售商品收到的现金(亿元)	48.59	51.43	45.90	26.95	19.84

一句话,每一个报表日,销售商品收到的现金均高于当期的营业收入。

这说明下游客户不拖欠,没有"狗肉账"。这样的生意也说明公司对下游客户具有话语权。

来验证一下公司的现金流。

公司 2003 年上市以来，合计融资 11 亿元，派现 19 亿元，公司已将从股票市场里拿走的钱全部还给市场了。这可是实实在在的现金。

再看一下公司分红情况，30% 以上的分红率，还是比较大方的（见表17-4）。

表 17-4　片仔癀 2016—2018 年分红情况

分红年度	每 10 股送红股数（股）	每 10 股派息数（元）①	每 10 股转增数（股）	现金分红的数额（元）②	分红年度合并报表中归属于上市公司普通股股东的净利润（元）	占合并报表中归属于上市公司普通股股东的净利润的比率（%）
2018	0.00	6.0	0.00	361,990,326.00	1,142,932,917.56	31.67
2017	0.00	4.3	0.00	259,426,400.30	807,018,675.04	32.15
2016	0.00	2.7	0.00	162,895,646.70	536,131,906.97	30.38

注：①②表示含税。
资料来源：片仔癀 2018 年年报。

很显然，公司的经营现金流非常好，这样的公司是没有造假和掺水的动机的。

继续看数据吧（见表 17-5）。

表 17-5　片仔癀 2016 年至 2019 年 9 月年运营能力指标

指标	2019 年前三季度	2018 年	2017 年	2016 年
存货周转率（%）	1.35	1.88	1.78	1.18
固定资产周转率（%）	18.63	20.06	15.14	9.09
总资产周转率（%）	0.57	0.77	0.69	0.51

（1）存货周转率缓慢提高，说明产品能卖得动，不积压。

（2）固定资产周转率上升较快，说明公司固定资产使用效率很高，而且一天比一天高。随着销售收入的增长，公司边际成本递减，规模效应就出来了。

如果单独看一下资产负债表的话，会发现，公司的固定资产仅 2.35 亿元，正是这 2.35 亿元的固定资产，支撑了 47 亿元的年收入和 11 亿元的年利润。投入很少，而产出却很高，这就是赚钱机器。

（3）总资产周转率缓慢地提高。总资产周转率是除了销售净利率之外，构成净资产收益率的关键要素。

小结，片仔癀就是赚钱机器，利润增长稳健，具有大牛基因，值得深入研究。

片仔癀基本情况介绍

公司主要业务。片仔癀是源于宫廷的中华老字号，距今500年历史。经过半个多世纪的传承创新，被列入国家一级中药保护品种，处方及工艺受国家保护，传统制作技艺列入国家非遗名录，成为国宝名药、知名品牌。

公司主要业务包括中成药制造、医药流通。其中，核心产品为片仔癀系列，包括片仔癀、片仔癀胶囊、复方片仔癀含片、复方片仔癀软膏、复方片仔癀痔疮膏等（见图17-1）。

图17-1 片仔癀主要产品之一

除药品销售外，公司积极打造健康、保健、养生食品的大健康产业，产品延伸至保健品、保健食品、特色功效化妆品和日化产品。[①]

"片仔癀"意为"一片即可去癀"。"癀"即"热、毒、肿、痛"，也是西医所说的"炎症"。片仔癀功能主治包括，清热解毒，凉血化瘀，消肿止痛，用于热毒血瘀所致急慢性病毒性肝炎，痈疽疔疮，无名肿毒，跌打损伤及各种炎症。适应范围包括急慢性肝炎、耳炎、眼炎、牙龈化脓、喉咙肿痛、喉蛾、口舌诸疮、烫伤灼伤、刀枪伤痛、挫伤扭伤、蜂蛇咬伤、痈疔、各种感染及一切炎症所引起的疼痛、发热等（内服兼外敷，疗效更为显著）。除了在治肝、解毒、治疗无名肿痛方面的良好效果外，片仔癀在抗癌、保健等方面亦独具特色。

我国设置了中药保护品种目录，分三级，最高级是"国家绝密级配方"，保密期限永久。目前获此殊荣的仅有片仔癀和云南白药。

公司的实际控制人情况。公司的控股股东是漳州市九龙江集团有限公司，实际控制人为漳州市人民政府国有资产监督管理委员会，持股比例较高，国资背

[①] 以上介绍来自片仔癀2018年年度报告。

景，经营稳健（见图 17-2）。

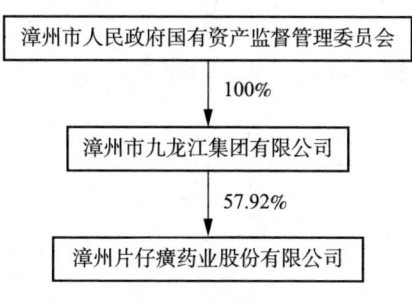

图 17-2　片仔癀实际控制人情况

公司经营数据简介。2018 年片仔癀药业实现营收 47.45 亿元，同比增长 28.41%；实现净利润 11.29 亿元，同比增长 44.63%；2019 年上半年，公司实现营收 28.94 亿元，同比增长 20.40%；实现归母净利润 7.47 亿元，同比增长 20.89%，实现了稳健的增长。

公司近十年营收实现了快速增长，从 2008 年的 6.50 亿元增加至 2018 年的 47.45 亿元，复合增长率达到 22.1%。同期公司归母净利润由 1.41 亿元增加至 11.43 亿元，复合增长率高达 23.3%。

目前看，公司医药工业贡献了主要利润（见表 17-6）。

表 17-6　片仔癀 2018 年主营业务分行业、分产品情况

主营业务分行业情况					
分行业	营业收入（元）	营业成本（元）	毛利率（%）	营业收入比上年增减（%）	营业成本比上年增减（%）
医药工业	1,880,265,594.38	378,056,466.89	79.89	28.45	38.69
医药商业	2,353,729,677.25	2,124,398,610.15	9.74	23.82	24.13
医药行业小计	4,233,995,271.63	2,502,455,077.04	40.90	25.83	26.13
日用品、化妆品	497,651,866.80	227,738,994.64	54.24	56.71	104.04
食品	13,477,297.99	9,976,863.49	25.97	3.15	-0.30
合计	4,745,124,436.42	2,740,170,935.17	42.25	28.41	30.14
肝病用药	1,796,819,436.66	305,042,908.92	83.02	32.07	65.79
心血管用药	3,171,993.99	2,644,341.27	16.63	-43.04	-13.74
感冒用药	24,649,122.46	29,026,116.49	-17.76	-14.89	-11.82

续表

主营业务分行业情况					
分行业	营业收入（元）	营业成本（元）	毛利率（%）	营业收入比上年增减（%）	营业成本比上年增减（%）
呼吸系统用药	20,194,042.30	15,225,054.16	24.61	28.79	20.64
妇产科用药	1,915,088.39	1,501,851.88	21.58	-28.07	-23.63
骨伤科用药	3,878,469.56	3,695,127.64	4.73	-28.67	-10.76
肛肠科用药	6,108,933.90	3,456,001.80	43.43	-35.72	-42.74
皮肤科用药	7,221,897.79	3,735,514.30	48.28	-28.55	-40.23
糖尿病用药	347,878.84	208,320.71	40.12	-53.52	-45.04
其他	15,958,730.49	13,521,229.72	15.27	-34.98	-36.30
医药工业小计	1,880,265,594.38	378,056,466.89	79.89	28.45	38.69
医药商业小计	2,353,729,677.25	2,124,398,610.15	9.74	23.82	24.13

资料来源：片仔癀2018年年度报告。

公司销售模式。 公司的主要销售模式为区域经销及片仔癀体验馆销售等。

（1）公司的内销主要是通过各地的经销商以及药品零售渠道，经销商的销售模式为：通过选择当地实力强大、有一定营销网络的经销商作为基本网点；同时，公司在全国重点销售区域，成立销售办事处，驻外业务人员与经销商一起开拓市场、组织多模式多渠道的推广活动服务终端；根据运营情况，设立产品经理进行统筹管理。药品零售销售模式中，除通过各地的药店销售外，公司积极建设直营的片仔癀国药堂和片仔癀药品专柜，以拓展点对点的零售业务量。

（2）片仔癀体验馆销售模式，主要销售公司及子公司系列产品，通过体验馆的设立提高社会消费群体对片仔癀品牌的认知度和忠诚度，提高产品购买欲；重点布局国内名胜风景区、机场、动车站、城市文化街区与繁华商业区等。

（3）片仔癀海外销售采取总经销制，漳龙实业有限公司为公司片仔癀海外销售总经销商。

从公司的销售模式看，公司主要模式是院外市场，基本不依赖院内，所以，集采免疫，业绩不确定性小。

核心原材料。 公司主要产品片仔癀系列涉及的重要药材包括麝香、牛黄、蛇胆、三七。其中，除麝香、蛇胆严格按国家有关规定组织采购以外，牛黄、三七可通过市场渠道进行采购，采购价格随行就市。

从长期看，麝香、牛黄及蛇胆的价格呈上涨趋势，未来将对片仔癀及系列产品成本造成上升压力。

天然麝香是一种名贵中药材，来自雄麝的腺囊分泌物，具有通诸窍、开经路、通肌骨功效，我国2600多种中成药处方中，有近300种含有麝香成分。产麝香的林麝属国家濒危、珍贵的一级保护动物，具有重要的生态、科研和药用价值，非常稀缺。

公司主导产品片仔癀的主要原料天然麝香是国家重点计划管理物资，公司生产所用的天然麝香主要来源于国家林业主管部门行政许可的配给。目前国家配给的天然麝香数量可以维持公司现有的基本生产规模需要。

随着存量天然麝香的日益匮乏，国家配给的天然麝香可能无法满足片仔癀市场需求的增长。

2001年前后，我国野生麝种群数量下降到6万~7万头，野生麝的栖息地破坏严重。鉴于麝资源面临的严峻形势，2002年，野生麝类由国家二级保护动物调整为国家一级保护动物，进一步加大保护力度；2004年底，国家林业局、国家食品药品监管局等五部局联合通知下发《关于进一步加强麝、熊资源保护及其产品入药管理的通知》，要求全面停止从野外猎捕麝、熊类的活动，促进野外资源的恢复与增长，特别是对麝类要大力推进"封山育麝"，促进其资源的恢复与增长。同时引导、鼓励相关中医药企业，积极参与麝类人工繁育和改善技术条件。

随着国家政策的监管以及鼓励麝养殖业的发展，麝种群的数量下滑得到了遏制，目前人工养麝持续发展，2018年全国人工养麝数量为2万头左右，在一定程度上改善了麝资源状况。

从发展战略角度出发，公司提前谋划，从2007年开始布局林麝养殖渠道。公司已分别成立四川齐祥片仔癀麝业有限责任公司和陕西片仔癀麝业有限公司发展人工养麝，推进"公司+基地+养殖户+科研"的产业化模式，逐步加大对林麝人工繁育技术标准化、取香技术标准化、建立养殖麝香质量标准等研究项目的资金投入，建立麝香道地药材基地，缓解片仔癀市场需求增长与麝香原料资源短缺的矛盾。目前，陕西基地成为全国唯一的麝香"优质道地药材示范基地"。[①]

---

① 以上内容来自片仔癀2018年年度报告。

公司另一核心原料是天然牛黄，也非常稀缺。天然牛黄气清香，味微苦而后甜，性平。可用于解热、解毒、定惊。内服治高热、神志昏迷、癫狂、小儿惊风、抽搐等症，外用治咽喉肿痛、口疮、痈肿、尿毒症。

天然牛黄很珍贵，国际上的价格要高于黄金，大部分药品使用的是人工牛黄。由于牛黄的稀缺性，最近多年，牛黄价格呈现持续上涨趋势。

这里单独将公司的原材料拎出来介绍一下，主要是因为麝香是稀缺的、受国家管控的药材。2005年，国家有关部门为保护野生麝资源，仅准许片仔癀等少数几个传统名贵中药品种继续使用天然麝香，除此之外需使用麝香的药物均以人工麝香代替，并在产品的主要成分中标明"人工麝香"，这进一步增强了片仔癀的稀缺和名贵程度。

一般情况下，原材料稀缺的产品，在市场上基本都会处于长期供不应求的状态。

那么有哪些企业可以使用天然麝香呢？

中药企业只有片仔癀、同仁堂等企业限量使用，并且产品仅限于安宫牛黄丸、片仔癀、六神丸等药品。这些情况致使在消炎、护肝这一领域，片仔癀难逢敌手。

透过现象揣摩揣摩

阅读公司年报是投资的基础工作。读完年报后，对公司的了解才比较全面，对公司的各种数据、战略、计划、市场背景、管理层的内心等了然于胸，才能够站在公司生意的角度思考问题。

站在公司生意的角度考虑投资，很重要。巴菲特说过："我是一个不错的投资家，因为我是一个不错的企业家；我是一个不错的企业家，因为我是一个不错的投资家。"

做股票投资，我们买入公司的股票后，就是公司的股东，必须像企业家一样思考问题，思考生意的本质，打通股票投资和企业经营的关节。

从公司2018年年报中我们可以发现：

第一，公司薪酬较低，激励不充分，没有吸引力。董事长年薪44.12万元，副总经理年薪38.83万元（见表17-7）。管理层的能力都是激励出来的，关键是钱。钱给到位了，一群臭皮匠干过诸葛亮。

表 17-7 片仔癀高管任期及薪酬情况

姓名	职务	性别	年龄（岁）	任期起始日期	任期终止日期	年初持股数（股）	年末持股数（股）	年度内股份增减变动量	增减变动原因	报告期内从公司获得的税前报酬总额（万元）	是否在公司关联方获取报酬
刘建顺	董事长	男	56	2014-03-05	2020-09-25					44.12	否
林柳强	董事	男	52	2016-04-18	2020-09-25						是
黄进明	董事	男	53	2016-04-18	2020-09-25					39.71	否
黄进明	常务副总经理	男	53	2016-03-10	2020-09-25						否
洪东明	董事	男	56	2017-09-25	2020-09-25					38.83	否
陈纪鹏	董事	男	51	2011-11-28	2020-09-25					38.83	否
陈纪鹏	副总经理	男	51	2003-03-01	2020-09-25						否
庄建珍	董事	女	57	2006-04-14	2020-09-25					38.39	否
庄建珍	总会计师	女	57	2007-02-13	2020-09-25						否
陈东	董事	男	50	2016-04-18	2020-09-25						是
林兢	独立董事	女	52	2014-03-05	2020-09-25					6.00	否
贾建军	独立董事	男	47	2017-08-01	2020-09-25					6.00	否
李广培	独立董事	男	51	2017-08-01	2020-09-25					6.00	否
范志鹏	独立董事	男	43	2018-03-29	2020-09-25					4.50	否
张伟成	监事会主席	男	48	2016-04-01	2020-09-25						是
何建图	监事	男	48	2014-03-05	2020-09-25						是
吴小华	监事	女	42	2014-03-05	2020-09-25					0.47	是
魏腾云	职工监事	男	47	2017-09-25	2020-09-25					30.60	否
许红觊	职工监事	女	52	2017-09-25	2020-09-25					24.17	否
陈建铭	副总经理	男	58	2016-03-10	2020-09-25					38.83	否
洪绯	总工程师	女	48	2016-03-10	2020-09-25					38.83	否

资料来源：片仔癀2018年年度报告。

第二，**管理层不持股**。管理层不持股的话，有好处，就是说公司的股价跟我没有关系，我没必要为了呵护公司的市值而采取短期经营行为，更没有动机粉饰业绩。

当然也有坏处，反正公司股价高低跟我没有关系，管他呢。干好干坏差距不大。没必要太拼。

公司薪酬水平低，激励不充分，但公司的业绩竟然可以保持长期稳定提升。

原因很容易想通，独家经营，垄断，产品不愁卖，业绩有保证，因此，从股东的角度来看，没必要去改革薪酬体系和激励机制。

换句话说，这样的公司谁来掌舵都能管好。换谁来都能管好的公司，就是好公司。

第三，**管理层的水平一般**。从公司的销售计划与目标完成情况可以看出，公司仅有50%的年份完成了任务（见表17-8），未完成的年份只要稍微努力就可以完成，但管理层并未冲一下。

表17-8 片仔癀2008—2018年销售目标完成情况

项目	2018年	2017年	2016年	2015年	2014年	2013年	2012年	2011年	2010年	2009年	2008年
下一年销售计划	营业收入增长20%以上；净利润增长10%以上	营业收入增长20%以上，净利润增长10%以上	营收增长43%以上，净利润增长10%以上	销售增长30%，净利润增长7.5%	收入17.2亿元，净利润4.6亿元	计划营收15亿元，净利润4.8亿元	营收增长15%以上	计划销售12亿元	计划销售10.5亿元	计划销售收入8.5亿元	计划2009年实现销售7亿元
目标完成情况	营收增长28.33%，净利润增长41.62%	大幅超额	利润完成，销售未完成	完成109%	完成96.8%	超额完成	完成97.5%	完成97.29%	完成102%	完成99.25%	超额完成

注：表格于2019年三季报时制作。
资料来源：片仔癀2007~2018年年报。

手里有垄断的、独家经营的产品，几百年的老字号，目标完成率竟然只有一半，管理层的水平真不咋地。

实质上还是激励不够，干多干少一个样，干好干坏无所谓。

第四，**烧钱**。从公司近几年的产销情况看，公司的产品供不应求，根本不够卖。或者说有多少产品基本都能卖掉，库存不会积压（见表17-9）。

表 17-9 片仔癀 2018 年产销量情况

主要产品	生产量（万盒）	销售量（万盒）	库存量（万盒）	生产量比上年增减（%）	销售量比上年增减（%）	库存量比上年增减（%）
内科用药	2425.67	2289.56	365.91	34.90	-9.47	51.98
其他科用药	592.42	618.77	75.82	0.70	10.41	3.08

公司一直是有广告投入的，这很正常。2015 年销售费用 1.66 亿元，其中促销、业务宣传及广告费为 8902 万元。

但随后销售费用大幅增加，2016 年销售费用为 2.75 亿元，2017 年销售费用为 4.04 亿元，2018 年销售费用为 3.92 亿元。销售费用增长速率分别为 65.13%、46.83%、-2.84%。

因为是独门生意，公司几乎不需要大规模投放广告。最近几年，公司的产品供不应求，那么为何公司近期加大了销售费用的支出呢？不但进行央视投放，还投放了厦门到北京的高铁车身广告。

看一下增加销售费用的效果吧（见表 17-10）。

表 17-10 片仔癀 2015 年至 2019 年 9 月营业总收入增长率

指标	2019 年前三季度	2018 年	2017 年	2016 年	2015 年
净利润（亿元）	11.09	11.43	8.07	5.36	4.67
净利润同比增长率（%）	20.56	41.62	50.53	14.88	6.35
营业总收入（亿元）	43.42	47.66	37.14	23.09	18.86
营业总收入同比增长率（%）	21.07	28.33	60.85	22.45	29.70
净资产收益率（%）	19.69	24.98	21.16	16.20	15.43

公司销售费用在 2016 年和 2017 年大幅增长，2018 年保持在相对稳定的高位。而公司的营业收入也在 2016 年和 2017 年大幅增长，随后稳定增长。

看来公司的促销和广告是起到明显作用的。

从上文的分析中，我们也看到近几年公司的存货周转率和总资产周转率都在加快。与此同时，公司的销售净利率还是缓慢提升的。

在公司产品连续三年不够卖的情况下，为何还拼命打广告？烧钱玩吗？

当然不是。

一是因为公司的片仔癀体验馆（见图 17-3）已经推广到全国多个城市，新疆、山西、内蒙古省份实现了空白市场的"零"突破，并且体验馆中也有片仔癀保健品销售。当产品首次进入空白区域，知名度低时，药品和保健品都是需要宣传的。

图 17-3　片仔癀体验馆

二是为提价做准备。

来看看公司的产品价格。一盒片仔癀，只有一粒，一粒 3g，药店端售价 530 元。

2017 年公司产品价格提升至 530 元/粒，从过往经验看，片仔癀不超过三年必然提价一次（见表 17-11），目前已经连续两年多没有提价了。预计 2020 年会有一次提价。

表 17-11　片仔癀 2005—2017 年产品零售价格情况

年份	零售价（元/粒）	涨价幅度（%）
2005	130	—
2007	180	38.46
2010	200	11.11
2011	260	30
2012	320	23.08
2013	360	12.5
2014	460	27.78
2016	500	8.7
2017	530	6

目前公司大幅增加广告投放，主要目的就是提价。因为提价会失去一部分消费者，而通过增加广告覆盖面，可以增加客户群，这样两者相互对冲，价格上升的同时，销量不会减少。

从这个角度看，虽然公司对管理层激励不够，但管理层的总体思路还算清晰。

那么问题来了。公司提价后，会不会成为东阿阿胶第二？

这肯定不会的。

东阿阿胶持续多次提价后，渠道方认为有利可图，会有压货的动力，同时也给同行们留出了足够大的利润空间，相当于是培养了竞争对手。而片仔癀的原材料供给受限，独门的生意，没有竞争，并且目前的产品也不够卖的。所以，提价不会导致产品积压和滞销。

核心竞争力在哪里

品牌优势。片仔癀悠久的历史、深厚的文化底蕴和显著的疗效赋予其独特的品牌优势。公司独家生产的传统名贵中成药片仔癀拥有近五百年的历史,其源于宫廷、兴于寺庙、流传于民间、发展于当代,因其独特神奇的疗效而形成了极佳的口碑,被国内外中药界誉为"国宝名药"。

"片仔癀"在2006年获商务部"中华老字号"称号;2009年再次获得"消费者最喜爱的中华老字号品牌";2011年,片仔癀制作技艺入选国家级非物质文化遗产名录;2014年荣列中国中成药行业出口五强之首;2014年至2018年连续五年荣登"胡润品牌榜",目前位处医药保健品行业第三位;同时蝉联2015年至2018年健康中国品牌榜"肝胆用药第一品牌";2018年,片仔癀以249.03亿元的品牌价值居中华老字号品牌第二位。

片仔癀在海外享有很高的知名度和美誉度,是具备国际影响力的重要品牌,成为海上丝绸之路上的"中国符号",连续多年居中国中成药单品种出口创汇前列。

垄断经营。片仔癀处方属于国家级保密配方,而且永久保密。目前仅片仔癀和云南白药属于永久保密。

由于片仔癀配方独特,作用机理有突出的特点,功效较类似产品有明显优势,2002年片仔癀系列药品被国家质量监督检验检疫总局认定为原产地标记保护产品。在品牌中药领域,针对护肝、炎症等,片仔癀没有竞争对手。

2005年,国家有关部门为保护野生麝资源,仅准许片仔癀等少数几个传统名贵中药品种继续使用天然麝香,这进一步增强了片仔癀的稀缺和名贵程度。

供不应求。近年来,片仔癀的产品供不应求,2005年以来,公司的核心产品已经9次提价。

9次提价后,片仔癀锭剂的价格已经由2005年的130元/粒涨到了2017年的530元/粒。

量价齐升的背景下,公司的营业收入和净利润保持了强劲的增长。

技术优势。公司是国家高新技术企业、国家知识产权示范企业,拥有博士后科研工作站、院士专家工作站、福建省工程技术研究中心、福建省企业重点实验室。通过中国合格评定国家认可委员会(CNAS)的实验室认可,为公司产品质量和品牌建设提供了更有力的技术保障。公司研发实力不断提升,2018年引进留法博士1名、硕士9名,不断充实人才队伍,激发内生动力。公司核心产品片仔癀凭借多年在科技投入、科技产出、科技奖励等方面的突出成绩，蝉联中药大品种"清热解毒类中药大品种科技竞争力榜"首位。2018年，《片仔癀基础研究与临床应用》论著正式出版。

最好的生意就是垄断，而且是基于人类健康的垄断。就是说这活儿只有我可以干，其他人都不可以。没有竞争，定价由我说了算，产销情况也由我自己安排。

以上四大优势，铸就了片仔癀赚钱机器的特质。

估值环节

估值的前提是目标公司的盈利必增长，否则一切假设都会化为泡影。

片仔癀是五百年的老字号，产品功效毋庸置疑；产品供不应求，独门生意，净利润增长的确定性非常高。

按照巴菲特最保守的估值态度，20倍市盈率以内是不错的机会。

但是对于片仔癀这样基于生命健康、现金流极好、垄断且寿命几乎无限长的公司而言，净利润长期增长的确定性非常高，是可以适当放宽估值倍数的。最高可以将市盈率倍数放宽到40倍，这已经是极限了。

但这只是经验之谈，只是统计数据而已，国际上品牌声量非常响的头部奢侈品，基本长期市盈率在35倍左右。还请读者朋友辩证地看待。

最近五年，公司的市盈率就从来没有低于40倍的情况（见图17-4），目前公司的滚动市盈率是45倍。

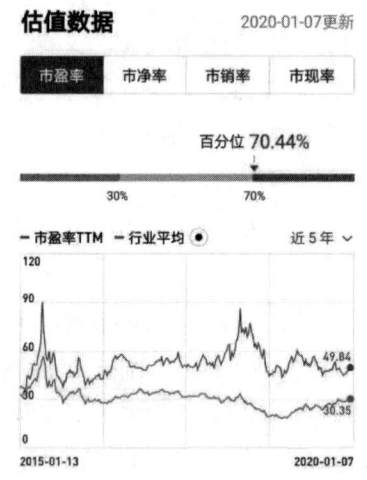

图17-4　片仔癀2015—2020年市盈率

资料来源：雪球。

第17章 片仔癀系列分析

所以，两种选择。

要么耐心等待大熊市到来，并将公司的股价打下来再出手；要么可以在公司近五年估值接近下限时先拥有，但要接受持股过程中缩水50%的可能性。

如果选择了第二种做法，请务必记住：①不打算持有10年，那就10分钟都不要持有；②不能做到股价下跌50%而面不改色，那就不要动手；③买入后，如果股价下跌50%，不敢加仓的话，那建议直接放弃。

不是说大概率会跌，而是说要有各种心理准备。

第二阶段：国宝的招牌更亮了，内在价值更高了 [①]

片仔癀是中药的核心标的，2017—2021年，公司营业收入和净利润快速增长，但2022年年报业绩走势乏力（见表17-12），2023年一季报增速11.66%，增速较慢，这让市场产生了担忧。

表17-12 片仔癀2017—2022年成长能力指标

指标	2022年	2021年	2020年	2019年	2018年	2017年
净利润（亿元）	24.72	24.32	16.72	13.74	11.43	8.07
净利润同比增长率（%）	1.66	45.49	21.62	20.25	41.62	50.53
营业总收入（亿元）	86.94	80.22	65.11	57.22	47.66	37.14
营业总收入同比增长率（%）	8.38	23.20	13.78	20.06	28.33	60.85

直观地看，2022年增长陷入停滞，似乎跑不动了，但我认为，这是公司"主动安排"的。

从过往数据和管理层的言论来看，公司的净利润增长目标是20%左右。

2019年是比较正常的年份，净利润是13.74亿元，净利润增幅是20.25%。

我们以2019年为基数，推算出2020年合理的预期净利润是13.74×1.2=16.49亿元。

2021年的合理预期利润是16.49×1.2=19.79亿元。

2022年的合理预期利润是19.75×1.2=23.75亿元。

以上是根据公司管理层目标增幅推算出来的预期净利润，2022年合理的预期净利润是23.75亿元。而现实是公司2022年实现了24.72亿元的净利润。现实的数据比公司管理层正常情况下的预期还要高一些。

[①] 本部分写于片仔癀2023年一季报披露时。

问道价值

公司净利润增长失速了吗？

完全没有啊。这完全是公司"主动安排"的结果。

片仔癀是一个能够完全掌握自己命运的公司，一个可以自己"安排"自己明年数据的公司，有什么可担心的呢？

数据波动的原因在于2021年公司的片仔癀锭剂被爆炒，590元一粒的片仔癀锭剂竟然被炒到1600元。

公司为了维护市场秩序，主动向渠道里大量投放产品，主动压价，最终把价格平抑了下来。

在大量投放产品的过程中，公司的销量自然大涨，所以，2021年公司的净利润大幅增长，增幅是45.49%。而公司心里的预期是20%。

既然2021年透支了业绩增长，那么2022年就只好"努力"地放慢下来。

绝大多数公司都希望自己的产品涨价，被炒起来会很开心，可以趁机大赚一笔。而片仔癀却主动压制自己产品的价格。一方面是为了维护市场秩序，为了长远发展；另一方面是公司的产品储备并不充裕，产能放量比较困难。

公司的产线都是很早建立的，很多年没有大规模资本支出了，固定资产一直维持在3亿元以内（见表17-13）。

表17-13　片仔癀2017—2022年固定资产

指标	2022年	2021年	2020年	2019年	2018年	2017年
固定资产（亿元）	2.61	2.64	2.61	2.30	2.31	2.44

以2.6亿元左右的固定资产竟然支撑了86亿元的销售，24亿元的净利润。

公司的净利润基本都是可供股东分配的现金，毛利率和净利率长期趋升，净利润的增长不依赖于大规模的资本支出，利润完全可以由股东"主动安排"，这样的公司就是赚钱机器。

最近股价疲软，有人说是一季报疲软导致的。我认为，想多了，那是没有常识。

我们前面模拟计算出来的2022年的合理净利润是23.75亿元，我们在这个数据基础上再乘以1.2得到28.5亿元，这个数值就是管理层内心对于2023年净利润合理的预期，20%的增速。

如果我们简单粗暴地直接用2023年一季报利润7.7亿元乘以4的话，结果是30.8亿元。

也就是说按照2023年一季报公布的数据，全年如果不主动压着点净利润增速的话，一不小心增速又超过 20% 了。

片仔癀净利润增长失速了吗？

完全没有啊。这完全是公司"主动安排"的结果。连续三四年的年报是主动安排好的，2023 年一季报增速也是提前安排好的。

一个能够完全掌握自己命运的公司，一个可以提前"安排"自己明年财务数据的公司，竟然有那么多人说公司出问题了。

那是没有常识。

有人可能会问了，公司的业绩没有出问题，那么股价怎么"跌跌不休"呢？

其实原因很简单，疫情期间公司的股价直接涨了四倍，短期高估了，价值回归而已。

我认为国宝名药的招牌更亮了，优质股权，只要有折扣，就当宝贝存着，是可以用来传承的。你的出价越低，你越占便宜。

既然如此，期待傻瓜们的恐慌将股价打下来就对了。然后，等傻子们都回过神来时，股价又上天了。

一句话，国宝名药的招牌更亮了，内在价值更高了。

第三阶段：百年老字号，独门生意，赚钱机器[①]

近日片仔癀公布了 2023 年的年报和 2024 年一季报，数据非常漂亮。就此更新一下公司现状。

财务数据简单看

近年来，公司的营业收入和净利润持续高增长，曲线非常漂亮（见图 17-5）。

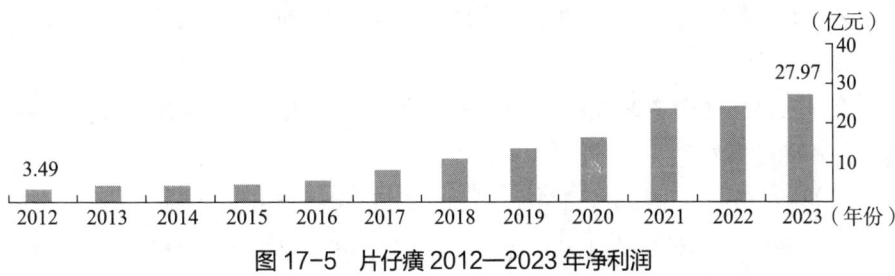

图 17-5　片仔癀 2012—2023 年净利润

---

① 本部分写于片仔癀 2023 年年度报告披露后。

2023年营业收入100.58亿元,首次过百亿,同比增长15.69%;净利润27.97亿元,同比增长13.15%;扣非净利润28.54亿元,同比增长15.26%。

我们前面模拟计算出来的2023年净利润预期值是28.5亿元,与2023年实际净利润相差不大。

也就是说,2023年净利润增长13.15%,在公司管理的预期之内。这是非常合理的增长速度,也更可持续。

2024年一季报营业收入31.71亿元,同比增长20.58%;净利润9.75亿元,同比增长26.61%;扣非净利润9.88亿元,同比增长28.23%,增速较快。

2018—2023年公司的毛利率是长期趋升的,六年时间从42.42%升到了46.76%,提高了4个多点(见表17-14),说明公司的产品是有定价权的,这就是投资的护城河。

表17-14 片仔癀2018—2023年盈利能力指标

指标	2023年	2022年	2021年	2020年	2019年	2018年
净利率(%)	28.35	29.02	30.72	25.95	24.24	23.68
毛利率(%)	46.76	45.64	50.72	45.16	44.24	42.42
净资产收益率(%)	22.64	23.50	27.68	23.07	23.64	24.98

公司的核心产品是片仔癀锭剂,毛利率高达78%。医药流通的毛利率是13%,平均下来就是46%左右。

公司的净利率也是长期趋升的,现在达到了28.35%,100元销售额就能实现28元的净利润。这就是赚钱机器。

公司的核心指标净资产收益率长期在20%以上。非常高。

巴菲特说,如果选股只能用一个财务指标的话,那就是净资产收益率。

这个指标非常重要。它是衡量公司是否是赚钱机器的关键指标。而毛利率只能排第二。

净利率是构成净资产收益率的主要部分。公司的净资产收益率为什么那么高?主要原因就在这。

公司资产负债率18.5%,很低,说明这是没有财务负担的生意。

2023年存货周转率为1.78(见表17-15),这么多年存货周转率基本都为1.6~1.9,出货平稳顺畅,并未因为长期涨价而滞销。

表 17-15　片仔癀 2018—2023 年存货周转情况

指标	2023 年	2022 年	2021 年	2020 年	2019 年	2018 年
存货周转率（次）	1.78	1.87	1.71	1.67	1.70	1.89
应收账款周转天数（天）	29.64	28.09	25.17	27.08	28.74	32.97

公司的资产负债表是非常干净的，151 亿元的流动资产，要么是现金及类现金，要么是存货。

2023 年存货 33.79 亿元（见图 17-6），这是公司营业收入的来源，都能高价卖掉，相当于是未来的现金。

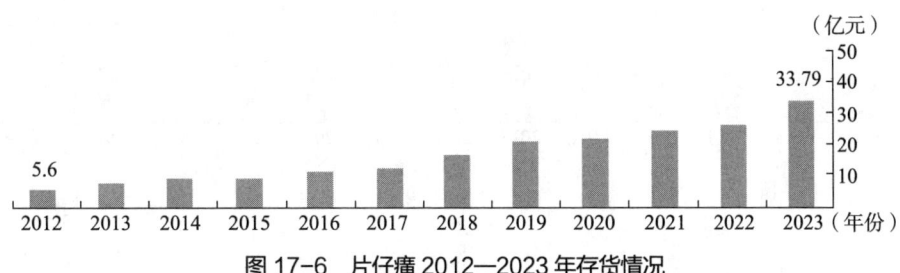

图 17-6　片仔癀 2012—2023 年存货情况

账面的现金和类现金（其他流动资产）达到 103 亿元。也就是说，它的流动资产中，除了现金就是现金，非常干净漂亮。我最喜欢的资产负债表就是这样的。

公司的非流动资产为 19 亿元，其中固定资产只有 3.13 亿元。

用 3.13 亿元的固定资产支撑了每年 100 亿元的销售收入，28 亿元的净利润。什么是赚钱机器？这就是。

2021 年之前的 20 年，公司每年的在建工程从来没有超过 5000 万元的情况。一句话：投入一定，产出无限大，这样的公司最值得关注。

片仔癀显然就是芒格类型的投资者喜欢的生意。

片仔癀 2023 年的现金分红率 50.04%。28 亿元的净利润，先分一半给股东。

年报的应收账款 9.68 亿元，应收账款周转天数 29.64，周转速度也非常快，不存在被持续占用资金的情况。

想当初，2012 年以来，东阿阿胶持续提价，然后导致存货大增，应收账款大增，这是资产负债表崩盘的前奏。

大家来看一下东阿阿胶当年的数据。请盯着 2017 年和 2018 年看（见图 17-7）。

片仔癀长期提价，投资者需要重点关注应收账款、存货和毛利率。防止出现东阿阿胶当年的一幕。

片仔癀提价后，会不会成为东阿阿胶第二？

前文说过，不会的。

东阿阿胶提价后，给同行们留出了足够大的利润空间，相当于是培养了竞争对手。而片仔癀的原材料供给受限，目前的产品也不够卖的。所以，提价不会导致产品积压和滞销。

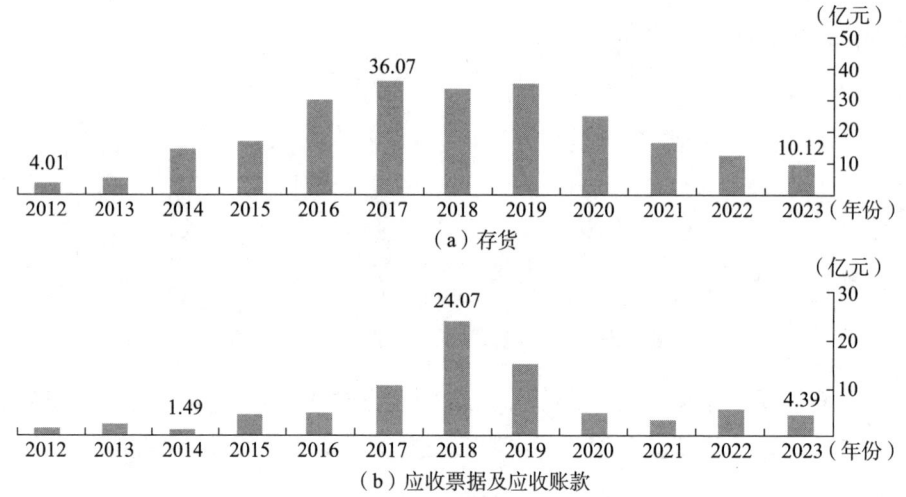

图 17-7　2012—2023 年东阿阿胶存货和应收账款情况

话虽如此，仍然要保持一份谨慎。

片仔癀的数据，看这么多就够了。

独门生意，赚钱机器，品质不变。

公司近年来的主要变化

通过控股收购，实现产品品类突破。 公司于 2020 年 7 月以 4447 万元投资控股（持股 51%）龙晖药业，龙晖药业拥有经典名方安宫牛黄丸生产资质，当年 9 月片仔癀牌安宫牛黄丸推向市场。

安宫牛黄丸是心脑血管用药，清热解毒，镇惊开窍。用于热病，邪入心包，高热惊厥，神昏谵语；中风昏迷及脑炎、脑膜炎中毒性脑病、脑出血、败血症等。

国内具有安宫牛黄丸生产资质的企业不少，但有实际销量的企业不多，同仁堂做得最好，占据了大半市场，广誉远、达仁堂、片仔癀也有一席之地。如果仅看双天然品规的话，同仁堂第一，片仔癀第二。

2021年年报中，公司明确表示：

实施"多核驱动，双向发展"的新战略蓝图，即做优片仔癀，做大片仔癀牌安宫牛黄丸，做强片仔癀化妆品。

2023年年报中，公司表示：

近年来，公司积极布局经典名方，丰富公司产品线。片仔癀牌安宫牛黄丸精选麝香、牛黄等道地药材，遵循古法炮制与金箔包衣等传统工艺制成。目前，片仔癀牌安宫牛黄丸【双天然品规、天然麝香（体培牛黄）品规】均已成功推向市场，以卓越功效和优异品质，成为深受广大消费者信赖的国药精品。

报告期内，做强大品种，安宫牛黄丸、片仔癀含片、肝宝，这三个单品实现销售额过亿元。

从数据上看，2021年心脑血管用药销售额9608.93万元，毛利率50.72%；2022年心脑血管用药销售额16550.24万元，毛利率47.15%；2023年心脑血管用药销售额26575.46万元，毛利率38.71%。

总体来看，安宫牛黄丸销售收入快速增长，但毛利率持续下滑，主要原因是天然牛黄在持续涨价。

化妆品公司拟独立上市。按照国企改革三年行动要求，公司正在推进化妆品公司分拆上市，正在有序开展与股份制改革相关的审计、资产评估等方面工作。

近几年公司的日用品、化妆品业务经营表现整体偏弱，雷声大，雨点小，一直徘徊不前。

2020年销售收入90518.22万元，毛利率60.53%；

2021年销售收入84135.22万元，毛利率67.01%；

2022年销售收入63429.63万元，毛利率60.60%；

2023年销售收入70675.80万元，毛利率62.18%。

如果化妆品公司就这么一直藏在片仔癀体内，恐怕就埋没了。倒不如尽快上市，接受市场评判。

片仔癀涨价。近几年，片仔癀的核心原材料普遍处于涨价趋势中，以至于成本持续上升，为了消化原材料涨价压力，片仔癀多次提价，2020年提价到590元/粒，2023年再次提价到760元/粒（见表17–16）。

表 17-16 片仔癀 2005—2023 年产品零售价格

年份	零售价（元/粒）	涨价幅度（%）
2005	130	—
2007	180	38.46
2010	200	11.11
2011	260	30.00
2012	320	23.08
2013	360	12.50
2014	460	27.78
2016	500	8.70
2017	530	6.00
2020	590	11.30
2023	760	28.80

启动新项目建设。 上市以来，公司用极少的固定资产和资本开支支撑了百亿元的销售收入，赚到手的几乎全部是可供分配的现金，简直是赚钱机器。

最近几年，片仔癀的产能和库存已经捉襟见肘，老产能已经很难支撑公司长期快速发展了。

为此，公司启动了新项目建设。

（1）开展科技大楼和产业园区建设。片仔癀科技大楼正在开展基建工作；片仔癀美妆园项目已完成整体规划，正在有条不紊地推进项目建设（见表 17-17）。

（2）多措并举做好技改工作。一是推进化妆品公司三期工程。仓库项目已完成智能化立体仓库建设。同时新增珍珠霜、珍珠膏、水乳、软管、膏霜灌装五条生产线。二是引进先进片剂铝塑自动包装生产线，实现公司核心产品含片包装工序产能翻倍，解决公司核心产品含片的生产瓶颈，为含片市场做大做强奠定基础。三是引进一套全自动二级反渗透纯化水制备系统 +6 路分配系统，提升纯化水系统自动化、信息化、智能化水平，实现无人值守、全自动化运行。实现对所有运行监测数据在线采集，做到全过程质量跟踪记录。四是引进先进糖浆灌装生产线，节省人工抽检生产成本，提升产品灌装装量精度。五是利用先进 AI 视觉检测技术，已陆续在公司片剂、胶囊剂、糖浆剂等生产线引进配套使用，实现对产品各种外观的质量瑕疵进行精准识别和剔除。

表17-17 片仔癀2023年在建工程情况

单位：元 币种：人民币

项目	期末余额			期初余额		
	账面余额	减值准备	账面价值	账面余额	减值准备	账面价值
片仔癀科技大楼建设项目	111,231,907.37		111,231,907.37	36,760,527.27		36,760,527.27
片仔癀化妆品三期工程	6,474,265.47		6,474,265.47	22,751,242.62		22,751,242.62
中药饮片、保健食品和中药配方颗粒生产线建设项目	36,427,455.84		36,427,455.84	903,936.46		903,936.46
片仔癀健康美妆园	3,055,903.75		3,055,903.75	254,716.97		254,716.97
其他				110,388.35		110,388.35
合计	157,189,532.43		157,189,532.43	60,780,811.67		60,780,811.67

深化大品种二次开发。公司聚焦肿瘤、消化系统疾病等中医临床优势病种，不断挖掘片仔癀、安宫牛黄丸、复方片仔癀软膏、复方片仔癀痔疮软膏、复方片仔癀含片、茵胆平肝胶囊等优势、特色品种的临床优势。2023年，开展片仔癀及优势中成药品种二次开发临床研究11项，完成临床研究3项；加快推进片仔癀及优势中成药品种药理、药效、毒理等研究项目34项，完成片仔癀对胆汁酸代谢及保肝抗炎作用机制研究等10项。

加快新药开发进程。公司聚焦"未满足的临床需求"，持续推进在研新药项目的临床前研究及临床研究工作，三个化药1类新药、三个中药1.1类新药和一个中药1.2类新药进入临床研究阶段。2023年，公司取得《温胆片Ⅱ期临床试验总结报告》，温胆片治疗轻、中度广泛性焦虑障碍（痰热内扰证）的临床疗效确切；取得《PZH2108片Ⅰ期临床研究报告》，PZH2108片各研究剂量组在中国健康受试者中安全性及耐受性良好；完成两个化药创新药的临床前研究工作，增强片仔癀创新发展后劲。

着力推进药材基地建设。一是持续推进优质道地麝香基地、"三无一全"三七基地建设管理。其中作为首家投入林麝养殖的医药企业，针对养殖户"缺资金、少技术、无经验"的痛点，公司在陕西省太白县、宁陕县以及西藏边坝县等地共建林麝产业扶贫示范基地，提供林麝种源调配、疾病诊疗、基地共建等方面的帮扶。2023年，公司林麝产业基地建设管理项目获得第29届全国企业管理现代化创新成果二等奖，麝香基地也获得"麝香中药材品牌示范基地"和"优质道地中药材十佳规范化养殖基地"等荣誉。二是为响应省委、省政府号召，联合种植企业开展"福九味"药材基地建设，积极推进"福九味"药材优良品种选育、智能化全过程追溯等基地种植相关技术研究，参与福建省农科院开展的金线莲新品种选育工作取得两个金线莲新品种认定证书；完成黄精、泽泻、铁皮石斛三个福建特色中药材质量标准研究并申报《德国药品法典》；此外，以福建省漳州市、南平市地区为主，开展以黄精、建莲子、太子参等七个福九味药材基地调研及建设准备工作。

以上几个动作，不管是新增安宫牛黄丸产品，还是主力品种的提价以及新产能的建设等，都是公司积极主动拓展业务边界，打破成长瓶颈的重要尝试。但效果尚需观察。

估值环节

公司具有盈利增长的确定性，长期保持 20% 左右的增长是可以期待的。但业绩的短期波动是难免的。

公司的生意，就是我最喜欢的类型，但唯一头疼的地方是好货不便宜。公司一直高估，高估十几年，想买到便宜货，太难了。

最近七八年，即便是大熊市里，即便市场流动性极度匮乏，公司的滚动市盈率也没有低于 40 倍的时候。现在的滚动市盈率为 48 倍。

按照巴菲特最保守的估值态度，20 倍市盈率以内是不错的机会。对于绝大多数投资机会，我能够接受的市盈率都在 20 倍以内，少数公司可以放宽到 25 倍，片仔癀是唯一我愿意将估值放宽到 40 倍市盈率的公司。40 倍市盈率，这已经是极限了。

前文我们提到，对于片仔癀这样基于生命健康、现金流极充沛、垄断且寿命几乎无限长的公司，净利润长期增长的确定性非常高，是可以适当放宽估值倍数的。

有两种选择，要么按照巴菲特的保守要求，等待 20 倍市盈率，但这种选择大概率会错过；要么先在 40 倍市盈率附近先拥有少量股权，但要接受可能的 50% 的下跌。

我选择的是后者。一方面大熊市已经持续三年了，即便在崩盘的行情中，公司的股价也没有打折的力度；另一方面，公司成长的确定性很高，如果买贵了，只输时间不输钱。

但是，在流动性枯竭的行情中，再优质的资产的估值也可能会崩盘，所以，要问自己，在 40 倍估值动手后，如果股价下跌 50%，是否敢于加仓买入？如果答案是肯定的，那就可以先拥有，否则就老老实实等待股价进一步打折。

第 18 章
涪陵电力，看一眼就知道是我想要的[①]

为何一眼就看上了它

归结起来一句话，财务走势漂亮，看一眼就知道是我想要的。

我反复强调，财务走势决定股价走势。高净资产收益率是股价长期走牛的关键，背后的净利润增长率是关键中的关键。

巴菲特说，选股，如果只能用一个指标的话，他会选择 ROE 指标。

芒格说：从长期看，一只股票的回报率与企业发展息息相关。从长期来看，你的收益率就是你所投资的公司的净资产收益率。

先看涪陵电力的财务走势（见表 18-1 和表 18-2）。

表 18-1 涪陵电力 2016 年至 2019 年 6 月的盈利能力指标

指标	2019 年 6 月	2018 年	2017 年	2016 年
销售净利率（%）	15.76	14.25	10.99	10.08
销售毛利率（%）	20.47	19.35	17.02	13.36
净资产收益率（%）	12.69	26.79	22.32	22.23

表 18-2 涪陵电力 2016 年至 2019 年 6 月财务指标

指标	2019 年 6 月	2018 年	2017 年	2016 年
净利润（亿元）	1.95	3.48	2.26	1.67
净利润同比增长率（%）	58.36	54.01	34.81	-9.75
营业总收入（亿元）	12.40	24.48	20.60	16.65
营业总收入同比增长率（%）	13.75	18.80	23.73	33.22

我一直在强调一个观点，希望各位朋友知晓：财务就是数据，财务分析就是

[①] 本章于 2019 年 9 月 12 日发表于公众号：价值投资之懒惰的投资者。

数据分析,数据分析就是加、减、乘、除、同比、环比。在股市里,有小学数学知识就够用了,高等数学那一套,完全没必要。

但凡在证券分析中,动不动就谈 α、β 的,都是瞎闹,都是投资尚未入门的表现。

在我看来,没有学过财务的朋友们,也可以自己轻松地分析财务,心理上不要怕。

说简单点,财务分析就是数据处理,加上看图说话。有关数据股票交易软件都已经处理过了。

(1)公司的毛利率和净利率一路走高。2016年公司的毛利率为13.36%,2019年6月30日毛利率达到20.47%,毛利率长期趋升,数据走势很漂亮。

2016年公司的净利率为10.08%,2019年6月30日净利率达到15.76%,也是趋升的。

(2)净利润增幅不断加快。2016年至2019年6月30日,净利润增幅分别为 -9.75%、34.81%、54.01%、58.36%。如果净利润增幅能保持在50%左右,那么净利润两年翻一倍,再高的市盈率都会在两年后被摊低为原来的一半(市盈率 = 市值 / 净利润)。

当然,大家都知道,这是理想状态,这么高的净利润增速,是不可持续的。

(3)较高的净利润增速不断拉高公司的ROE。2016年至2019年6月30日,加权平均净资产收益率分别为22.23%、22.32%、26.79%、12.69%,越来越高。高净资产收益率是股价走牛的关键,涪陵电力有这样的财务走势,不走牛都难。

(4)现金流好。公司销售出去的产品,基本上都变成了现金,而不是应收账款。销售质量很好。

首先,销售商品提供劳务收到的现金基本上均大于当期的营业收入,2019年6月有点儿小例外而已,不影响全年数据(见表18-3)。

其次,经营活动现金流量净额均大于当期净利润数额。公司的销售质量确实可以,现金含量很高。

表18-3 涪陵电力2016年至2019年6月销售收现情况和净利润现金含量

指标	2019年6月	2018年	2017年	2016年
营业收入(亿元)	12.4	24.48	20.60	16.65
销售商品提供劳务收到的现金(亿元)	10.7	25.65	21.64	18.42
净利润(亿元)	1.95	3.49	2.26	1.68
经营活动产生的现金流量净额(亿元)	3.46	7.57	6.97	3.44

第 18 章
涪陵电力，看一眼就知道是我想要的

（5）财务负担能承受。

资产负债率于 2016 年急速上升（见表 18-4），这是为何？

查询 2016 年年报，可以发现，公司于 2016 年完成了重大资产收购，花了 3.7351 亿元（见图 18-1）。

表 18-4　涪陵电力 2014 年至 2019 年 6 月负债及财务负担情况

指标	2019 年 6 月	2018 年	2017 年	2016 年	2015 年	2014 年
资产负债率（%）	67.25	69.01	72.46	76.18	43.56	37.15
有息负债（亿元）	6.03	5.04	9.81	6.85	—	—
财务费用（万元）	2541.00	5273.58	3402.33	86.26	-465.50	-132.61

资料来源：涪陵电力年报。

> 根据有关规定，经向上海证券交易所申请，公司股票自2016年3月10日复牌。同时，公司对《重庆涪陵电力实业股份有限公司重大资产购买暨关联交易报告书（草案）》及其摘要进行补充披露，具体内容详见公司指定信息披露媒体和上海证券交易所网站。
> 2016年3月28日，公司召开2016年第一次临时股东大会并审议通过了上述重大资产重组相关事项，同意公司以现金购买资产方式收购国网节能服务有限公司配网节能业务。
> 2016年4月22日，公司与国网节能服务有限公司签订了《重庆涪陵电力实业股份有限公司与国网节能服务有限公司之资产交割确认书》并支付了交易价款37351.46万元，同时公司完成了本次重大资产重组资产交割等工作。

图 18-1　涪陵电力推出了重大资产重组

同时，公司为了新业务的资本支出，又对外借款 6.85 亿元（见表 18-5）。查询 2016 年年报，可以发现公司仅有这一笔长期借款，没有短期借款和债券。并且，在此之前，公司一分钱有息负债也没有。

表 18-5　涪陵电力 2016 年首次申请了长期借款

单位：元　币种：人民币

项目	期末余额	期初余额
信用借款	720,000,000.00	
一年内到期的长期借款	-35,000,000.00	
合计	685,000,000.00	

仔细查看会发现，这笔借款全部是信用借款，看来出借方一点也不担心涪陵电力的信誉问题（毕竟身后有国家电网这棵大树）。出借方也隐隐地知道，涪陵电力做的是独家生意，躺着收钱的活儿，不用担心贷款资金打水漂。

其次，公司的销售收入基本上是现金，很少有应收账款，财务费用可以承

受，不会出现资金链断裂的情况（其他的融资手段尚未使用，比如定向增发、可转债、股票质押等）。

对财务数据的总结，就一句话，财务走势漂亮，看一眼就知道是我想要的。

涪陵电力的基本情况

公司于2004年上市，至今15年。公司有两块业务，电力供应业务和配电网节能业务。

电力供应业务：说白了，就是从国家电网重庆公司、重庆川东电力公司买电，然后向当地客户供电。供电客户区域主要集中于重庆市涪陵区行政区域。这就是个赚差价的活儿，且受到区域限制，比较局限，已经在走下坡路。

配电网节能业务：主要是针对配电网节能降损提供节能改造和能效综合治理解决方案，采用合同能源管理模式，为用户提供节能诊断、改造等服务，并以节能效益分享等方式回收投资和获得合理利润。

公司所有的业务均来自国家电网，在签订合同时，业务毛利润就定下来了。而且，国家电网的体量太大，涪陵电力这点儿业务金额，完全可以忽略不计，因此，不存在"狗肉账"问题。

公司经营的配电网节能业务属于国家大力支持和提倡的朝阳产业。

电力行业在国民经济中的重要性无可替代，以能效提升、绿色用能为目标，以满足客户多元化、个性化能源需求为中心，并以此节约客户用能成本的节能环保服务产业市场潜力巨大。

配电网作为电力供应载体，亦是节能改造的重要部分，目标包括线损率的降低、电力设备的绿色转型。

公司的配电网节能服务业务帮助电力企业降低线损率、提高电力供应量，降低化石能源消耗量。

近年来，国家电网积极落实我国能源发展相关要求，加大配电网改造投入，促进线损率从2013年的7.27%下降至2019年的6.25%，但相较部分国家平均线损率水平，仍具备下降空间。配电网节能服务作为节能降耗的有效手段，产业发展拥有广阔的市场空间。

随着新一轮国家政策倾斜和资金支持，节能环保产业等多个领域将得到更大发展，有望形成千亿元、万亿元级市场空间。

第三方的研究报告显示，2019年国网区域线损率为6.25%，国网售电量4.45万亿千瓦·时，对应线损电量约2967亿千瓦·时/年。根据国家发展改革委发布的《电网企业实施电力需求侧管理目标责任考核方案（试行）》，每年电力电量节约的年度指标原则上不低于经营区域内上年售电量的0.3%，降低线损是节约电力的主要抓手，线损率有望延续下降态势。配网线损约占整体电网线损的50%，改造后将带动线损下降30%。以2019年国网区域内用电情况统计，当年国网区域内配网节能的市场空间约为445亿千瓦·时，以扣除产业公司的国网收入测算出2019年平均电价约为0.53元/千瓦·时，对应节能市场潜在空间为236亿元。

根据并购交易的承诺，国家电网的配电网节能业务，未来将全部由涪陵电力独享。

2018年，涪陵电力的营业收入为24.5亿元，相对于配电网节能市场236亿元的空间，还远未到天花板。

公司重大事项及财务影响

通过投资、资产出售等情况，可以看出管理层的心态、公司对待自身主营业务的态度、是否有不务正业的情况以及公司的投资能力等。

重大事项

2016年3月28日，公司召开2016年第一次临时股东大会并审议通过了重大资产重组相关事项，同意公司以现金购买资产方式收购国网节能服务有限公司的配电网节能业务。

2016年4月22日，公司与国网节能服务有限公司签订了《重庆涪陵电力实业股份有限公司与国网节能服务有限公司之资产交割确认书》并支付了交易价款37351.46万元，同时公司完成了本次重大资产重组资产交割等工作。

在公司开展重大资产重组前，公司2013—2015年的毛利率是不断下降的，由此可见，公司面临着业务瓶颈，日子越来越难过，不得不做出选择。

自2016年公司实施了重大资产收购后，公司的毛利率便逐渐回升（见表18-6），可以看出，这是一步好棋。

表 18-6　涪陵电力 2013—2017 年毛利率

指标	2017 年	2016 年	2015 年	2014 年	2013 年
毛利率（%）	16.98	13.28	10.45	12.34	13.73

各种变化背后的逻辑

一看毛利率。在收购节能服务业务前，公司的毛利率一般为 10%~13%，很低，而且处于下降趋势；而节能服务业务板块的毛利率往往在 28% 以上。综合起来，公司的综合毛利率就被拉高了，销售净利率也随之提高。从这个角度看，公司的资产注入确实是一步好棋。

二看公司的扣非净利润增幅。2011—2013 年公司的扣非净利润增幅分别是 108.15%、88.89%、72.83%，2014 年至 2019 年 6 月的增幅请看表 18-7。也就是说公司连续 8 个年度净利润实现正增长，而且年平均增幅超过 50%。在此期间，公司的股价也跟着大幅上涨，最高达到 10 倍涨幅。2019 年半年报显示，公司的净利润增幅仍然保持超过 50% 的增长，也就是说两年利润翻倍。

表 18-7　涪陵电力 2014 年至 2019 年 6 月的主要财务指标

指标	2019 年 6 月	2018 年	2017 年	2016 年	2015 年	2014 年
综合毛利率（%）	20.48	19.35	17.02	13.36	10.44	12.36
节能服务毛利率（%）		32.76	31.37	28.09		
销售净利率（%）	15.76	14.25	10.99	10.09	14.89	5.67
净利润（亿元）	1.95	3.49	2.26	1.68	1.86	0.72
净利润增幅（%）	58.36	54.01	34.82	-9.76	158.62	32.89
扣非净利润（亿元）	1.94	3.27	2.25	1.49	0.78	0.42
扣非净利润增幅（%）	59.69	45.57	50.83	92.29	82.93	9.42
净资产收益率（%）	12.69	26.79	22.32	22.23	30.85	15.38
扣非净资产收益率（%）	12.62	25.13	22.15	19.72	12.84	9.05

三对比净利润和扣非净利润，两者有较大差距，尤其是在 2014 年、2015 年、2016 年和 2018 年。不妨来看看公司当时的非经常性损益分别是什么。一般来说，非经常性损益是公司出售资产、股权等造成的一次性收入。

咱们直接打开公司 2013 年年度报告，看看公司此时参股控股哪些公司。请看表 18-8。

第 18 章
涪陵电力，看一眼就知道是我想要的

表 18-8 涪陵电力 2013 年对外股权投资情况

被投资公司	主要经营活动	占被投资公司权益的比例（%）	持股变动情况	备注
重庆市银科信用担保有限责任公司	主要为中小企业流动资金贷款、技术改造贷款、科技开发贷款、固定资产贷款等提供担保	3.33	下降1.22%	银科公司于 2013 年 3 月新增注册资本金 4000 万元，增资后，银科公司注册资本金由 11000 万元变更为 15000 万元。据此，本公司持股比例由 4.55% 变更为 3.33%
道真仡佬族苗族自治县华源电力有限责任公司	主要经营水力发电	30.00	无	参股子公司
东海证券有限责任公司	主要经营证券的代理买卖；代理证券的还本付息、分红派息；证券代保管理、签证；代理登记开户；证券的自营买卖；证券的承销；证券的投资咨询（含财务顾问）；中国证监会批准的其他业务	1.44	无	参股子公司
重庆市新嘉南建材有限责任公司	主要经营活动为水泥制造、销售	35.00	无	参股子公司
重庆市蓬威石化有限责任公司	主要经营年产 60 万吨精对苯二甲酸（按许可证核定事项从事经营）；销售化工原料（不含危险品）、化学纤维；化工技术咨询服务	15.00	无	参股子公司

从表 18-8 可以看出，公司对外投资了 5 家公司。而 2019 年半年报显示，仅剩下两家公司，分别是重庆市蓬威石化有限责任公司和重庆市新嘉南建材有限责任公司。接下来，请看表 18-9。

即便如此，公司仍然在继续出售不盈利的公司（重庆市蓬威石化有限责任公司）。

表 18-9 涪陵电力对外股权投资情况

被投资公司	主要经营活动	占被投资公司权益的比例（%）	持股变动情况（%）	备注
重庆市新嘉南建材有限责任公司	主要经营活动为水泥制造、销售	35.00	无	参股公司

续表

被投资公司	主要经营活动	占被投资公司权益的比例（%）	持股变动情况（%）	备注
重庆市蓬威石化有限责任公司	主要经营年产60万吨精对苯二甲酸（按许可证核定事项从事经营）；销售化工原料（不含危险品）、化学纤维；化工技术咨询服务	15.00	无	参股公司

资料来源：涪陵电力2019年半年度报告。

公司出售不赚钱的项目以及非实际控制的项目，持续向主营业务聚焦，是正确的选择。下面对每个出售资产进行梳理分析。

出售资产一：参股公司重庆市银科信用担保有限责任公司，出资额500万元，持股比例3.33%。主要为中小企业流动资金贷款、技术改造贷款、科技开发贷款、固定资产贷款等提供担保。

公司于2014年11月24日召开了2014年第二次临时股东大会，会议审议通过了《关于拟对外转让所持银科担保股权的议案》，同意公司将所持全部银科担保3.33%股权进行公开挂牌转让。

结果：直至2017年，才找到接盘侠。重庆市涪陵国有资产投资经营集团有限公司以643.26万元的价格勉强接管了银科担保公司的股权。而这位接盘侠是地方国资，有可能是"被要求"接盘的。

评价：以500万元出资，以643.26万元出售，耗时多年，终于解套，可喜可贺呀。担保不是好生意，这种不赚钱的生意，卖了最好。聚焦主业，干自己擅长的事，才是生意之道。

出售资产二：参股公司道真仡佬族苗族自治县华源电力有限责任公司，出资额300万元，持股比例30%。主要经营水力发电。

2014年，华源公司亏损116.52万元。公司于2014年7月29日召开了第五届十五次董事会会议，会议审议通过了《关于对外转让所持华源电力股权的议案》，同意公司将所持全部华源公司的30%股权进行公开挂牌转让，挂牌转让底价为210.50万元；同时，公司将所拥有的华源电力全部债权与股权一并打包对外转让。

结果：截至2016年6月30日，经上海联合产权交易所审核，确认李厚刚、廖竹瑶、徐路杰、杨宇博、牟明琪、程仁德联合受让体为唯一符合资格的意向受让方。公司已与上述受让方签订了《产权交易合同》，并收到本次交易的全部价款2596.29万元（210.5万元股权；2385.79万元债权）。目前该合同已全部履行完毕。

第 18 章
涪陵电力，看一眼就知道是我想要的

评价：出资 300 万元，转手以 210.5 万元卖掉股权，同时收回 2385.79 万元债权，亏本的买卖，终于解套。

出售资产三：参股公司东海证券有限责任公司，出资额 2547 万元，持股比例 1.44%。公司于 2014 年 7 月 31 日在上海联合产权交易所将所持全部东海证券的股权进行公开挂牌转让，挂牌转让底价为评估价 12950.55 万元。

结果：截至 2015 年 3 月 30 日，公司已全部收到江苏高力应支付的东海证券股权交易价款 12950.55 万元及权益变动款 1356.07 万元。至此，该合同已全部履行完毕。

评价：公司出资额 2547 万元，能以 12950.55 万元出手，算是很成功的投资。

出售资产四：参股公司重庆市蓬威石化有限责任公司，出资额 8941 万元，持股比例 15%。主要经营年产 60 万吨精对苯二甲酸（按许可证核定事项从事经营）；销售化工原料（不含危险品）、化学纤维；化工技术咨询服务。截至 2014 年 12 月 31 日，蓬威公司累计亏损严重。

2016 年，蓬威公司恢复生产，实现营业收入 31.77 亿元，但因设备检修费用等启动成本较大，报告期仍然亏损。

2019 年 1—6 月，蓬威公司虽正常生产，实现营业收入 19.07 亿元，但由于受 PTA 产品销售价波动影响，且资产折旧等固定成本较大，报告期仍然亏损。

为加强公司股权投资管理，经公司第六届二十七次董事会会议审议通过，同意公司将所持蓬威公司 15% 股权对外进行公开挂牌转让，挂牌转让底价为评估价 4556.50 万元。

结果：截至本报告期末，该股权尚未转让成功（半价甩卖）。（费尽九牛二虎之力，终于在 2022 年完成出售，接盘侠是东方希望集团，售价 8 万元）

评价：对于非主营方向的业务，该卖的就卖吧。干自己擅长的事情。

出售资产五：参股公司重庆市新嘉南建材有限责任公司，注册资本金 10853 万元，持股比例 35%，主要经营活动为水泥制造、销售。2014 年度，新嘉南公司盈利 2944.74 万元；同年，公司收到新嘉南公司 2013 年度分红款 350 万元。

本公司于 2014 年 11 月 24 日召开了 2014 年第二次临时股东大会，会议审议通过了《关于拟对外转让所持新嘉南公司股权的议案》，同意公司将所持全部新嘉南公司 35% 股权进行公开挂牌转让。

结果：时至今日，新嘉南公司经营状况良好。尚未完成出售。

评价：水泥非公司主业，虽然目前看，水泥行业盈利不错，但是房地产和基建已进入下半场，因此我认为应该卖掉，聚焦主业。

总的来说,公司这些年聚焦于电力节能主业,对其他业务一直卖卖卖。我认为是正确的选择。

股神巴菲特每收购一家公司,基本上均会采取一些聚焦主业的动作,对那些不值钱的、竞争力不足的业务干脆卖出变现,提高公司资金配置效率。出售的结果往往是提高了公司的净资产收益率。高净资产收益率是投资者的追求。

财务数据的重大变化

公司于2016年并购了国网节能服务有限公司的电力节能业务后,便开始不断增加资本开支,在资金不足的情况下,首次增加了长期借款(提高财务杠杆),同时,并表后固定资产陡增(见表18-10)。

表 18-10 涪陵电力 2013—2018 年固定资产和在建工程

指标	2018年	2017年	2016年	2015年	2014年	2013年
固定资产合计(亿元)	37.32	28.10	28.91	4.76	4.37	4.34
在建工程合计(亿元)	3.38	5.55	1.65	0.55	0.26	0.61

这一切动作的结果是:公司的毛利率和净利率大幅提高,净利润增速大幅提升,净资产收益率大幅提升。这一切都是积极的变化,是正确的选择。

公司关于营业收入的神预测

以下两段内容分别来自公司2016年年报和2017年年报。

2016年年报的神预测:2017年,公司资本性项目投资计划14.51亿元,其中节能业务14亿元;计划实现营业收入20.54亿元,其中节能业务7.88亿元(见图18-2)。

> (三)经营计划
> 2017年,公司资本性项目投资计划14.51亿元,其中节能业务14亿元;计划实现营业收入20.54亿元,其中节能业务7.88亿元。

图 18-2 涪陵电力 2016 年经营计划

结果:2017年实现20.60亿元营业收入,刚好完成计划。这真是太"神"了。

2017年年报的神预测:2018年公司资本性项目投资计划11.10亿元,其中配电网节能业务 10.16 亿元；计划实现营业收入 24.11 亿元，其中节能业务 11.01 亿元（见图 18-3）。

> **（三）经营计划**
> 　　全面贯彻落实党的十九大会议精神以及中央经济工作会议部署，紧紧抓住国家大力推动能源革命的历史机遇，围绕能源"绿色、高效"发展主题，牢固树立和落实创新、协调、绿色、开放、共享的发展理念，确保公司发展的良好局面。
> 　　2018年公司资本性项目投资计划11.10亿元，其中配电网节能业务10.16亿元；计划实现营业收入24.11亿元，其中节能业务11.01亿元。

图 18-3　涪陵电力 2017 年经营计划

结果：2018 年实现 24.48 亿元营业收入，也刚好完成任务。这真是太"神"了。

公司业务特征——垄断的独家经营的生意

为何公司能实现如此精准的预测？难道是会计师事务所给提前策划好的？

非也。

主要原因在于：涪陵电力的电力节能业务是从国网节能服务有限公司收购来的，所有的订单几乎全部来源于国家电网及其各地的子公司，国家电网可是一个巨型公司（见图 18-4）。而且国家电网的配电网节能业务全部交给涪陵电力，这是独家经营的生意。

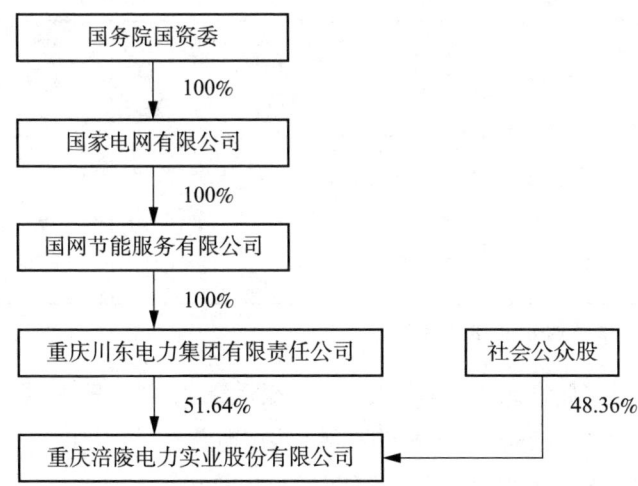

图 18-4　涪陵电力与实际控制人之间的产权及控制关系

资料来源：涪陵电力 2018 年年报。

国家电网老早就把公司的前程规划好了,需要什么业务,给;需要什么订单,给;需要实现多少营业收入,尽管开口。你要实现多少销售收入吧,尽管说,我给你安排好。

我们来看一下公司的销售费用(见表18-11)。

表18-11 涪陵电力2014年至2019年6月销售费用

指标	2019年6月	2018年	2017年	2016年	2015年	2014年
销售费用(万元)	58.15	147.70	97.75	73.53	0	0

你没看错,2015年之前,公司的销售费用为零,也就是说,公司不需要主动推销产品,不需要常规意义上的"销售部、市场部"。从2016年开始,公司并购了国家电网的电力节能业务后,才开始有了销售费用。而这时候的销售费用,应该几乎全部来自电力节能业务。

2018年,公司的电力节能业务实现了10.70亿元的销售收入(见表18-12),对应的销售费用仅仅为147.70万元,这么点儿销售费用几乎可以忽略不计。

想要实现多少销售收入,可以提前规划好,安排好,不需要主动去推销,也没有对手与其竞争,独家经营的生意,非常舒服。

这样的公司换谁去当一把手,都能经营好。巴菲特曾经说过,他喜欢寻找那种傻子都能管的公司,这样的公司就是好公司。

表18-12 涪陵电力2018年主营业务分产品情况

分产品	营业收入(元)	营业成本(元)	毛利率(%)	营业收入比上年增减(%)	营业成本比上年增减(%)	毛利率比上年增减(%)
电力销售及工程安装	1,369,447,109.28	1,250,482,042.47	8.69	8.43	7.59	增加0.71个百分点
节能服务	1,069,769,086.68	719,333,615.50	32.76	34.88	82.15	增加1.39个百分点

资料来源:涪陵电力2018年年报。

涪陵电力业务特性比较简单,没竞争,垄断经营,独家的生意,就连普通人也能管好,在可预见的未来,公司的发展不会出现变数。

我们来看一下管理层的薪资水平(见表18-13)。

第 18 章
涪陵电力，看一眼就知道是我想要的

表 18-13 涪陵电力高管任期及薪酬情况

姓名	职务（注）	性别	年龄（岁）	任期起始日期	任期终止日期	年初持股数（股）	年末持股数（股）	年度内股份增减变动量	增减变动原因	报告期内从公司获得的税前报酬总额（万元）	是否在公司关联方获取报酬
张波	董事长（原）	男	54	2015年12月29日	2018年6月25日					38.50	否
杨玉文	董事、总经理	男	52	2015年12月29日	2019年1月9日					50.85	否
杨红兵	董事、副总经理	男	51	2015年12月29日	2019年1月9日					42.12	否
贾介宏	董事、副总经理、财务总监（原）	男	49	2015年12月29日	2018年4月10日					24.68	否
余兵	董事	男	48	2015年12月29日	2019年1月9日					0	是
秦顺东	董事	男	47	2015年12月29日	2019年1月9日					0	是
黎明	独立董事	男	55	2015年12月29日	2019年1月9日					9	否
刘伟	独立董事	男	55	2015年12月29日	2019年1月9日	0	0	0		9	否
宋宗宇	独立董事	男	51	2015年12月29日	2019年1月9日	0	0	0		9	否
杨作祥	董事长	男	53	2018年7月12日	2019年1月9日					14.46	否
谭勋英	董事、副总经理、财务总监	女	44	2018年5月10日	2019年1月9日					18.59	否
董建忠	监事会主席	男	46	2015年12月29日	2019年1月9日	0	0	0		0	是

续表

姓名	职务（注）	性别	年龄（岁）	任期起始日期	任期终止日期	年初持股数（股）	年末持股数（股）	年度内股份增减变动量	增减变动原因	报告期内从公司获得的税前报酬总额（万元）	是否在公司关联方获取报酬
胡炳全	监事（原）	男	54	2015年12月29日	2018年6月25日	0	0	0		29.78	否
谭琳	职工代表监事	女	40	2015年12月29日	2019年1月9日	0	0	0		20.85	否
杨孟	监事	女	39	2018年7月12日	2019年1月9日					0	是
蔡彬	董事会秘书	男	50	2015年12月29日	2019年1月9日	0	0	0		40.36	否
孙继泽	副总经理（原）	男	46	2015年12月29日	2018年6月25日	0	0	0		30.15	否
沈春雷	副总经理	男	48	2016年5月31日	2019年1月9日	0	0	0		64.05	否
白保华	副总经理（原）	男	42	2016年5月31日	2018年5月7日	0	0	0		12.37	否
张军宏	副总经理（原）	男	48	2016年5月31日	2018年6月25日	0	0	0		16.16	否
朱建军	副总经理	男	45	2018年6月26日	2019年1月9日	0	0	0		38.93	否

资料来源：涪陵电力2018年年报。

公司的主要高管人员的薪酬基本在30万～60万元/年，而且高管没有持股，很显然，这是国企大锅饭的那一套薪酬体系。

因为这是独家垄断生意，没有竞争对手，不需要从市场上请经营高手，不需要给管理层股权激励，也不需要开出高薪酬，换谁来都能经营好。

2019年8月20日，公司披露，三位副总经理集体辞职，即便如此，仍然不会影响公司的经营。换谁都一样。

不仅如此，当三位高管辞职的消息公布后，公司的股价以一波连续拉涨来回应市场，不到两个月涨幅达35%（见图18-5和图18-6）。

第 18 章
涪陵电力,看一眼就知道是我想要的

重庆涪陵电力实业股份有限公司
关于高级管理人员辞职的公告

本公司及董事会全体成员保证公告内容的真实、准确和完整,对公告的虚假记载、误导性陈述或者重大遗漏负连带责任。

  重庆涪陵电力实业股份有限公司(以下简称"公司")董事会于近日收到公司副总经理刘瑜女士提交的书面辞职报告,刘瑜女士因工作变动,已申请辞去所担任的公司副总经理职务。根据《公司法》、《重庆涪陵电力实业股份有限公司章程》等相关规定,刘瑜女士的辞职报告自送达公司董事会时生效。

  截至本公告披露之日,刘瑜女士未持有本公司股票。公司及董事会对刘瑜女士在任职期间为公司发展做出的贡献表示衷心感谢!

  特此公告。

重庆涪陵电力实业股份有限公司
董 事 会
二〇二三年三月二十二日

图 18-5 涪陵电力高管辞职的公告

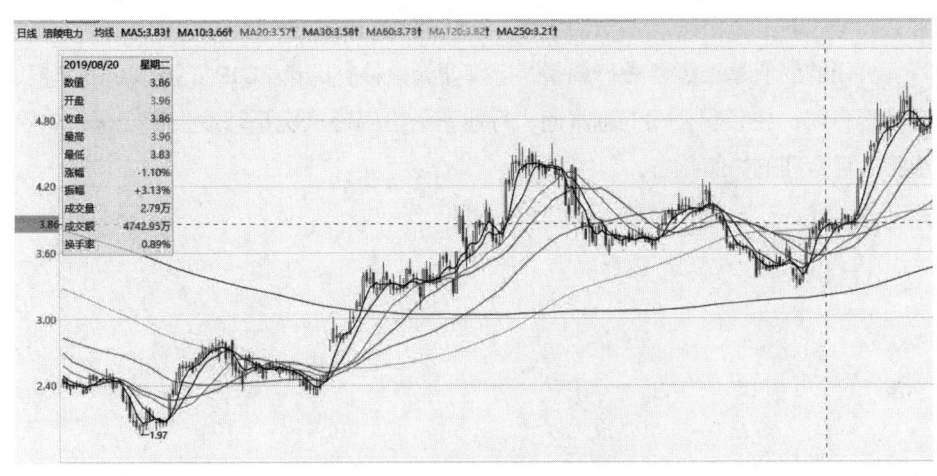

图 18-6 涪陵电力当时的股价 K 线图

投资看点及估值

投资看点

（1）被需要、难以被替代，业务具有长期稳定性。
（2）大股东的关照，垄断的生意，独享的利润。
（3）财务数据非常漂亮，现金流很充沛，高 ROE，高增长。
（4）小公司，大市场。
（5）利润长期增长的确定性高。

估值

涪陵电力具有垄断属性，盈利具有增长的确定性，可以进入估值环节。

参考历史数据、公告以及对公司的理解，我认为 20 倍滚动市盈率以内均为低估。一般情况下，垄断的生意，现金流很好的生意，是值得适当上调估值的，但对于不能吃的生意（食品、药品以外的生意），还是应该相对保守，因此就盯着 20 倍吧。

目前公司的市盈率静态 18 倍、滚动市盈率 15 倍。未来几年净利润的高增长均可以看作对安全边际的支撑。

涪陵电力的生意很好，但还需要耐心持有股票，才能享受到好生意的利润。

2019 年，在写这篇文章时，我持有涪陵电力，难免有过分乐观情绪，请大家独立思考。时至今日（2023 年 12 月），我已经卖出涪陵电力。

公司的估值是否需要进行调整，还需要大家补充阅读 2019 年及以后的年报、公告等资料，去了解公司的基本面、行业竞争格局等状况是否发生了变化，然后重新思考合理的估值状态。

第 19 章
比音勒芬，奢侈品，赚钱机器

比音勒芬的主营业务是自有品牌的高尔夫服饰，被投资者称为高尔夫奢侈品第一股。

公司于 2016 年 12 月 23 日在上交所上市，公司发行市盈率为 22.99 倍。

财务数据简单看

公司的数据能否达到选股的最低要求，公司的内心是强大的，还是懦弱的？

数据会说话，看完数据，就有数了。

投资的底层逻辑是，净利润长期大幅增长的公司，股价才有长期大幅上涨的动力。

（1）公司 2023 年的毛利率高达 78.61%，且近几年处于持续提高的状态，高毛利且还持续趋升，说明高端市场竞争不激烈，或者公司具有竞争优势，或者说公司具有定价权（见表 19-1）。

表 19-1 比音勒芬 2017—2023 年盈利能力指标

指标	2023 年	2022 年	2021 年	2020 年	2019 年	2018 年	2017 年
净利率（%）	25.76	25.22	22.96	21.66	22.27	19.80	17.09
毛利率（%）	78.61	77.40	76.69	73.88	67.78	63.28	65.40
净资产收益率（%）	20.31	19.35	21.73	22.97	22.86	19.14	13.24

公司净利率高达 25.76%，简单地说就是公司营业收入 100 元，就能实现 25.76 元净利润。这样的生意简直就是印钞机。

（2）公司 2023 年的净资产收益率高达 20.31%，且近几年基本在 20% 以上。这样的数据是凤毛麟角的，非常高了。

巴菲特说，如果只能用一个财务指标选股的话，那他会选择净资产收益率这个指标。在巴菲特眼中，净资产收益率高于 20% 是他选股的基本要求。

从表面上看，比音勒芬这家公司的净资产收益率在 20% 附近，但实际上是远远高于 20% 的。这可以从公司的财务结构看出来。

公司目前账面有 29 亿元净现金，而每年的资本开支也很少，5 亿元足够。而销售费用、管理费用、工资支出完全可以通过日常的经营活动产生的现金流量解决。

也就是说它大概有 20 亿元以上的现金是用不着的，或者说是不参与创造净资产收益率的。在计算净资产收益率时，这部分资金可以从净资产收益率的分母中扣除，所以，我计算出来的净资产收益率在 31% 左右。

31% 是什么概念呢。也就是说，你作为股东开了一家公司，只用三年时间，就可以依靠盈利再造一个新公司。

（3）看一下公司的营业收入和净利润增速情况。

公司的营业收入保持较快增长，净利润增速高于营业收入增速，这与毛利率、净利率的提高有关。

大家应该发现 2022 年的营业收入和净利润增速有所下降（见表 19-2），这也很正常，毕竟疫情那么严重。随后，2023 年，经济走出疫情影响后，公司的数据又恢复高增长。

表 19-2 比音勒芬 2017—2023 年成长能力指标

指标	2023 年	2022 年	2021 年	2020 年	2019 年	2018 年	2017 年
净利润（亿元）	9.11	7.28	6.25	4.99	4.07	2.92	1.80
净利润增长率（%）	25.17	16.50	25.20	22.68	39.13	62.16	35.92
营业收入（亿元）	35.36	28.85	27.20	23.03	18.26	14.76	10.54
营业收入增长率（%）	22.58	6.06	18.09	26.17	23.70	39.96	25.23

（4）看一下公司的库存情况。服装企业，最怕的是存货跑不动，全部压在仓库里就"凉凉"了。

咱们看一下比音勒芬的存货情况就会明白，在公司营业收入快速增长的情况下，公司的存货基本没有跟随增长（见表 19-3）。

存货跑不动的问题，是不存在的。

（5）看一下公司的应收账款。服装企业的"狗肉账"问题也是要重点关注的（见表 19-3）。

公司应收票据及应收账款增速较慢，没有营业收入增幅快，绝对值也很小。

顺道看一下公司的应付票据及应付账款。应付票据及应付账款与应收票据及应收账款差不多。说明在产业链上没有被上下游占用资金（见表19-3）。

表19-3　比音勒芬2018—2023年存货情况

指标	2023年	2022年	2021年	2020年	2019年	2018年	2017年
存货（亿元）	7.08	7.46	6.60	6.08	6.74	6.22	3.49
应收票据及应收账款（亿元）	3.24	2.53	2.80	3.01	1.41	1.04	0.54
应付票据及应付账款（亿元）	2.60	2.31	1.65	1.35	1.55	1.58	0.39
合同负债（亿元）	3.31	1.69	1.41	0.82	—	—	—

（6）看一下公司的合同负债。公司合同负债持续提高，下游经销商（加盟商）愿意先掏钱，再拿货，说明公司在产业链上的地位是不错的。

（7）看一下公司的负债情况。公司没有一分钱负债，毫无财务压力。这生意做起来太舒服了。

（8）看一下公司现金流情况吧。对比一下公司经营活动产生的现金流量净额与净利润的数值就明白了（见表19-4）。

表19-4　比音勒芬2017—2023年现金流量与净利润情况

指标	2023年	2022年	2021年	2020年	2019年	2018年	2017年
经营活动产生的现金流量净额（亿元）	12.96	9.42	8.98	6.37	3.33	1.71	1.26
净利润（亿元）	9.11	7.28	6.25	4.99	4.07	2.92	1.80

很显然，公司现金流快速增长，近三年，经营活动产生的现金流量净额远远大于当期净利润数值，说明现金流是非常充沛的。

我们顺便再看一下公司的现金分红情况。现金流充沛，如果不分红，那么，就要当心了。

比音勒芬于2016年12月上市，首发募资6.98亿元。自上市以来累计分红7次，累计分红金额为8.80亿元。也就是说，7年时间，公司已经将它从股票市场拿到的现金全部还给市场了。如果将2023年即将分红的5.71亿元考虑在内，现金分红额已经达到了14.51亿元。

公司现金流很充沛，账面还躺着大量现金，有能力大手笔分红，在产业链上具有主动权，这样的公司完全没有财务造假动机。所以，财务不会有问题。

以上是对公司财务数据的分析，也是选股环节必须重点思考的。如果数据有问题，那么就直接排除掉。

我们在分析财务数据的时候，可以发现公司的财务数据是会说话的，它会告诉我们公司的市场地位如何，行业竞争是否激烈，公司有没有定价权以及公司有没有财务造假的动机，等等。

总结起来看，比音勒芬的财务特征是高毛利、高净利、高净资产收益率、充沛的现金流，很有牛股气质。

分析完财务数据，我们再了解了解公司的基本情况、所处的行业竞争格局、竞争优势及行业需求等情况，对公司的全貌有一个基本的了解。

如果行业需求持续提升，公司的竞争优势可以持续，那么这个公司就具有盈利增长的确定性。

比音勒芬公司概况

公司主要从事自有品牌比音勒芬（Biemfekk）高尔夫服饰等的研发设计、品牌推广、营销网络建设及供应链管理。

公司产品定位于高尔夫运动与时尚休闲生活相结合的细分市场，目标群体为高尔夫爱好者以及认同高尔夫文化、着装倾向于高尔夫风格的中产以上消费人群。

公司产品分为上衣类（包括T恤、针织衫、衬衫、开衫、背心等）、下装类（包括长裤、短裤、裙子）、外套类（包括风衣、尼克服、棉服、夹克、毛衣、羽绒服、大衣、皮衣等）和其他类（包括包、鞋、皮带、帽子、手套、内衣、袜子、围巾、鞋等）（见表19-5）。

表 19-5　比音勒芬 2022—2023 年营业收入情况

指标	2023 年		2022 年		同比增减（%）
	金额（元）	占营业收入比重（%）	金额（元）	占营业收入比重（%）	
营业收入合计	3,536,132,714.02	100	2,884,841,760.82	100	22.58
分行业					
服装服饰	3,507,507,207.66	99.19	2,884,841,760.822	100.00	21.58
分产品					
上装类	1,514,290.821.09	42.82	1,262,647,306.22	43.77	19.93
下装类	708,931,315.29	20.05	613,119,968.34	21.25	15.63
其他类	301,514,291.08	8.53	247,204,679.99	8.57	21.97
其他业务收入	28,625,506.37	0.81	—	—	—

目前旗下拥有比音勒芬主标、比音勒芬高尔夫品牌、威尼斯狂欢节品牌以及新收购的两个国际奢侈品牌（CERRUTI 1881及KENT & CURWEN），见图19-1。

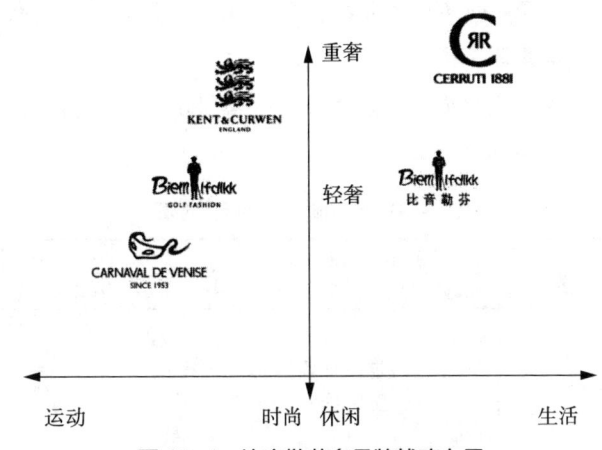

图19-1 比音勒芬多品牌战略布局

资料来源：比音勒芬2023年半年报。

（1）比音勒芬主标定位于高端生活休闲与时尚休闲相结合的细分市场，目前拥有生活系列、时尚系列和故宫宫廷文化联名系列。

（2）比音勒芬高尔夫品牌定位于高端时尚运动，目标人群为热衷于高尔夫等户外运动，注重运动、时尚、功能性的消费者。

（3）威尼斯狂欢节品牌定位于度假旅游服饰蓝海市场，通过深化细分品类满足高品质旅行生活的中产消费人群多场景着装需求，旨在成为度假旅游服饰的第一联想品牌（见表19-6）。

（4）CERRUTI 1881品牌诞生于1881年，位于盛产羊毛的意大利比耶拉市，具有142年的品牌历史，为全球知名奢侈品牌。CERRUTI 1881向来以简洁流畅的线条、细致奢华的质感与优雅的人文气息著称，舒适、自在与现代风格并列，借由服装所传达出的无声语汇，表达一种不凡的自信与优雅。作为国际奢侈品市场中的标志性品牌，CERRUTI 1881不仅在裁剪设计方面有着独到之处，而且卓越的加工工艺和高质量面料的使用，也让该品牌颇受高端消费者喜爱。

2023年4月，比音勒芬已完成收购CERRUTI 1881品牌的全球商标所有权。比音勒芬将对CERRUTI 1881品牌重塑，以定制和销售高端西服等为核心业务，同时采用开设大型旗舰店模式进行扩张，再现百年奢品辉煌，预计新品2024年秋冬全新亮相。

（5）KENT & CURWEN 品牌于 1926 年在伦敦创立，具有近百年的品牌历史，品牌标志中的三头狮子，是英国理查一世御用的徽章，象征 KENT & CURWEN 显赫、尊贵与荣耀的骑士精神；在历经百年的时代试炼后，KENT & CURWEN 以其对品质一丝不苟的坚持，赢得英国多项绅士运动服装的指定制造，因此其中所蕴含的荣耀不言而喻。

简单地说，比音勒芬经营的是具有奢侈品属性的高端服装，价格往往不低于 2000 元，2023 年产品的毛利率高达 78.61%。

表 19-6　比音勒芬自有品牌情况

品牌名称	商标名称	主要产品类型	特点	目标客户群	主要产品价格带（元）	主要销售区域	城市级别
比音勒芬主标	比音勒芬	高端生活休闲及时尚休闲服饰	定位高端生活时尚	中产及以上收入人群，热衷于休闲时尚、低调奢华的消费人群	1500~8000	中国	1~4线城市
比音勒芬高尔夫	比音勒芬高尔夫	高端运动时尚服饰	注重运动的功能性和舒适度	热衷于高尔夫等户外运动，注重运动、时尚、功能性的消费者	1500~5000	中国	1~3线城市
威尼斯狂欢节	CARNAVAL DE VENISE（威尼斯狂欢节）	户外旅游服饰	家庭装、情侣装，适用不同户外出游场景	追求高品质旅行生活的中产消费人群	500~2000	中国	1~4线城市

资料来源：比音勒芬 2022 年年报。

在 2023 年前，公司的业务以高尔夫系列为主，定位高端、时尚、运动，业务基本集中在国内。

2023 年，完成两个外资品牌收购之后，公司的产品和经营区域将会国际化。

公司主要采用品牌经营模式，致力于附加值较高的业务链上游的设计、研发和业务链下游的品牌运营和销售渠道建设，而将产品生产环节外包。

产品生产环节外包使得公司在提升核心竞争力的同时能够有效降低运营成本。目前国内服装产业链优势明显，可供选择的具备较高制造水平的成衣厂较多。同时，对于一些有特殊要求的产品，公司会选择境外（如韩国）的一些成衣厂来进行生产，以确保公司产品的品质。

在品牌建设与推广方面。近几年，比音勒芬继续聚焦国际化、高端化、年轻化和标准化的发展方向，并通过事件推广、娱乐营销、赛事营销等形式，深化品牌文化内核，加速提升品牌知名度、美誉度，助力公司实现新十年战略。比如，举行"20周年庆典晚会"，邀请吴尊作为品牌代言人，赞助中国国家高尔夫球队参加各种赛事，等等。

在销售模式方面，公司采取线上线下融合的全渠道布局模式。公司线下渠道优势明显，主要采取直营和特许加盟相结合的销售模式。公司产品的销售终端门店分为直营店和加盟店。公司在一、二线城市以设立直营店为主，在其他城市以设立加盟店为主。

目前，公司营销网络覆盖全国31个省、自治区及直辖市的核心商圈、高端百货、机场、知名高尔夫球会会所等，拥有1193个终端销售门店，其中直营店铺数量579家，加盟店铺数量614家。

在数字化新零售渠道布局方面，公司已开通天猫旗舰店、京东旗舰店和唯品会旗舰店，并通过直播带货、小红书种草、抖音、微信小程序等方式，充分发挥高黏性客群和高复购率的品牌优势。

行业概况

公司所处的行业情况

全球奢侈品市场进一步复苏，国内奢侈品消费市场强势增长。 2022年，全球奢侈品市场进一步复苏，同比增长17%，市场规模达到25450亿元人民币。全球奢侈品市场近年来获得了较快发展，特别是头部奢侈品牌，平均市场规模比2019年提升30%以上。

数据显示，2022年，中国人奢侈品市场销售额最终实现9560亿元人民币，在全球奢侈品市场占比高达38%，中国人依然是全球奢侈品消费的最重要力量，国内奢侈品消费市场增长强势。

中国服饰企业呈高端化、品牌化发展趋势，高端及高质价比品牌份额提升空间广阔。 随着经济发展，中国居民消费水平显著上升，为服饰行业打下良好的发展基础。艾媒咨询新近发布的《2022—2023年中国服饰行业发展与消费趋势调查分析报告》对中国服饰行业做了相关的调研分析。调研数据显示，2021年中国限额以上单位服装类商品零售额达9974.6亿元，随着《纺织业"十四五"发展纲要》等一些促进服装行业发展消费政策的发布，2021年服装市场的销售情况得到明显改善。

根据国家统计局数据，2023年1—2月，限额以上单位服装类商品零售额累计1894.8亿元，同比增长6.4%，增速比2022年全年提升14.1个百分点。未来，中国服饰企业向高端化、品牌化方向发展，国民接受度进一步提升，预计2025年零售额达11071.8亿元。

随着产品舒适性和设计感增强，国内高端男装品牌得到了市场的广泛认可，加快了国内高端男装品牌拓展门店的步伐。在复苏背景下，产品品质高、品牌认可度高、渠道业态持续升级的国内头部高端男装品牌将会迎来广阔的市场空间。

户外运动强势崛起，高端户外运动服饰品牌井喷式增长。近年来，受各方面因素影响和推动，以本地为中心的周边短途游迅速升温，同时带动登山、徒步、骑行、飞盘、露营、陆地冲浪等户外运动强势崛起，露营行业在2020年及2021年仍保持了22.2%和62.5%的增速，2022年中国露营市场规模同比增长18.6%，达354.6亿元。据艾媒咨询发布的《2021—2022年中国露营经济产业现状及消费行为数据研究报告》预计，2025年中国露营经济核心市场规模将上升至2483.2亿元，带动市场规模将达到14402.8亿元。

2022年11月，文化和旅游部联合印发的《关于推动露营旅游休闲健康有序发展的指导意见》，提出到2025年户外运动产业总规模超过3万亿元的目标，更为户外运动的发展按下"加速键"。据头豹研究院数据，中国新中产的人数规模从2010年的5300万人增长到4亿人。据DT财经的调研，有86%的新中产会在平时参与户外活动，其中定期去户外的新中产比例高达66.2%。因此，伴随户外运动崛起和新中产人群的增加，品质化和精致化消费观念也极大地推动高端户外运动服饰品牌的井喷式增长。

"Z世代"崛起，休闲运动+国潮品牌景气度依然很高。艾媒咨询发布《2022—2023年中国服饰行业发展与消费趋势调查分析报告》，其调研数据显示，中国服饰行业消费者主要由中青年与"Z世代"人群组成，合计共占84.8%。中国服饰行业消费者购买服饰时，选择服饰类型偏好前三名分别是休闲风、运动范与紧跟当季流行的风格，分别占比为59.5%、45.6%与29.0%。随着我国居民人均可支配收入、城镇人口占比的逐年上涨，"Z世代"中有更高比例的人口生活在城市之中，物质条件较优秀的"Z世代"群体品牌消费能力更强、价值更高、黏性更强，他们对国潮品牌认可度有所提升，国潮产品自带中国传统文化IP属性，在服饰领域影响力与日俱增，吸引了大批的新生代消费者。

公司所处行业的竞争格局

相比国外而言，高尔夫服饰在中国起步时间较晚，但发展速度较快。

目前高尔夫服饰品牌基本可分为三种类型。

（1）专业经营高尔夫服饰的品牌。主要有比音勒芬、金狐狸（WOLSEY）、黄金熊（Jack Nicklaus）、雅狮威（ASHWORTH）、万星威（Munsingwear）等。这类品牌在注重产品专业化的同时提倡产品的生活化，注重高端商场、核心商圈渠道。

（2）以卡拉威（Callaway）、泰勒梅（TaylorMade）等为代表的高尔夫球具品牌，以其球具享有盛名。这类品牌以球具为主打产品，高尔夫服饰相对处于辅营地位。渠道基本为高尔夫球会、俱乐部和高尔夫产品专卖店，产品更强调运动功能。

（3）衍生高尔夫系列。一种情况是以 HugoBoss、CK 等为代表的高端时尚品牌，衍生出的高尔夫服饰系列。另一种情况是以耐克（NIKE）、阿迪达斯（adidas）为代表的专业运动品牌衍生的高尔夫服饰系列。这类品牌产品覆盖多项体育项目，高尔夫服饰在其产品线中占比较小；同时，其产品定价相对较低。

在比音勒芬所处的高尔夫服饰市场，目前尚无权威统计的市场占有率数据。从品牌影响力和美誉度、门店数量、市场覆盖度等方面进行比较，比音勒芬在国内高尔夫服饰市场处于较为领先的地位。以终端门店数量为例，比音勒芬品牌截至2015年底拥有覆盖全国31个省、自治区、直辖市的601家终端门店（见图19-2）。在终端门店数量方面，比音勒芬已经超过高尔夫服饰领域的竞争对手。

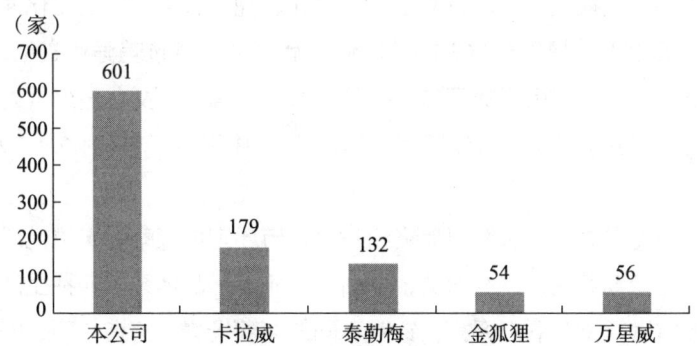

图 19-2　比音勒芬公司和主要竞争对手终端门店数量对比

资料来源：通过各品牌中国网站或宣传册统计。卡拉威数据为截至 2013 年底的数据，金狐狸数据为截至 2014 年底的数据，其他品牌终端门店数量均为截至 2015 年底的数据。

公司的行业地位

比音勒芬T恤连续五年同类产品综合占有率第一,成为超级单品。中国商业联合会、中华全国商业信息中心发布的全国大型零售企业"T恤单品类"销售调查统计结果显示,比音勒芬T恤连续五年(2018—2022年)取得"同类产品综合占有率第一"。

从连续五年的T恤销售量来看,T恤已经成为比音勒芬品牌的超级品类。从2022年起,比音勒芬将发挥品类优势,打造"T恤小专家",开启"品类引领"战略升级,进一步打开市场空间。

比音勒芬高尔夫服装连续六年(2017—2022年)综合占有率第一。中国商业联合会、中华全国商业信息中心发布的全国大型零售企业商品销售调查统计结果显示,比音勒芬高尔夫服装荣列2022年度同类产品综合占有率第一,且比音勒芬高尔夫服装连续六年(2017—2022年)综合占有率第一。

2022年,比音勒芬高端运动系列独立开店,独立运营。定位为高端时尚运动,为热衷于高尔夫等户外运动,注重时尚和功能性的消费者提供高值体验。比音勒芬高端运动系列单独开店,以更加丰富的品类满足高端人群对于时尚运动的消费需求。

公司核心竞争力

品牌优势:差异化品牌定位+高尔夫文化品牌基因沉淀+多品牌战略。公司在品牌定位方面精准地把握住了高尔夫运动和高尔夫服饰的神形特征,给消费者以鲜明的高尔夫视觉认知。将高尔夫"阳光、健康、自信"的文化通过工匠精神演绎在产品之上,提倡高尔夫的健康慢生活理念,通过差异化定位,在品牌、产品、风格、文化等方面形成了独有的品牌特性。高尔夫文化已经成为公司品牌的文化基因,经过多年的沉淀,已经在消费者心中形成了差异化的"大国品牌"形象。

此外,公司实施多品牌发展战略和差异化市场定位策略,卡位优质细分赛道持续深耕。比音勒芬主标已经形成了全面、高质的产品体系,包括生活系列、时尚系列和故宫宫廷文化联名系列,针对不同的穿着场景,打造休闲、时尚、国潮系列产品,满足消费者的差异化需求。比音勒芬高尔夫品牌定位于专业高尔夫服饰领域,注重专业化、年轻化、时尚化的产品特性,深挖高端运动休闲服饰市场潜力。威尼斯狂欢节品牌,聚焦度假旅游服饰市场,打造百亿空间新品牌,以度假旅游为主题，打造度假旅游服饰第一联想品牌。

公司收购的 CERRUTI 1881 和 KENT & CURWEN 两个国际品牌，在品牌影响力和知名度等方面与比音勒芬形成互补，进一步推进公司品牌多样化、国际化、高端化布局，为公司打造全球奢侈品集团奠定了基础。

产品优势：创新驱动 + "三高"品质 + 高素质设计研发团队。产品是打造品牌的核心，品质是品牌的立身之本。公司将高品质、高品位、高科技和不断创新的"三高一新"作为产品研发理念，通过创新驱动，追求优质的面料、亮丽的色彩、新颖的款式、精细的做工，努力为消费者提供高品质、高品位、高科技的"三高"品质产品。为确保产品品质，公司坚持严选高档次、高性能的面料，与意大利、韩国和日本等国的知名面料供应商保持稳定的合作关系，这些面料供应商也是国际一线品牌的合作伙伴。公司与部分面料供应商建立了技术研发人员定期交流合作机制，并结合公司产品的风格特点，发挥各自的优势进行产品的定向开发。此外，公司拥有一支高素质的设计研发团队，他们具有多年奢侈品品牌、国际知名品牌高尔夫服饰系列设计经验，在设计理念、色彩应用、工艺设计与表现、面料处理与把握等方面具有较高的专业素养。公司产品在设计方面注重运用新技术、新工艺和高科技面料，并运用跨界设计理念，让运动元素、休闲元素以及时尚元素在服饰上和谐融合，实现了功能性和审美的统一。公司设计部门每年设计的产品超过千款，凸显了公司具有较强的研发设计能力。截至目前，公司拥有发明专利和实用新型等专利数量达到 157 项。未来公司会持续加大研发投入，不断通过面料创新、版型优化、设计突破、文化赋能等方式持续提升产品研发优势。

渠道优势：优质线下渠道 + 数字化新零售。公司打造"优质线下渠道 + 数字化新零售"的全模式覆盖的营销网络。其中优质线下渠道已覆盖全国高端百货商场、购物中心、机场高铁交通枢纽以及高尔夫球场。公司拥有 1193 个终端销售门店，其中直营店铺数量 579 家，加盟店铺数量 614 家。在数字化新零售方面，公司通过积极布局线上渠道，与电商平台深度合作，将线下优质 VIP 客户通过直播平台进行线上引流，通过"线下 + 线上"渠道布局，将为比音勒芬客户提供更多的消费体验和更便捷的服务。

营销优势：整合营销 + 精准营销。公司紧密围绕主要目标消费群体，实行商品企划、产品设计、终端视觉形象、橱窗广告、货品陈列、品牌代言和营销活动策划的整合营销。根据产品定位高端的特点，通过对目标客户群生活习惯的针对性分析，精准采用一系列新媒体营销手段，例如，明星代言、赛事传播、娱乐营销、事件推广、公益活动等,提升比音勒芬品牌的知名度和美誉度。

管理优势:长期稳定的团队+经验丰富的管理。公司拥有一支经验丰富、理念一致、积极进取、专注执着的管理团队,他们对中国高端服饰品牌运营管理和高端服饰品牌市场有着深入透彻的理解。公司管理团队有着多年的从业经验,核心管理层持有公司的股份,为公司管理层的稳定和公司的持续发展提供了保障。公司管理团队在公司定位、发展战略、管理提升等方面思路清晰。经过多年的发展,公司建立了和品牌运营企业相适应的业务流程、控制力强的营销终端管理制度、快速反应的供应链体系、规范的决策和执行机制,确保了公司的健康快速发展。

公司的发展问题就是人的问题,把人的问题解决了,公司发展后劲问题就解决了。公司管理层都很年轻,董事长56岁,总经理50岁,副总经理兼财务总监52岁,正是干事创业的年龄,且公司主要高管均持有股权,有动力将公司的利润和股价提高。另外,公司比较注重用股权来实现公司与员工之间的利益绑定,并且已经搞了四期员工持股计划了,参与人数超过850人。

公司管理层与核心员工均有将公司业绩搞上去的动力。

估值环节

投资亮点

(1)高端服饰市场具有巨大的未被满足的需求,国内奢侈品市场的消费者购买力强大。

(2)公司产品具有差异化和品牌力,产品具有定价权。

(3)财务报表表现优异,现金流极充沛,具有牛股气质。

(4)人的问题得到了解决,公司发展有后劲。

估值

根据我们对公司财务数据、行业概况等的理解,公司具有盈利增长的确定性。从总体看,牛股气质十足。

按照巴菲特的最保守的估值要求,给15倍以内的市盈率比较合适。

我的看法是不低于15倍就不碰。这样可能会错过,但不会犯错。

相比于天坛生物、同仁堂等基于人的生命的产品,比音勒芬的产品是服装,不能吃,不能治病,股东不是国家,没有老字号的历史底蕴,不能用来传承。

所以,最好采取最保守的态度,不要给溢价,就盯着 15 倍市盈率。

在跟踪或者持股的过程中要紧盯公司的毛利率、应收账款、存货等指标,一旦出现毛利率连续下滑、应收账款增加、存货增加,那么就要当心了。